# Hac
# que Jesús Hizo

*Ministrando bajo el
Poder del Espíritu Santo*

# John y Sonja Decker

Rara vez he leído un libro como éste, uno que enciende más pasiones de dos maneras; (1) a amar a Jesús más profundamente, y (2) a ministrar su vida, amor y poder con mayor dinamismo. Al tomar este libro en sus manos, le parecerá ser un manual de principios de la vida del Nuevo Testamento, pero más bien es una catapulta que le impulsa a vivirlos, esto es, ¡a vivir por completo la vida multifacética que Cristo no sólo nos vino a traer, sino a multiplicar a través de nosotros!

JACK W. HAYFORD
PRESIDENTE DE LA IGLESIA INTERNACIONAL CUADRANGULAR
RECTOR SE THE KING'S COLLEGE AND SEMINARY
Y PASTOR FUNDADOR DE LA IGLESIA EN EL CAMINO

¡Los pastores Decker nos han hecho un gran favor! Ellos nos han mostrado en su manual que Dios nos ha regalado todas las herramientas necesarias para ganar almas y formarlas como discípulos verdaderos de Jesucristo. La sencillez de sus explicaciones y ejemplos personales ayudarán e impactarán a cualquier individuo a ser un verdadero siervo de Dios dispuesto a ministrar a otros. La Serie del Embajador es un manual que es sumamente práctico. ¡Lo recomiendo!

PASTOR JAIME TOLLE
PASTOR, LA IGLESIA EN EL CAMINO, VAN NUYS, CALIFORNIA
DIRECTOR, LA OFICINA NACIONAL DE MINISTERIOS HISPANOS
DE LA IGLESIA DEL EVANGELIO CUADRANGULAR

Este libro es un oasis en medio de la anarquía espiritual y cultural por la que el pueblo de Dios está pasando. John y Sonja Decker están restaurando la integridad del Cristianismo verdadero, el cual ha sido contaminado. Un libro que debe leerse.

PASTOR LUIS MILIAN
LA IGLESIA INTERNACIONAL CUADRANGULAR
SUPERVISOR, CENTRAL PACIFIC HISPANIC DISTRICT

¡Esta es muy buena lectura! John y Sonja Decker entienden lo que la gente necesita saber y entender acerca del Reino de Dios para llegar a ser un pueblo que sepa ministrar en el fluir de la vida de Jesucristo. En mi opinión, cada líder en la iglesia de hoy necesita leer este libro.

JIM HAYFORD, SR., PASTOR PRINCIPAL
IGLESIA CUADRANGULAR EASTSIDE, BOTHELL, WASHINGTOn

*Haciendo lo que Jesús Hizo,* es una de las herramientas más prácticas que jamás he visto para equipar a los creyentes. John y Sonja son maestros ungidos quienes han compartido sus conocimientos y sabiduría con líderes cristianos tanto en iglesias de la ciudad, como en congregaciones rurales, y lugares de reunión en muchos países extranjeros. Su sabiduría es totalmente práctica y traspasa todos los grupos étnicos y sociales. Yo absolutamente recomiendo este libro a los hombres y mujeres que quieren basar su ministerio en un fundamento bíblico sólido y perdurable.

DR. CLIFF HANES, VICE PRESIDENTE, INTERNACIONAL
DE LAS IGLESIAS CUADRANGULARES, LOS ANGELES, CALIFORNIA

¡Qué cofre de joyas tan lleno de guías prácticas y relatos personales! Ciertamente la cristiandad del siglo 21 cuenta con demasiada teoría y muy poca práctica. La cristiandad teórica, filosófica y doctrinal se supone que debería haber sido el punto de despegue para un cristianismo poderoso, personal y práctico. Yo espero que cada creyente llegue a descubrir por sí mismo las enormes riquezas del libro, "*Haciendo lo que Jesús Hizo*".

KEN JOHNSON, PASTOR PRINCIPAL
IGLESIA WESTSIDE, BEND, OREGON

*Haciendo lo que Jesús Hizo* es un libro cautivador. Es bíblico, bien balanceado, sencillo, informativo, inspirador, práctico, comprobado—una herramienta de un valor incalculable para capacitar a los santos para la obra del ministerio y hacer lo que Jesús hizo. John y Sonja Decker no sólo hablan de "hacer las cosas", ellos las practican y enseñan a otros a hacerlas, las obras que Jesús hizo, incluyendo milagros.

Después de más de treinta años de "hacer las cosas" alrededor del mundo, los Decker son entrenadores expertos y dotados para dirigir a otros en el ministerio sobrenatural, tanto en nuestros lugares de trabajo, como en lugares de reunión. Han descubierto cómo multiplicar su ministerio a través de "entrenar entrenadores" que aprendan las seis técnicas esenciales y reproducibles de las estrategias ministeriales que Jesús mismo nos modeló y que enseñó a Sus discípulos—cómo ganar a los perdidos, siendo llenos del poder para el ministerio, sanando a los enfermos, oyendo la voz de Dios, conociendo la guía del Espíritu, y cómo echar fuera demonios.

*Haciendo lo que Jesús Hizo* es la mejor manera de comunicar y demostrar el evangelio "en todo el mundo como testimonio a las naciones" en anticipación del final de las edades y el retorno de nuestro Salvador en poder y gran gloria.

Dr. John L. Amstutz
Entrenador y Asesor de Misiones
Misiones Cuadrangulares Internacionales
Fresno, California

# Haciendo lo que Jesús Hizo

*Ministrando bajo el*
*Poder del Espíritu Santo*

## John y Sonja Decker

# Haciendo lo que Jesús Hizo

## John y Sonja Decker

Traducción: Lisa Alfaro y Eliana Caudillo

HACIENDO LO QUE JESUS HIZO
por John y Sonja Decker

Publicado por Foursquare Media
1910 W. Sunset Blvd, Suite 200
Los Angeles, California 90026
(213) 989-4494

A menos que se indique lo contrario, todos los textos bíblicos han
sido tomados de la Santa Biblia, versión Reina-Valera, revisión 1995.
Usado con permiso.

Originalmente publicado en inglés por Embajadores de Cristo
Internacional, Bend, Oregon, coypright © 2003, 2005, ISBN
0-9728621-0-2.

Coordinadora del Proyecto, Cherry Richey
Diseño de la Portada por Terry Clifton
Formato del Libro, Michelle Gush

ISBN: 978-09802392-1-8

Impreso en COLOMBIA
Impresión de la edición impresa en Colombia en el año 2012

# Reconocimientos

G<small>RACIAS</small>. . .

- A nuestro bendito Señor quien ha llamado a todo cristiano a ser como Su Hijo Jesucristo y a hacer las cosas que Él hizo.
- A la Iglesia Internacional del Evangelio Cuadrangular, nuestra querida familia en el Señor, donde la gente es amada, aceptada y perdonada. Nosotros, al igual que usted, estamos luchando por nuestra herencia sobrenatural.
- Al Pastor Jack Hayford, presidente de la Iglesia Internacional del Evangelio Cuadrangular y rector del Colegio y Seminario del Rey (The King's College and Seminary), quien personalmente nos ha inspirado y animado a través de los años.
- A Jim Tolle, nuestro amigo y Pastor principal de La Iglesia en el Camino, en Van Nuys, California, quien nos alentó fuertemente a proseguir en la traducción de este libro y nuestro currículo al idioma Español.
- Al Pastor Luis Milian, supervisor de la Iglesia Cuadrangular, Distrito Hispano Pacífico Central, quien nos convenció que este libro, nuestro currículo y nuestro entrenamiento eran necesarios en la iglesia de habla hispana. Todavía recordamos nuestra primera conversación en Old Roak Ranch donde, con lágrimas en sus ojos, nos participó fervorosamente de esta necesidad.
- A Jim Hayford, Sr., Pastor Principal, de la iglesia Cuadrangular de Eastside, Bothell, Washington, quien

ha sido un amado pastor y consejero sabio a través de los años.

- Al Dr. John Amstutz, Entrenador y consultor de Misiones para Misiones Cuadrangulares Internacionales, quien nos ha animado a escribir este libro y el temario *La Serie del Embajador*. El dedicó parte de su tiempo para leer cada palabra de los manuscritos y darnos su valiosa opinión.

- Al Dr. R. Larry Shelton, Th.D., profesor de Teología, George Fox Evangelical Seminary, Portland, Oregón, quien nos ha asegurado que nuestra teología y conclusiones son sólidas y quien, a través del tiempo, nos ha dado ánimo.

- A Greg y Karen Fry, nuestros queridos amigos y colaboradores quienes han pasado muchas horas de su tiempo ocupados corrigiendo el manuscrito y ayudándonos a reír en el transcurso. Apreciamos muchísimo su amistad.

- Al liderazgo de la Asociación Internacional Cristiana de Hombres de Negocios por las oportunidades ilimitadas para enseñar a ministrar bajo el poder y la revelación del Espíritu Santo.

# Contenido

carolina caracas

58212 2852881

58212 5872744

# Prefacio

ESTE LIBRO ES una invitación a todos los cristianos para que aprendan a moverse en el medio sobrenatural del cual Jesús dijo que podíamos participar. Significa aprender seis estrategias ministeriales esenciales que Jesús ordenó para el discipulado efectivo. El dijo que tendríamos que hacer lo que El hizo para obtener los mismos resultados que El tuvo. Invitamos a los creyentes de todo el mundo a unirse a un ejército creciente de ministros valientes que se atreven a esperar resultados milagrosos. Nosotros animamos a los cristianos para que aprendan cómo usar una serie de estrategias personales que les ayuden a ganar almas para la cosecha final antes de la Segunda Venida de Jesucristo. Las seis técnicas ministeriales con las que tratamos son:

- Dirigiendo a Otros Hacia Cristo
- Dirigiendo al Cristiano al Bautismo en el Espíritu Santo
- Cómo Sanar a los Enfermos
- Escuchando a Dios
- Sanando a los Enfermos por Revelación
- Tratando con los Demonios

La intención de este libro es de ayudar al cristiano para hacer lo que Jesús dijo que podía hacer, incluyendo milagros. Nosotros hemos incorporado principios, interpretación y recomendaciones acerca de un gran número de pasajes bíblicos. Después de cada referencia bíblica, hay sugerencias de cómo poner en práctica la Palabra de Dios. Identificamos estos puntos de aplicación bajo los rectángulos titulados "Haciendo lo que Jesús Hizo". La intención de éstos es de ayudarnos a hacer lo que Jesús quiere que hagamos. Los autores también han *utilizado palabras y frases cursivas* para enfatizar puntos claves que deben ser examinados cuidadosamente.

### Santiago 1:22-25

Sed hacedores de la palabra y no tan solamente oidores, engañándoos a vosotros mismos. Si alguno es oidor de la palabra pero no hacedor de ella, ese es semejante al hombre que considera en un espejo su rostro natural; él se considera a sí mismo y se va, y pronto olvida cómo era. Pero el que mira atentamente en la perfecta ley, la de la libertad, y persevera en ella, no siendo oidor olvidadizo sino hacedor de la obra, este será bienaventurado en lo que hace.

### Haciendo lo que Jesús Hizo

La misión de cada cristiano debe ser practicar lo que la Biblia le dice que debe hacer. Esta Escritura nos señala que seremos bendecidos si hacemos lo que la Palabra de Dios nos expresa. Nuestra misión en este libro es animar a los creyentes no solamente a escuchar la Palabra sino a hacerla.

# Prólogo

RARA VEZ HE LEÍDO un libro como éste—uno que encienda mis pasiones de dos maneras; (1) a amar a Jesús más profundamente, y (2) a ministrar Su vida, amor y poder con mayor dinamismo. Al tomar este libro en sus manos, le parecerá ser un manual de principios de la vida del Nuevo Testamento, pero más bien es una catapulta que le impulsa a vivirlos—esto es, ¡a vivir de lleno la *vida* multifacética que Cristo vino a multiplicarla a través de nosotros!

Hay tres cosas que hacen que este libro se convierta en la lectura *indispensable* para cualquiera que tome en serio el don de amor de Dios en Cristo. Toca la *esencia*, el *corazón* y el *propósito* del plan del Salvador para los suyos—Su plan de incrementar lo que El hizo por medio de personas que El capacita para hacer las mismas cosas. En otras palabras, este es un libro que se propone duplicar la realidad de Jesucristo en su alma, a través de sus manos y con su propia voz. Se trata de la "Palabra hecha carne"—no sólo en la Persona del Hijo de Dios hace más de veinte siglos, sino en la vida diaria de Sus hijos nacidos de nuevo en el siglo veintiuno.

En *esencia*, el Evangelio concierne a la salvación *completa*—un poder salvador que comienza con el don del perdón y la vida eterna— el desbordamiento de un poder salvador que tomó lugar por medio de la muerte de Jesús en la cruz, la cual exaltamos sin reservas (Rom. 1:16). Es un poder que transforma la personalidad, que provoca el fluir de salud al cuerpo humano, que engendra plenitud en la mente y las emociones, que enciende un poder para ser todo lo que originalmente fuimos "supuestos a ser". Este poder hace *posible* que "hagamos lo que Jesús hizo" (Juan 14:12).

En el *corazón* de Evangelio se halla un río de amor—una corriente que brota en el cielo mismo desatando un torrente de las cosas reales comprendidas en el amor —dar, servir, apoyar, cuidar, sostener y permanecer en un compromiso constante hacia otros. Es un amor que no solamente fue expresado desde la Cruz, dando vida y perdón, sino que es el amor que "ha sido derramado en nuestros corazones por el Espíritu Santo que nos fue dado" (Rom. 5:5). Este amor estimula en nosotros la *compulsión* de hacer lo que Jesús hizo (2 Cor. 5:14).

Finalmente, el PROPOSITO del Evangelio es que cada ser viviente llegue a conocer la grandeza del Dios todopoderoso, qué tan vivo está Su Hijo Jesucristo y qué personal es su amado Espíritu Santo. Dios quiere que lo *conozcamos*, no como una idea teológica abstracta, sino como un Redentor vivo, Libertador y Sanador, que está listo para suplir o responder a cualquier necesidad que tengamos de Su amor y poder.

Así que, bienvenido a un libro de texto para verdaderos discípulos, y bienvenido a una reunión con dos estimuladores de fe—John y Sonja Decker. Ellos son líderes confiables, siervos fieles aprobados, maestros dotados y comunicadores ungidos quienes hacen tan práctica la vida genuina, vibrante y llena del Espíritu que usted se encontrará deseando hacer algo acerca de su amor por Cristo. Y lo mejor de todo, ese "algo" se trata de hacer lo que él hizo en los asuntos diarios o la vida cotidiana común; en los desafíos de sus circunstancias complejas; en las realidades de su hogar, familia y lugar de trabajo; y a través de la gracia y el poder de Aquel quien ha venido a morar en usted.

Su Nombre es Jesús. Y las dos personas que han escrito este libro le ayudarán a amarle más que nunca, y a descubrir su habilidad la cual le capacitará para representarle en formas que usted nunca pensó posibles.

*"A aquel que es poderoso para hacer todas las cosas mucho más abundantemente de lo que pedimos o entendemos" Efesios 3:20.*

JACK W. HAYFORD
PRESIDENTE DE LA IGLESIA INTERNACIONAL CUADRANGULAR
RECTOR DE THE KING'S COLLEGE AND SEMINARY
Y PASTOR FUNDADOR DE LA IGLESIA EN EL CAMINO

# ¿Quién lo esta Haciendo?

Para la mayoría de los cristianos en los Estados Unidos es intimidante iniciar una conversación acerca de Jesús con pre-cristianos. Sólo la idea de testificar ante sus amigos, compañeros de trabajo o familiares acerca de Dios, les produce temor al rechazo instantáneo, al inicio de argumentos acalorados y de ser catalo-gados como fanáticos. Dicen: "¿Qué necesidad tengo de esto? ¡Olvídalo! Que lo haga el pastor. Para eso le pagamos".

Nosotros aún recordamos a las primeras personas que guia-mos a Cristo. Experimentamos todas las emociones iniciales que se sienten al testificar: temor de fracasar, inseguridad en el uso de las Escrituras, el deseo de haber preparado nuestros conceptos de una manera mejor. Pero lo sorprendente fue ver como el Espíritu Santo tomaba el control en cada ocasión Ante la simple mención de una relación personal con un Dio amo-roso, El hacía manifiesta su presencia en nuestro medio. Resto de la conversación continuaba de modo casi sobrena al. Al concluir sentíamos que nuestros corazones eran inu dos de gozo y gran emoción. Todo lo que nos restaba decir e ¡Señor, eres maravilloso!".

Desde entonces nos hemos comprometid almente a hacer lo mismo que Jesús hizo. Entre más co tíamos del Señor y orábamos por la gente, Su presencia s manifiesta. Comenzamos a orar a orar por los enfermos los sanaba! Nuestros primeros intentos fueron patétic descubrimos que Dios podía usar aun a los inexpert día usar a dis-cípulos sin entrenamiento, pero dispue rar por la gente sólo para ver lo que Dios haría. o nunca han hecho

Muchos de los que están leyend n que Cristo es su estas cosas. Muchas personas qu

Salvador quisieran hacerlas pero carecen de confianza. Esta es la razón principal por la que escribimos este libro. Nuestra oración sincera es que nuestros lectores cristianos al menos consideren aprender cómo pueden hacer algunas de las cosas que Jesús hizo las cuales presentamos en los capítulos siguientes. Con este entrenamiento práctico que culmina en una serie de experiencias positivas, los cristianos de hoy pueden convertirse en testigos efectivos de Cristo. De este modo estarán preparados para cumplir exitosamente su parte en la Gran Comisión.

Estamos convencidos de que las últimas instrucciones dadas por Jesucristo en los versículos siguientes son para todos y cada uno de los que proclaman ser Sus seguidores.

### Mateo 28:19-20

Por tanto, id y haced discípulos a todas las naciones, bautizándolos en el nombre del Padre, del Hijo y del Espíritu Santo, y enseñándoles que guarden todas las cosas que os he mandado. Y yo estoy con vosotros todos los días, hasta el fin del mundo. Amén.

### Haciendo lo que Jesús Hizo

entrar al final de los tiempos, todos los cristianos
hos sido comisionados para ir y hacer discípulos.
pués de aprender a hacer las cosas que Jesús
encomendó, debemos ponerlas por obra y
señar a otros lo que hemos aprendido.

Los ap    s lo hicieron. Muchos cristianos creen que esto
fue sólo pa    rimeros apóstoles. Lea la palabra "id" en los
versos anter    Nosotros creemos que esto quiere decir "nosotros". No    omos parte de los que deben "ir y hacer
discípulos a t    aciones". Nosotros somos parte de los que
hemos sido di    desde que Jesús dio esa orden. El envió a

la primera generación de discípulos a que hicieran más discípulos. Ellos fueron obedientes a Su mandato. Esto ha estado sucediendo desde el primer siglo y ha continuado sin interrupción.

Se han hecho más discípulos en los últimos cien años que en los previos mil novecientos. Al prepararnos para la cosecha final, necesitamos incorporar estrategias en las que cada creyente pueda ser partícipe, ayudando a anunciar la Segunda Venida de Jesucristo.

### Y continúa sucediendo.

En muchas denominaciones cristianas, alrededor del mundo, están ocurriendo sanidades y milagros verificables. Este es un hecho bien establecido. La pregunta que tenemos que responder es: ¿Realmente quiso Jesús que nosotros hiciéramos las mismas obras que El hizo y con los mismos resultados? Hay pasajes en la Biblia que apoyan este derecho controversial. Se encuentran en: Mateo 10:1, 7-8; Lucas 9:1-2, 6; y especialmente en Juan 14:11-14.

### Juan 14:11-14

"Creedme que yo soy en el Padre, y el Padre en mí; de otra manera, creedme por las mismas obras. De cierto, de cierto os digo: El que en mí cree, las obras que yo hago, él también las hará; y aun mayores hará, porque yo voy al Padre. Todo lo que pidáis al Padre en mi nombre, lo haré, para que el Padre sea glorificado en el Hijo. Si algo pedís en mi nombre, yo lo haré."

### Haciendo lo que Jesús Hizo

Jesús dijo que cualquier creyente en El que esté dispuesto puede hacer lo que El hizo, incluyendo milagros. Jesús ya autorizó y dio poder a Sus discípulos para hacer las obras que El hizo.

¿Jesús lo dijo en serio, o solamente autorizó a los doce? ¿Acaso esta promesa ha caducado? Algunos profesores, maestros y pastores nos enseñan que esta cita bíblica se aplica sólo a los primeros apóstoles y a un tiempo pasado. ¿Cómo podría Jesús hacer esta promesa a menos que realmente tuviera intenciones de que fuera para todos Sus discípulos? ¿Será posible que esta promesa nos excluya a nosotros? ¿Realmente quiso que nosotros hiciéramos lo que El hizo? Si es así, ¿cómo podemos apropiarnos de esa promesa? ¿Qué necesitamos saber?

## Vaya a donde está sucediendo

El único remedio para la incredulidad es participar en una demostración genuina del poder del Espíritu Santo. La razón por la que los milagros son más evidentes en los países subdesarrollados es sencilla. Allí los cristianos tienen mayor predisposición a lo sobrenatural. Son menos sofisticados y muchos no tienen otra opción que creer para recibir su sanidad. Juan 14:11-14 es real para ellos y se materializa cuando se predica entre estas personas tan ansiosas. Siempre que el Evangelio completo es presentado en sus pueblos y ciudades, esperan milagros. A diferencia de muchos en nuestro país, ellos verdaderamente creen lo que la Biblia dice, en su totalidad.

## Nuestro amigo fue a Tailandia

Los creyentes necesitan desesperadamente ser discipulados y entrenados en este tipo de ministerio. En nuestros Centros de Entrenamiento Ministerial (CEM), nosotros enseñamos una serie de técnicas ministeriales como parte de nuestra instrucción semanal. Después de una enseñanza profunda y práctica extensa en estas técnicas, los estudiantes quedan capacitados para ministrar dondequiera que vayan. Los siguientes capítulos delinean estas técnicas ministeriales.

Uno de nuestros alumnos, el Dr. Carl Berner, quien es cirujano, vino a nosotros y nos dijo, "En verdad yo creo en todos los testimonios de sanidades milagrosas y de personas liberadas de espíritus diabólicos, porque no sólo los he escuchado de ustedes dos, sino que veo a Jesús haciéndolo en la Biblia. Lo que me hace falta es verlo por mí mismo, así que mi esposa (ella es enfermera cirujana) y yo queremos acompañarlos en su siguiente viaje a Tailandia". Y fueron con nosotros, junto con otros profesionales y ejecutivos que eran parte de la clase graduada. No sólo vieron milagros, sino que los mismos ocurrieron a través de sus propias manos.

## La manifestación demoníaca

El Dr. Berner esperaba ver una liberación genuina y su deseo se cumplió en un servicio de sanidad en Chiang Mai. Fue en un cierto momento durante el tiempo de ministración, que el Dr. Berner vino a John y le urgió que fuera a ver lo que le estaba sucediendo a una mujer al otro lado del salón. Cuando John llegó al lugar, ella se hallaba en el piso presa de una manifestación demoníaca total. John lo supo por medio del don de discernimiento de espíritus. El Dr. Berner mencionó que las personas encargadas del cuidado de esta mujer la habían traído al frente para orar por su enfermedad del corazón. Cuando el equipo comenzó a orar por ella, se desmayó y parecía estar inconsciente. Quienes la trajeron creían que estaba sufriendo de un ataque al corazón. El Dr. Berner inmediatamente le tomó el pulso, notando que era regular y firme. Dado a lo que había aprendido en clase, él sospechó que era un espíritu demoníaco, y por tal razón había ido en busca de John para que evaluara la situación.

Ahora nos resulta divertido recordar la escena. El Dr. Berner, un hombre alto que mide seis pies y tres pulgadas de altura, estaba detrás de John empinado hacia adelante para no perder nada de lo que estaba ocurriendo. Tiempo después, John dijo que ¡podía sentir el bigote de Carl en su mejilla!

## Ella tenía una mirada grotesca en su rostro

Esta liberación fue como muchas otras que hemos visto. John hizo que las enfermeras que estaban a su cargo la pusieran de pie. Sus ojos giraban en círculos y no los podía enfocar. Tenía una mirada grotesca en su rostro y estaba haciendo sonidos lastimeros. John siguió el ejemplo de Jesús delineado en los Evangelios y dirigiéndose al espíritu demoníaco dijo: "Espíritu de enfermedad, ¡yo te mando que salgas de esta mujer, en el nombre de Jesús!" Después de unos minutos el espíritu salió y ella volvió en sí con una hermosa sonrisa en su rostro. Fue hecha libre y sana. ¡Qué maravilloso! El Dr. Berner había atestiguado una liberación espiritual "en persona". Es emocionante escuchar a este hombre estupendo y gran cirujano relatando estas experiencias sobrenaturales.

### Nosotros debemos experimentarlo

Jesús nos dio la autoridad para hacer estas cosas por otros. El declaró esta promesa para "todo aquel que en Mí tenga fe". Eso incluye a cada cristiano. No hay ningún otro nombre o autoridad en el universo mayor que el nombre del Señor Jesucristo. El dijo que todo lo que pidiéramos en Su nombre, sería hecho. El dijo que pondría Su sello de autoridad sobre las cosas que hiciéramos para el beneficio de otros cuando fueran hechas en Su nombre. La intención de este libro es de convencer a los cristianos a creer en lo que Jesús dijo que podrían hacer. También queremos que los creyentes experimenten la presencia transformadora de Dios obrando a través de ellos al hacer lo que Jesús hizo.

## El Principio Primordial de Este Libro

### Jesús vino al mundo como hombre

Sabemos que Adán, Eva y toda la humanidad fueron despojados de la autoridad que tenían originalmente, por causa de su desobediencia. Satanás se convirtió en el dios de este mundo. Sin embargo, el plan divino de redención se centralizó en hacer que Su Hijo, Jesucristo, viniera a este mundo, y naciera de una virgen. Y aunque Jesús era Dios encarnado, El se despojó de Sí mismo haciéndose hombre. Jesús, el postrer Adán, fue totalmente Dios y totalmente hombre.

### 1 Corintios 15:45
Así también está escrito: "Fue hecho el primer hombre, Adán, alma viviente, el postrer Adán, espíritu que da vida".

### Romanos 8:3
Lo que era imposible para la Ley, por cuanto era débil por la carne, Dios, enviando a Su Hijo en semejanza de carne de pecado, y a causa del pecado, condenó al pecado en la carne.

### Hebreos 4:15
No tenemos un sumo sacerdote que no pueda compadecerse de nuestras debilidades, sino uno que fue tentado en todo según nuestra semejanza, pero sin pecado.

### Filipenses 2:5-8
Haya, pues, en vosotros este sentir que hubo también en Cristo Jesús: El, siendo en forma de Dios, no estimó ser igual a Dios como cosa a que aferrarse, sino que se despojó a sí mismo, tomó la forma de siervo y se hizo semejante a los hombres. Mas aún, hallándose en la condición de hombre, se humilló a sí mismo, haciéndose obediente hasta la muerte y muerte de cruz.

## Haciendo lo que Jesús Hizo
Todo lo que Jesús hizo en la tierra, lo hizo como un hombre lleno del gran poder del Espíritu Santo. Por lo tanto, El puede prometer a los que le siguen, quienes están llenos del mismo Espíritu Santo, que

pueden hacer lo mismo que El hizo. En términos humanos, El es nuestro ejemplo humano perfecto, el autor y consumador de nuestra fe.

᠙

## Jesús hizo todo como un hombre lleno del Espíritu Santo

No hay ningún milagro registrado en los primeros treinta años de la vida de Jesús. El comenzó Su ministerio después de ser bautizado con el Espíritu Santo. Jesús hizo todo como un hombre lleno del Espíritu Santo. El ministró en esta tierra cumpliendo el propósito por el cual Dios había hecho al primer Adán. Sólo siendo humano podría llegar a ser nuestro Salvador. Como hombre, El tenía que derrotar a Satanás obedeciendo al Padre en el cielo y valiéndose del poder del Espíritu Santo. Jesús fue el primer hombre perfecto desde Adán. De esta manera, El volvió a tomar la autoridad que Satanás le había robado al primer Adán.

## Jesús delega Su autoridad al creyente

Jesús murió y fue resucitado para vida eterna, siendo exaltado a los cielos; consumándose así el plan de redención. El les dijo a Sus seguidores que fueran a todo el mundo. El dijo que ahora podríamos hacer lo que El hizo ya que Su autoridad nos ha sido dada, y El está con nosotros. El nos dijo que usáramos Su nombre para hacer lo que El hizo.

### Mateo 28:18-20

Jesús se acercó y les habló diciendo: "Toda potestad me es dada en el cielo y en la tierra. Por tanto, id y haced discípulos a todas las naciones, bautizándolos en el nombre del Padre, del Hijo y del Espíritu Santo, y enseñándoles que guarden todas las cosas que os he mandado. Y yo estoy con vosotros todos los días, hasta el fin del mundo".

**Efesios 1:22-23**

Y sometió todas las cosas debajo de sus pies, y lo dio por cabeza sobre todas las cosas a la iglesia, la cual es su cuerpo, la plenitud de Aquel que todo lo llena en todo.

## Haciendo lo que Jesús Hizo

Jesús derrotó a la muerte y el infierno y le fue dada toda autoridad en el cielo y en la tierra. Todo fue puesto debajo de Sus pies para beneficio de la iglesia, la cual es Su cuerpo en la tierra. El delegó esta autoridad a la Iglesia y nos ha mandado a que vayamos y hagamos lo que El hizo.

### ¡Ahora depende de nosotros, la iglesia!

El primer capítulo de Efesios nos dice que Jesús hizo todo para el beneficio de Su cuerpo, la iglesia. La iglesia tiene la responsabilidad de cumplir la Gran Comisión produciendo las mismas obras que Jesús hizo. El nos ha dado el poder del Espíritu Santo para que vayamos por todo el mundo haciendo discípulos. Su plan es que tales discípulos lleven a cabo las mismas obras que El hizo. El resto de este libro nos ilustrará una serie de técnicas ministeriales necesarias para ayudar a facilitar el cumplimiento de la Gran Comisión. Descubriremos cuáles son y cómo podemos usarlas.

### ¿Cómo lo hizo Jesús?

Antes de continuar queremos establecer cómo ministró Jesús a la gente, ya que nosotros debemos hacerlo de la misma manera.

**Juan 5:19-20**

Respondió entonces Jesús y les dijo: De cierto, de cierto os digo: No puede el Hijo hacer nada por sí mismo, sino lo que ve hacer al Padre. Todo lo que El Padre hace, también lo hace el Hijo igualmente, porque el Padre ama al Hijo y le muestra todas las cosas que él hace; y mayores obras que estas le mostrará, de modo que vosotros os admiréis.

## Haciendo lo que Jesús Hizo

Cuando aprendemos a escuchar a Dios para saber lo que El quiere que se haga, estaremos operando en un nivel milagroso al igual que Jesús. Estamos convencidos de que el secreto que Jesús usó para cumplir un ministerio perfecto de sanidad y liberación fue que El hizo todo por revelación.

Juan 5:19-20, nos dice que Jesús solamente hizo lo que "vio" hacer al Padre. El cristiano puede observar por medio de estos versículos, cual fue el secreto para que Jesús hiciera todo perfectamente en Su ministerio terrenal; él hizo todo conforme a la dirección del Padre.

### ¿Qué fue lo que Jesús vio?

Cualquier estudiante del idioma Griego que examina las palabras de este versículo, llegará a la misma conclusión. Por ejemplo: la palabra "ver" (blepo) en el verso 19, es muy común, pero muy importante y el escritor del Evangelio la usó para comunicar una acción continua o repetida, en la que Jesús se encontraba con el Padre. Juan fue un testigo visual de la relación diaria entre Jesús y el Padre. También observó los resultados de este tipo de obediencia perfecta. Debe haber sido asombroso para Juan ver cómo Jesús conducía Su ministerio en obediencia a lo que el Padre le permitía "ver".

Todas las palabras que Jesús predicó acerca del Reino, todas las sanidades, todas Sus acciones y todos los milagros, fueron el resultado de ver y oír al Padre en cada una de esas ocasiones. Los eruditos concuerdan en que este pasaje confirma la dependencia total de Jesús en el Padre; El nunca actuó independientemente de la voluntad y los propósitos del Padre. El Evangelio de Juan enfatiza que la obra de Jesucristo era hacer la voluntad del Padre, no como esclavo, sino como Hijo. El obedeció a totalidad los propósitos divinos del Padre en cuanto a la revelación completa de Su voluntad para la humanidad.

El propósito y la voluntad total del Padre estuvieron presentes en Cristo desde el principio del tiempo. Y es más, queremos enfatizar cómo fueron manifiestas en el ministerio terrenal de Cristo. Juan 5:19-20 nos da a entender claramente que la voluntad del Padre se llevó a cabo paso a paso a través de Jesucristo. Sus palabras y acciones fueron para beneficiar directamente a Sus seguidores quienes debían observarlas y tomar nota. A medida que el Padre le revelaba lo que deseaba que fuese dicho y hecho, Jesús obedecía. Cada acción, palabra y obra, fueron hechas en respuesta directa a lo que el Padre le revelaba en ese momento.

### ¿Podemos "ver" lo mismo?

Jesús es el autor y consumador de nuestra fe. Si nuestra fe se basa en las promesas de Su Palabra, y además tenemos la revelación divina del Espíritu Santo, eso nos hará proceder igual que Jesús. Jesucristo manifestó los dones sobrenaturales de palabra de sabiduría, conocimiento y discernimiento de espíritus. El modeló el uso de estos dones en las interacciones diarias con Sus discípulos y cualquier persona que necesitara ser ministrada por El. Cuando Cristo empezaba Su día, el Padre continuamente le revelaba específicamente lo que El quería que dijera e hiciera. A medida que Jesús veía lo que el Padre quería que hiciera, El obedecía.

Jesucristo les enseñó a Sus seguidores cómo operar en los tres dones de revelación que Pablo describe en primera de Corintios:

### 1 Corintios 12:7-11

Pero a cada uno le es dada la manifestación del Espíritu para el bien de todos. A uno es dada por el Espíritu palabra de sabiduría; a otro, palabra de conocimiento según el mismo Espíritu; a otro, fe por el mismo Espíritu; y a otro, dones de sanidades por el mismo Espíritu. A otro, el hacer milagros; a otro, profecía; a otro, discernimiento de espíritus; a otro, diversos géneros de lenguas, y a otro, interpretación de lenguas. Pero todas estas cosas las hace uno y el mismo Espíritu, repartiendo a cada uno en particular como él quiere.

## Haciendo lo que Jesús Hizo

El Espíritu Santo distribuye los dones de revelación para que podamos ministrar a otros de la misma manera que Jesús lo hizo.

### El Espíritu Santo quiere que "veamos"

Estas revelaciones vinieron en la forma de palabra de sabiduría, conocimiento y discernimiento de espíritus. Hoy en día tenemos estos mismos dones con nosotros, y se puede decir con confianza que podemos ver las mismas cosas que Jesús vio con el Padre. Ya no habrá nuevas revelaciones en cuanto al plan de salvación, redención, o los principios del Reino, o de la Palabra escrita. Pero, habrá una gran cantidad de pormenores que el Espíritu Santo querrá revelarnos al someternos a Su liderazgo y obediencia en todo lo que El quiere que "veamos". Para ser efectivos en el mundo actual, debemos aprender a ministrar en amor, dependiendo de las revelaciones y los impulsos del Espíritu Santo. ¡Entonces estaremos ministrando igual como Jesús lo hizo!

Hacer lo que Jesús hizo, requiere que aprendamos la técnica de obediencia a lo que el Espíritu nos está revelando. Para hacer la labor del ministerio, no sólo debemos aprender a escuchar la voz de Dios, sino también obedecer a lo que nos está siendo revelado. En los capítulos 5 y 6 se nos presentará una discusión a fondo relacionada con la operación de la revelación de conocimiento. Es emocionante saber que Dios tiene un plan y propósito para cada uno de los creyentes. Este plan es revelado en la Palabra de Dios y es acentuado ocasionalmente con palabras directas del Espíritu Santo.

## El Fundamento para
## Hacer las Obras que Jesús Hizo

### ¿Cuál es la clave que produce un ministerio sobrenatural?

Leamos Juan 14:11-14. Sobre este pasaje basaremos nuestro punto de vista tocante al ministerio, derivando directamente toda nuestra enseñanza de lo que Jesús dijo que podíamos y deberíamos hacer. El dijo que nosotros podíamos hacer lo que El hizo. El no nos dio más pormenores que Su referencia a los milagros en el verso 11. Cuando examinamos la descripción de todo lo que El hizo, sólo podemos asombrarnos. Pero luego nos dice que nosotros podemos hacer lo mismo. ¡Qué revelación! Cuando unimos Juan 5:19-20 con Juan 14:11-14, comenzamos a comprender cómo es que esto puede llevarse a cabo.

### Juan 14:11-14

Creedme que yo soy en el Padre, y el Padre en mí; de otra manera, creedme por las mismas obras. De cierto, de cierto os digo: El que en mí cree, las obras que yo hago, él también las hará; y aun mayores hará, porque yo voy al Padre. Todo lo que pidáis al Padre en mi nombre, lo haré, para que el Padre sea glorificado en el Hijo. Si algo pedís en mi nombre, yo lo haré.

## Haciendo lo que Jesús Hizo

El secreto para que nosotros hagamos lo que Jesús hizo, requiere que creamos y actuemos basándonos en la promesa de que podemos hacerlo. Si el dijo que podemos, ¡entonces podemos! Esto obviamente requiere un proceso de aprendizaje en cuanto a cómo ministrar a Su manera, dependiendo del Espíritu Santo y lo que El nos va revelando.

### ¿Cuáles son las cosas que Jesús dijo que podemos hacer?

Si nos atrevemos a creer que podemos hacer las mismas obras que Jesús hizo, entonces observemos algunas de ellas. Examinemos lo que Jesucristo autorizó y comisionó que Sus discípulos hicieran según el relato de los pasajes siguientes. Parece quedar claro que El desea que Sus seguidores accionen continuamente, bajo una serie de técnicas ministeriales hasta Su retorno. Estas técnicas ministeriales operan a beneficio de todo aquel que venga al Señor pidiendo ayuda, incluyendo a los pre-cristianos. Cuando accionamos dando sanidad y liberación a las personas, esto les demuestra claramente que Jesucristo es Señor y que realmente está vivo. Esto crea una gran oportunidad para ganar a los perdidos para Cristo.

**Mateo 10:1, 7-8**

Entonces, llamando a sus doce discípulos, les dio autoridad sobre los espíritus impuros, para que los echaran fuera y para sanar toda enfermedad y toda dolencia…Y yendo, predicad, diciendo: "El reino de los cielos se ha acercado. Sanad enfermos, limpiad leprosos, resucitad muertos, echad fuera demonios; de gracia recibisteis, dad de gracia".

### Lucas 10:8-9, 19-20

"En cualquier ciudad donde entréis y os reciban, comed lo que os pongan delante y sanad a los enfermos que en ella haya, y decidles, "Se ha acercado a vosotros el reino de Dios"...os doy potestad de pisotear serpientes y escorpiones, y sobre toda fuerza del enemigo, y nada os dañará. Pero no os regocijéis de que los espíritus se os sujetan, sino regocijaos de que vuestros nombres están escritos en los cielos.

### Mateo 28:18-20

Jesús se acercó y les habló diciendo: "Toda potestad me es dada en el cielo y en la tierra. Por tanto, id y haced discípulos a todas las naciones, bautizándolos en el nombre del Padre, del Hijo y del Espíritu Santo, y enseñándoles que guarden todas las cosas que os he mandado. Y yo estoy con vosotros todos los días, hasta el fin del mundo".

### Hechos 1:4-5, 8

Y estando juntos, les ordenó: "No salgáis de Jerusalén, sino esperad la promesa del Padre, la cual oísteis de mí, porque Juan ciertamente bautizó con agua, pero *vosotros seréis* bautizados con el Espíritu Santo....pero recibiréis poder cuando haya venido sobre vosotros el Espíritu Santo, y me seréis testigos en Jerusalén, en toda Judea, en Samaria y hasta lo último de la tierra".

## Haciendo lo que Jesús Hizo

Las Escrituras anteriores son promesas poderosas. Incluyen muchas de las "obras" que Jesús hizo y promete que nosotros las podemos hacer también.

Esta es una lista de las cosas que Jesús dijo que podemos hacer:
- Echar fuera espíritus malos.
- Sanar toda enfermedad y dolencia.
- Predicar el Evangelio completo del Reino.
- Resucitar a los muertos.
- Sanar a los leprosos.
- Vencer el poder de Satanás.
- Ordenar que los espíritus se nos sometan.
- Ir y hacer discípulos de todas las naciones.
- Bautizar a los nuevos discípulos.
- Enseñar a los nuevos discípulos que obedezcan todo lo que Jesús manda.
- Ser bautizados con el Espíritu Santo.
- Recibir el poder del Espíritu Santo.
- Ser Sus testigos hasta los confines de la tierra.

**¿Podemos hacer todas estas cosas?**

¡Sí! Jesús quiere decir lo que dijo. Nosotros tal vez no logremos hacer todo lo que está en la lista. Tal vez sólo tengamos la experiencia de algunas de ellas. Sin embargo, necesitamos pagar cualquier precio que se necesite pagar y comenzar donde estamos. Tal vez tome tiempo, entrenamiento y un cambio de actitud, pero valdrá la pena. De esto se trata este libro. Nuestra perspectiva se centrará en seis de las cosas que Jesús dijo que debemos hacer. Las llamaremos "Técnicas Ministeriales". Y son:

- Guiar a Otros hacia Cristo.
- Guiar a los cristianos hacia el Bautismo del Espíritu Santo.
- Aprender Cómo Sanar a los Enfermos.
- Cómo Escuchar a Dios.

- Cómo Sanar a los Enfermos por Revelación.
- Cómo Tratar con los Demonios.

## El primer paso – ¡La salvación!

Dimos comienzo a nuestras estrategias para la cosecha en el capítulo 1, tratando con el tema de cómo dirigir a otros hacia Cristo. Este es el primer y más importante mandato de nuestro Señor Jesucristo. El dijo, "Id y haced discípulos". Este es el plan sobrenatural de salvación creado por Dios mismo. Sin el renacimiento del espíritu humano, ninguna otra estrategia para la cosecha puede ser comprendida ni llevada a cabo.

La mente natural no puede comprender cómo se dirige a una persona hacia la salvación sobrenatural por medio del sacrificio de la sangre de Jesucristo. Sólo puede ser comprendida y experimentada a través de la obra sobrenatural del Espíritu Santo. A continuación tratamos de explicar el misterio de la salvación por medio de Jesucristo.

Cuando confesamos nuestros pecados (con verdadero arrepentimiento) y aceptamos al Señor Jesucristo en nuestra vida como Salvador, nos es impartido el conocimiento espiritual (vea Lucas 13:5). El término "nacer de nuevo" describe mejor este acontecimiento maravilloso (vea Juan 3:3). Nuestro espíritu es tocado, reavivado por el Espíritu Santo de Dios, y recibimos la vida de Dios en nuestro ser. Somos trasladados del reino de la tiniebla a Su glorioso Reino de luz (Vea Colosenses 1:14). Y así, de repente, comenzamos a entender lo que la Biblia dice y a recibir revelación acerca de las realidades espirituales.

Misteriosamente, entramos por fe a una relación con la Trinidad Divina. Con esto queremos describir la relación personal con Jesucristo como Salvador, con nuestro Padre Celestial, y con Su Santo Espíritu. Nuestra relación con Cristo es la base para nuestra salvación. La Palabra de Dios nos dice que no hay otro nombre por el cual podemos ser salvos (Hechos 4:12), y que nadie viene al Padre sino por El (Juan 14:6). Esta relación es básica para todo crecimiento espiritual.

Al responder sinceramente a la oferta divina del regalo de la salvación, entramos a una relación de pacto con El. Este nuevo pacto (en contraste con el antiguo pacto el cual era sellado con la sangre de animales) fue sellado con Su propia sangre y cuerpo. Esta relación tangible con Jesucristo dentro de nosotros, es la esperanza de gloria y la que da ímpetu a nuestras convicciones y nuestro deseo de obedecer Sus mandamientos. Es la presencia viva del Espíritu Santo dentro de nosotros y sobre nosotros, la que llena por completo nuestros pensamientos y que influye nuestras acciones cotidianas.

Habiendo dicho esto, avancemos al capítulo 1 y estudiemos la primera técnica ministerial Dirigiendo a otros hacia Cristo.

---

### Hay que practicar

- Santiago 1:22 dice que HAGAMOS lo que hemos oído (leído).
- Hagamos lo que se nos recomienda en este capítulo, yendo al Apéndice B, página _____ titulado "Hay que practicar".
- Complete la tarea para la Técnica Ministerial titulada, "Comparte lo que crees acerca de los milagros".

# 1 *Dirigiendo a Otros Hacia Cristo*

En este capítulo usted aprenderá a
compartir su fe de manera natural,
sencillamente contando la historia de
cómo usted aceptó a Jesucristo como su
Salvador y el cambio que Él ha hecho
en su vida. No es necesario dar
folletos, o predicar.

MUCHOS DE NOSOTROS podemos recordar cuando aceptamos a Cristo. Queríamos decirle a todo mundo lo que nos había acontecido. Estábamos tan emocionados que no nos importaba lo que pensaran de nosotros. Todo lo que podíamos hablar era de Dios. "Dios hizo esto. Dios hizo aquello. ¡Lo hizo por mí y lo puede hacer por ti!". Permitíamos que el Espíritu Santo tuviera libertad de usarnos como testigos. El Señor había puesto la urgencia nueva en nuestro corazón de proclamar lo que Dios estaba haciendo. Estábamos libres de condenación y culpa. Habíamos sido perdonados. Íbamos camino al cielo. ¡Todo era tan maravilloso que teníamos que decírselo a alguien! La Técnica Ministerial #1 ya estaba en operación sin siquiera pensarlo. Estábamos obedeciendo el "id" en Mateo 28 porque éramos una "nueva criatura" como en 2 Corintios 5.

**Mateo 28:18-20**
Jesús se acercó y les habló diciendo: "Toda potestad

me es dada en el cielo y en la tierra. Por tanto, id y
haced discípulos a todas las naciones, bautizándolos
en el nombre del Padre, del Hijo y del Espíritu Santo,
y enseñándoles que guarden todas las cosas que os he
mandado. Y yo estoy con vosotros todos los días,
hasta el fin del mundo."

### 2 Corintios 5:17-20

De modo que si alguno está en Cristo, nueva criatura
es: las cosas viejas pasaron; todas son hechas nuevas.
Y todo esto proviene de Dios, quien nos reconcilió
consigo mismo por Cristo, y nos dio el ministerio de
la reconciliación: Dios estaba en Cristo reconciliando
consigo al mundo, no tomándoles en cuenta a los
hombres sus pecados, y nos encargó a nosotros la
palabra de la reconciliación. Así que, somos embajadores en nombre de Cristo, como si Dios rogara
por medio de nosotros; os rogamos en nombre de
Cristo: Reconciliaos con Dios.

## Haciendo lo que Jesús Hizo

Jesús quiso que Sus seguidores salieran e hicieran
discípulos a dondequiera que fueran. A todos los
cristianos les ha sido dado un ministerio, el de reconciliar con Cristo a sus familias, amigos y vecinos.
Hemos sido comisionados para ser embajadores de
la reconciliación.

### Cada cristiano ha sido comisionado

Cada cristiano ha sido autorizado a ser parte de la Gran
Comisión. Para ser un testigo de Cristo. Lo que nos corres-
ponde a cada uno, depende de los dones que Dios nos ha dado.
Cada uno ha recibido un don diferente. Un porcentaje bajo de

cristianos tiene un don fuerte y un gran deseo de evangelizar. El resto del Cuerpo de Cristo no. Pero esto no es excusa para que un creyente no pueda ser un testigo eficaz. Jesús ordena que cada uno de Sus seguidores vayan y "hagan" discípulos. Esto quiere decir que se nos incita a buscar alguna manera de participar en el "ministerio de la reconciliación". No debemos ignorar nuestra responsabilidad de cumplir lo que Dios le ha encargado a *cada* creyente.

### Sólo cuente lo que le ha sucedido

La primera lección de nuestro temario de seis volúmenes intitulado, *La Serie del Embajador*, anima a cada ministro estudiante a aprender cómo guiar a otros hacia la salvación. Dedicamos de seis a doce semanas a la maestría de compartir su testimonio personal para que pueda llevar a cabo esta primera y más básica técnica ministerial. Con un poco de ánimo cualquier discípulo dispuesto estará preparado para responder a quienes le pregunten por qué hace lo que hace.

### 1 Pedro 3:15

Al contrario, santificad a Dios el Señor en vuestros corazones, y estad siempre preparados para presentar defensa con mansedumbre y reverencia ante todo el que os demande razón de la esperanza que hay en vosotros.

### Haciendo lo que Jesús Hizo

- Cuando se nos pregunte la razón de la esperanza que tenemos en Cristo debemos estar preparados para responder.
- Nuestra respuesta debe incluir un testimonio personal de lo que Cristo ha hecho para darnos esa gloriosa esperanza.

- Debemos saber cómo concluir nuestro testimonio con preguntas que guíen al oyente hacia la salvación a través de Jesucristo.

## Cómo será evangelizado el mundo

Estamos convencidos de que el verdadero evangelismo que produce discípulos que perduran, es el que se hace de persona a persona. Esto se lleva a cabo por cristianos entrenados para compartir su fe efectivamente con pre–cristianos y guiarlos a un encuentro personal con un Cristo vivo; por quienes están entrenados a "traer y a incluir" al nuevo convertido en sus actividades de la iglesia. Los acompañan a su clase de nuevos convertidos (si existe una), y los invitan a un estudio bíblico. En otras palabras, aceptan la responsabilidad de ver que el nuevo convertido sea asimilado a la vida de la iglesia.

No hace mucho, una mujer en nuestra iglesia quien previamente había sido funcionaria del condado vino a mí (Sonja), antes de que comenzara el servicio. Ella trabaja con mujeres que salen de las cárceles y prisiones y me pidió que orara por una mujer que había invitado a la iglesia para que aceptara al Señor. La mujer estaba viviendo una vida lesbiana. ¡Qué afortunados somos de ser parte de una iglesia que está tan dedicada a los perdidos que sintamos confianza de invitar a cualquier persona que no sólo no es salva, sino que tiende a una predisposición negativa hacia los cristianos! Ese día en particular, nuestro pastor, Ken Johnson, estaba hablando de que nuestra iglesia no debe ser un salón social para cristianos, por el contrario, debe ser una estación de rescate para los perdidos y heridos y cómo debemos tratarlos con el amor y el respeto que se merecen.

El miércoles siguiente vi a mi amiga, y me dijo que a su invitada le había agradado mucho nuestra iglesia, el mensaje, y que participaría en un estudio bíblico. Dentro de no mucho tiempo, dio su corazón a Cristo y dejó la vida lesbiana.

Así es como se ganará al mundo—con cristianos que comprendan que tienen la responsabilidad de compartir las Buenas Nuevas con quienes puedan alcanzar, y que se comprometan a hacerlos discípulos devotos para que a su vez ellos traigan a otros.

Cuando compartimos en otras iglesias acerca del ministerio público, yo (Sonja) con frecuencia le pregunto a la congregación qué pasaría si cada uno de ellos ganara a una sola persona para Cristo y la ayudara durante un año a unirse a la iglesia. La respuesta obvia es que la iglesia crecería al doble de su tamaño. Y si instruyéramos a cada uno de esos nuevos miembros para hacer lo mismo el año siguiente, entonces tendríamos el doble del año pasado. ¡Qué sencillo!

## ¿Por qué no lo estamos haciendo?

No ocuparemos el tiempo en estudiar las muchas razones por las que la mayoría de las iglesias en el occidente no se involucran en el evangelismo efectivo. Simplemente no lo practican. ¿Quiere decir que está bien ignorar la comisión que Cristo nos dio de ir y hacer discípulos? ¡Claro que no! Si usted le pregunta a cualquier pastor, se dará cuenta que la mayoría desearía que hubiera evangelización en sus iglesias. Pero están buscando formas de incorporarla a su rutina semanal de servicios. Algunos dicen: "Yo sé que evangelizar es importante, pero eso ya no se hace en nuestras iglesias". Y queremos felicitar a los pastores que todavía tienen el valor de concluir sus servicios con una invitación para que sus visitantes acepten a Cristo como Su Salvador.

¿Quiere decir que necesitamos un paradigma nuevo? Qué bueno sería que la mayoría de los que se dicen ser cristianos tuvieran el conocimiento y la confianza para testificar de Cristo y pudieran guiar a sus amigos y vecinos a El. Qué concepto radical. De acuerdo con 2 Pedro, el Señor espera pacientemente que guiemos a otros al arrepentimiento.

**2 Pedro 3:9**

El Señor no retarda su promesa, según algunos la tienen por tardanza, sino que es paciente para con nosotros, no queriendo que ninguno perezca, sino que todos procedan al arrepentimiento.

## Haciendo lo que Jesús Hizo

- Ya que el Señor quiere que todos procedamos al arrepentimiento, debemos tener un plan personal en mente para responder a quienes nos pregunten de nuestra fe en Cristo.
- Cada persona que contactamos, es candidata para llegar a ser cristiana. Sólo necesita que alguien le comparta las Buenas Nuevas.
- Si cada cristiano estuviera listo para dar un testimonio público con una invitación para aceptar a Cristo, el mundo podría ser ganado para Cristo en un breve período de tiempo.

### El era la persona más introvertida de la clase

Estábamos en California, llevando a cabo un taller para un grupo de pastores y líderes. Uno de esos hombres era una persona extremadamente introvertida. Cuando se le dijo que tendría que compartir un testimonio público de cinco a diez minutos ¡se le fue el color del rostro! Durante el descanso, se acerco a nosotros apresuradamente y nos dijo que no podría hacer la práctica de la clase. El nunca había podido hacer tal cosa, y no iba a comenzar ahora. Le dijimos que entendíamos su abatimiento, pero que sería bueno que la hiciera de todos modos. El no estaba de acuerdo, pero pudo darse cuenta que no íbamos a hacer una excepción. Entonces nos pidió permiso para ser el último en compartir. En eso sí estuvimos de acuerdo. Era sábado y llegó la hora en que tendría que dirigirse a la clase, ¡él estaba temblando de temor! Con su testimonio cuidadosamente escrito en sus manos, comenzó a hablar. Estábamos seguros que su plan era de leerlo solamente, pero ocurrió algo maravilloso. Cuando abrió su boca y comenzó a pronunciar unas cuantas palabras, la unción del Espíritu Santo vino sobre él ¡y lo hizo poderoso! Quienes lo conocían y sabían de su personalidad introvertida, se maravillaron. Cuando terminó, la clase irrumpió en un estruendo de aplausos y silbidos. Su historia de cómo había venido a Cristo era muy interesante—nadie conocía su pasado. Y hasta terminó su testimonio con la importante invitación: "Y así fue como yo llegué a conocer a Cristo como mi Salvador. ¿Les gustaría que El les perdonara sus pecados, les diera una conciencia limpia, y venga a sus vidas?" Y todos respondieron con un gran "¡Sí!".

## El Espíritu Santo lo tocó en el hombro

Esta gran historia no terminó allí. El lunes fue a trabajar y el martes recibimos una carta electrónica que decía: "Fui a trabajar el lunes, y un compañero de trabajo que estaba teniendo problemas vino a mí. Yo había estado orando por este hombre. Me dijo que su situación había empeorado tanto durante el fin de semana que en su desesperación tomó una Biblia y comenzó a leerla. Y fue como si el Espíritu Santo me hubiera tocado el hombro diciéndome: 'Esta es tu oportunidad'. Compartí el testimonio que había escrito y practicado horas antes en la clase. Y le hice la pregunta, y ¿qué creen? El dijo que sí, y le ayudé con la oración del pecador que había escuchado cientos de veces en mi iglesia. ¿Lo pueden creer? ¡Yo guié a alguien al Señor! ¡Jamás hubiera creído que yo podría hacer tal cosa! ¡Gracias! ¡Gracias! Gracias por ayudarme a dar ese paso de fe. ¡Nunca seré el mismo!".

## Me sucedió a mí

Yo (John) recuerdo vívidamente los eventos a principios de 1973. Si los líderes de Campus Cruzada para Cristo no le hubieran dado las herramientas para testificar a un estudiante de ingeniería llamado Dave, este libro no se hubiera escrito. No podría enseñarle a nadie cómo guiar a otros a Cristo. Tal vez estaría aún perdido en mi pecado, sin perdón, y en camino al infierno.

Dave era callado y algo reservado. Sus padres iban a la iglesia que yo asistía. Me regaló un librito titulado, "Las Cuatro Leyes Espirituales". Mi iglesia no enseñaba que había que nacer de nuevo. Pero el librito decía que era necesario. El me regalaba ese librito cada domingo. Confundido y algo irritado, le dije que no apreciaba su método y que se llevara su religión a otra parte. Pero cada semana Dave me sonreía, me saludaba y luego me daba la mano junto con el librito diciéndome que si tenía alguna pregunta de lo que decía. Por fin, para que me dejara tranquilo, consentí en escuchar una grabación que me dio.

Por primera vez en mi vida escuché el resto del Evangelio. Dios no sólo me amaba, sino que tenía un plan para mi vida. Si yo le permitía a Jesucristo que perdonara mis pecados y que tomara control de mi vida, El me expondría los planes que tenía para mí y me daría vida eterna. Todo esto en una grabación de treinta minutos hecha por un ministro llamado, Josh McDowell. El Espíritu Santo me estaba atrayendo a Cristo.

### Juan 6:44
Nadie puede venir a mí, si el Padre, que me envió, no lo atrae; y yo lo resucitaré en el día final.

### Haciendo lo que Jesús Hizo

- El Padre utiliza a los cristianos para llevar el Evangelio en formas que atraigan a los perdidos hacia El.
- Su testimonio, un folleto o una grabación pueden ser usados para "predicar" el Evangelio a los que no conocen a Cristo.

- La fe para recibir a Cristo viene por el oír de la Palabra de Dios que los puede salvar.

## Sucedió en mi sala

Las iglesias de mi ciudad iniciaron un programa de alcance por toda la región, llamado "Llave 73". Nuestra iglesia respondió organizando una serie de reuniones de convite y comunión en los hogares. Yo ofrecí mi casa para una de las reuniones de domingo a la noche. Dave vino con algunos de sus amigos, y comenzaron a conversar sobre lo grandioso que era tener una relación personal con Dios y cómo El estaba dirigiendo sus vidas. Hasta hablaron de la seguridad absoluta que tenían de saber dónde pasarían la eternidad. Al final de la reunión iban a orar por las peticiones. Cuando me preguntaron si quería que oraran por algunas de mis inquietudes, yo les indiqué nerviosamente que necesitaría unas cuantas semanas para pensar sobre este "asunto de Dios". Les dije que necesitaba hacer una decisión acerca de esto, pero que precisaría tiempo para pensarlo.

## Ellos oraron en voz alta

Oraron algo así como, "Gracias Jesús, por estar aquí. Gracias, mi Dios, por ver dentro del corazón de John. Tú sabes lo que está pensando en este momento. Ayúdale a aceptarte como Señor y Salvador". Todas las oraciones eran serenas, personales y no condenatorias.

Cuando llegó la oportunidad para que yo orara, todo lo que pude hacer fue llorar. Dije, "Señor, me rindo. Lo siento. Yo no creía que Tú habías resucitado de los muertos. Pero lo hiciste. Tú estás vivo. Toma mi vida. Haz lo que tengas que hacer dentro de mí. Amén". Lloré desde lo más profundo de mi ser. No podía dejar de llorar. Dave y todos los demás me rodearon y me abrazaron diciendo: "Bienvenido al reino, John. Acabas de nacer de nuevo".

Dave me había guiado a Cristo. El Espíritu Santo había usado a Dave para presentarme a Cristo de una manera que me causó querer aceptarle como mi Señor y Salvador personal. Dios usó a un joven estudiante de ingeniería que estaba dispuesto a aprender unas cuantas frases estratégicas de una guía sencilla para testificar, lo cual me colocó directamente frente a Jesucristo. A eso se le llama un testimonio público efectivo.

### Necesita ser sencillo

El Evangelio es sencillo. Nosotros lo hacemos difícil. Los mensajes de Jesús eran muy sencillos. El usó un lenguaje que todos podían entender. El Espíritu Santo reveló el mensaje verdadero en Sus historias. Solamente aquéllos a quienes Dios les daba entendimiento podían saber lo que El les estaba diciendo. Los religiosos no lo entendieron. La gente a la cual resulta más difícil testificarle es la que siente que lo sabe todo acerca de Dios, pero que no tiene una relación personal con El. La mejor estrategia para hoy es la de mantener la sencillez. Debe ser tan sencillo que cualquier creyente pueda aprender cómo ser un testigo eficaz. Dios no necesita más teólogos polémicos. El quiere creyentes comunes y corrientes que puedan dar un testimonio personal que toque el corazón de sus amigos y compañeros de trabajo.

### Dígalo tal como es

Un testimonio personal y breve de lo que Dios ha hecho por usted, hablará más claramente que diez versículos de la Biblia disparados en sucesión rápida. Los pre-cristianos ya saben que usted es cristiano. Ellos no quieren escuchar correcciones santurronas de su gran conocimiento de las Escrituras. Lo que sí quieren escuchar es cómo Dios enmendó su relación con su cónyuge. O cómo le ayudó a superar sus inseguridades y le hizo una persona completa. Quieren oír cómo Dios le sanó de una enfermedad incurable. Quieren oír cómo Dios trabaja de una manera personal. Ellos escucharán si habla de cosas con las que ellos se puedan relacionar y entender.

Cuando Dave comenzó a hablar conmigo, sólo utilizó una Escritura. Nunca lo olvidaré. El usó Juan 14:6 y me dijo: "John, yo encontré que sólo hay un camino seguro para llegar a Dios. Yo pensaba que había muchos caminos hacia Dios. Pero me di cuenta que sólo Jesús es el único camino verdadero hacia Dios".

**Juan 14:6**
Jesús le dijo: "Yo soy el camino, la verdad y la vida, nadie viene al Padre sino por mí".

## Haciendo lo que Jesús Hizo
Una manera poderosa de proclamar una verdad eterna para guiar a otros hacia Cristo es fusionando las Escrituras con su testimonio.

Entonces Dave me dijo, "John, ¡yo tuve que pasar por Cristo para llegar al Padre! Cuando lo descubrí, todo se hizo más sencillo para mí". Luego me dejaba pensando. Siempre me ponía nervioso cuando me hablaba de un Dios personal. Pero siempre calmaba mis temores personalizando el Evangelio con su propia experiencia. El usó su testimonio para predicarme el Evangelio. Yo no me dí cuenta que me estaba predicando hasta que nací de nuevo. Dave tampoco pensaba que lo estuviera haciendo. Sólo compartía conmigo lo que le había ocurrido a él.

### La mejor predicación
La mejor manera de predicar es contando cómo usted vino a Jesús. Casi todo el mundo le escuchará, hasta sus familiares. De por sí ya saben que usted es diferente. Quieren saber cómo lo logró. Lo importante es saber *cuándo* decirles. El Espíritu Santo opera mejor cuando compartimos con una actitud sincera y amorosa. Nosotros creemos que Dios proveerá muchas oportunidades para testificar si se las pedimos. La mejor manera

de dejar de tener vergüenza o temor es pidiéndole al Espíritu Santo que nos provea de oportunidades para compartir nuestra fe. Cuando lo hagamos, podremos estar confiados de que como fue El quien empezó, tendremos la seguridad de que El terminará Su obra. El siempre estará ahí para ayudarnos a decir todo lo apropiado.

## Los creyentes son ministros públicos

Un creyente/ministro público es quien está capacitado para compartir las Buenas Nuevas de nuestro Señor Jesucristo cada vez que haya una oportunidad. Todos tenemos diferentes áreas públicas: donde trabajamos, donde vamos de compras, en nuestros vecindarios— los lugares que frecuentamos fuera de nuestros hogares. Siempre que compartimos con alguien acerca de Dios estamos "ministrando". Ya que la Biblia no hace distinción entre el clérigo y el laico, eso quiere decir que todos los cristianos somos "ministros". En este libro, usaremos ministros públicos tanto para el clérigo como el laico.

Jesús fue el sumo ministro público. Como siempre, él es nuestro ejemplo perfecto. Lo vemos aquí y allá—caminando de un lugar a otro. Se encuentra con una procesión fúnebre del hijo de una viuda. Su corazón se conduele por ella, y El resucita a su hijo de entre los muertos (vea Lucas 7:11-17).

En sólo dos capítulos, Mateo 8 y 9, vemos que Jesús sana a un hombre de su lepra, luego sana al siervo de un centurión, libera a dos hombres endemoniados, sana a un paralítico, le da vida a una niña muerta, sana a una mujer que ha sufrido de hemorragia por doce años, sana a dos hombres ciegos y a un mudo. Después de ministrar tan poderosamente, el capítulo 9 termina con el siguiente pasaje diciendo que los obreros son pocos.

### Mateo 9:35-38

Recorría Jesús todas las ciudades y aldeas, enseñando en las sinagogas de ellos, predicando el evangelio del Reino y sanando toda enfermedad y toda dolencia en el pueblo. Al ver las multitudes tuvo compasión de ellas, porque estaban desamparadas y dispersas como ovejas que no tienen pastor. Entonces dijo a sus discípulos: "A la verdad la mies es mucha, pero los obreros pocos. Rogad, pues, al Señor de la mies, que envíe obreros a su mies".

## Haciendo lo que Jesús Hizo
### ¡Nosotros debiéramos ser esos obreros!

En Mateo 10, él llama a Sus doce discípulos y les da autoridad de echar fuera espíritus malignos y de sanar toda enfermedad y dolencia. Jesús nos enseñó lo que El quiere que hagamos mientras tengamos vida. ¡Nosotros podemos hacer lo que El hizo! ¡Qué manera tan emocionante de vivir! Y de eso hablaremos en este libro.

### El ministerio público

Como hemos dicho previamente, nosotros definimos los lugares públicos, como cualquier esfera fuera de nuestro hogar, donde nos relacionamos con la gente. Esto incluye los lugares donde trabajamos, donde jugamos, nuestra comunidad y los lugares que frecuentamos. El ministerio de la reconciliación es llevado a cabo dondequiera que tenemos contacto con la gente. Esto puede ser en el patio de enfrente de nuestra casa, con los vecinos durante una carne asada, o en la sección de verduras del supermercado.

## Testimonios públicos

### ¡Detengan ese avión!

Veníamos de regreso de un viaje ministerial y nuestro avión estaba llegando tarde a Portland, Oregón. Cuando corríamos para alcanzar nuestro vuelo de conexión de Portland a Bend, Oregón, donde vivimos, notamos que la puerta ya estaba cerrada. Fuimos a pedir información y una agente nos dijo que corriéramos de regreso a la puerta y que ella los llamaría. El avión para viajes locales era pequeño, los motores estaban encendidos, y la puerta estaba cerrada. Sin embargo, la puerta se abrió y una aeromoza nos indicó que esperáramos un momento. Cuando menos pensamos, salieron dos pasajeros que habían tomado nuestros lugares. Bajaron y entonces nosotros abordamos.

Al caminar por el pasillo, yo (Sonja) le pregunté al Señor de qué se trataba todo esto, y entonces mis ojos se fijaron en una adolescente, quizás de unos doce o trece años, que se hallaba al lado del asiento en el que yo me iba a sentar. Viajaba sola; estaba vestida de cuero y llena de perforaciones en su cuerpo. Inicié una conversación con ella acerca de galletas y saqué una bolsita. Transcurridos unos diez minutos le pregunté qué era lo que venía a su mente cuando pensaba en Dios. Ella meditó por un momento y luego me dijo, "Pienso que él es bueno". Me di cuenta de lo que sabía y le contesté que estaba en lo correcto. Luego le pregunté si sabía que Él le amaba. La conversación llegó al punto donde sentí preguntarle si quería conocer a este Dios a través de Su hijo Jesucristo para que si algo le llegara a suceder, pudiera estar segura de que pasaría la eternidad con este Dios amoroso. Luego me contó cómo el verano anterior, casi se había ahogado y lo aterrorizadora que había sido esa experiencia.

## Ella oró

Cuando le pregunté si quería orar y pedirle a Jesús que entrara en su corazón para que Él la perdonara de todo lo malo que había hecho, ella respondió inclinando su cabeza y juntando sus manos tal como lo haría una niñita. Con lágrimas en sus ojos, la guié en la oración del pecador momentos antes de aterrizar. Le di el nombre de una buena iglesia cerca de su casa y le sugerí que fuera a visitarla el domingo. Ella dijo que lo haría. Puse su nombre en mi lista de oración y oro por ella seguido.

Nosotros creemos que el Señor nos dará estas oportunidades si sólo estamos dispuestos a ser usados, ¡aunque tenga que detener un avión para hacer que lleguemos a tiempo para Su cita! Cuando nos mantenemos sensibles a las oportunidades para ministrar, el Señor siempre nos abre nuevas vías para los negocios de Su Reino. Nuestra oración diaria debe ser: "Señor, hoy abro para que Tú hagas negocio. Déjame saber cuando quieres que haga algo". Estar listos para los negocios simplemente quiere decir estar alerta para ayudar a alguien. La necesidad está por doquier. Cuando Jesús tiene muchos "dadores" trabajando, le es fácil dar Sus dones a quienes los necesitan. Pero El precisa de discípulos dispuestos, a través de los cuales El pueda trabajar. Y ahí es donde nosotros podemos desempeñar nuestra función. Eso fue lo que Pablo hizo en Hechos 16.

### Hechos 16:13-15

Un sábado salimos fuera de la puerta, junto al río, donde solía hacerse la oración. Nos sentamos y hablamos a las mujeres que se habían reunido. Entonces una mujer llamada Lidia, vendedora de púrpura, de la ciudad de Tiatira, que adoraba a Dios, estaba oyendo. El Señor le abrió el corazón para que estuviera atenta a lo que Pablo decía, y cuando fue bautizada, junto con su familia, nos rogó diciendo: "si habéis juzgado que yo sea fiel al Señor, hospedaos en mi casa…".

## Haciendo lo que Jesús Hizo

- Doquier la gente se reúna, puede haber una oportunidad para testificar.
- Nuestro mensaje debe ser relevante para los que están congregados, siendo sensibles a los oyentes.
- Lydia era una persona que trataba con el público vendiendo tela de púrpura. Al parecer, ella y los

> de su casa fueron los únicos en responder al testimonio de Pablo acerca de Jesús.
> * Nosotros también podemos ser ese tipo de ministros públicos.

A nosotros se nos ha dado el ministerio de reconciliar con Cristo a un mundo agonizante y perdido. Es un ministerio en unión con el Espíritu Santo. El nos dota de dones para cumplir Su misión. Su misión es nuestro ministerio. El tiene el "negocio de bendecir" en marcha. Nosotros somos Su equipo repartidor. Cuando se presenta una necesidad, hay una persona que reparte dones de bendición para satisfacer la necesidad.

### Pero ¿qué si mi mamá está en el infierno?

Barb vino a nuestro estudio Bíblico hogareño como una persona en búsqueda. Ella nos dejó saber de inmediato que dudaba de la cristiandad y su "reclamo exclusivo de la salvación". Nosotros aceptamos sus preguntas honestas y con todo amor dimos respuestas a sus preguntas lo mejor que pudimos. Después de unos meses, nos dijo que lo único que no le permitía aceptar a Cristo como su Salvador personal era el hecho de que su madre había fallecido sin conocer a Dios, lo cual significaba que nunca tendría la oportunidad de verla otra vez. Le pedimos sabiduría al Señor, y nos sentimos guiados a compartir con ella lo siguiente:

* Que ella no podía saber con seguridad lo que había en el corazón de su madre. Nosotros vemos lo que está ante nuestros ojos, pero Dios mira el corazón.
* Dios en Su omnisciencia sabe quién aceptará Su don de salvación.
* Si su madre iba aceptar la salvación, de alguna manera lo habría hecho antes de morir. Si no la

iba aceptar, podía haber vivido otros cincuenta años y no habría hecho ninguna diferencia.

- ¿Qué seguridad tenía hoy de llegar a ver a su madre después de morir?

- Dios es totalmente justo y misericordioso; por lo tanto ella podía depositar este asunto en Sus manos.

Esta explicación sencilla contestó el gemir de su corazón y ella aceptó al Señor Jesucristo como su Salvador. La transformación fue maravillosa y pudo poner el estado eterno de su madre directamente en las manos de este Dios justo y compasivo a quien ella llegó a conocer a través de un sencillo estudio bíblico en su comunidad.

## Abierto para hacer negocio

En una tarde, yo (John) iba de prisa a comprar una Biblia con referencias sobre cómo testificar. Sólo había una persona más en la librería bíblica aparte del encargado que atendía el local. Yo tenía unas citas para hacer unas ventas dentro de esa hora, así que no tenía mucho tiempo. Me sentí algo irritado cuando esta otra persona se mantuvo preguntándome qué Biblia debería comprar. Pensé, ¿por qué me pregunta a mí? ¿Qué no ve que estoy de prisa? ¿Por qué no interviene el empleado?" El Espíritu Santo me dijo, "pregúntale si me conoce." Pero pensé, "Señor, no tengo tiempo". De repente recordé que esa mañana yo había orado que estaría abierto para los negocios del Reino. Le había prometido al Señor que haría todo lo que El me dijera.

## Una cita divina

Mirando mi reloj, le pregunté al hombre, "¿Qué tanto conoce usted al Autor de la Biblia?" Y me dijo, "¿A qué se refiere?" Le dije, "Si usted muriera hoy, ¿se iría con Jesús?" Me contestó, "No lo sé". Entonces le dije, "¿Quiere saberlo con certeza?" El respondió, "¡Claro que sí!". Y escuché a Dios decirme, "Haz que se arrodille". Le dije, "Arrodíllese aquí mismo y diga conmigo esta pequeña oración. ¿De acuerdo?" Me dijo que estaba bien. Entonces guié a este hombre a Jesucristo a través de una sencilla oración, de rodillas, en medio de la librería. Tuve que decirle al encargado lo que había sucedido. Luego lo invité a ir a nuestra iglesia mientras pagábamos nuestras Biblias nuevas; llegué a mis citas con tiempo de sobra. Estar abierto para los negocios del Reino no significa que tenemos que portar una Biblia enorme debajo del brazo. Quiere decir que debemos ser sensibles a las necesidades de la gente dondequiera que vayamos.

## El vecino

Un día, (John) me hallaba haciendo cosas triviales en el jardín, cuando mi vecino pre-cristiano cruzó la calle y se acercó para decirme que él y su familia se iban de vacaciones. Le ofrecí vigilar su casa. Aunque no nos conocíamos muy bien, él lo apreció mucho y me ofreció instrucciones en caso de emergencia. Como resultado, después estuvieron dispuestos a asistir con nosotros a un concierto musical en nuestra iglesia. Llegamos a ser muy buenos amigos. Su necesidad apuntaba hacia uno de los dones que Dios ofrece. El necesitaba el don de ayuda y yo se lo ofrecí. Esto hizo que se dispusiera a recibir el Evangelio. Y nosotros comenzamos nuestro ministerio público como colaboradores de Dios.

### 2 Corintios 6:1-2

Así, pues, nosotros, como colaboradores suyos, os exhortamos también a que no recibáis en vano la gracia de Dios, porque dice: "En tiempo aceptable te he oído, y en día de salvación te he socorrido". Ahora es el tiempo aceptable; ahora es el día de salvación.

## Haciendo lo que Jesús Hizo
Dios siempre está dispuesto a salvar. Nosotros

> debemos estar siempre listos como Sus instrumentos para encaminar a otros al día de su salvación.

## ¿Cuándo es el mejor momento?

Hay señales sutiles que nos dejan saber cuando hay una oportunidad para testificar. Cuando usted está en la compañía de pre-cristianos, hay señales obvias indicándole la oportunidad de compartir parte de su historia. Estas son algunas:

- Cuando la conversación gira, con naturalidad, hacia cualquier tema espiritual.
- Cuando usted escucha una referencia a Dios o a Jesús que carece de fundamento Bíblico.
- Siempre que expresen tener algún problema del cual Dios le ha rescatado a usted previamente (tales como hábitos destructivos, abuso de drogas, problemas familiares, pecado, etc.).
- Cuando alguien le dice que está sufriendo un problema físico que amenaza su vida y usted conoce a alguien (o usted mismo) que oró y Dios le ayudó a superar todo con bien.
- Cuando mencionan un tema del que usted oyó en un sermón o leyó en un libro recientemente.
- Cuando el Espíritu Santo le diga que testifique.

La lista de señales mencionadas anteriormente, se puede definir como "indicaciones" conversacionales. Estas son algunas de cientos de posibilidades.

## Indicaciones del Espíritu Santo

Una de las maneras más fáciles para guiar la conversación hacia el Evangelio es esperar una indicación natural de la persona con quien está conversando. A veces nunca se presentan y sencillamente debe esperar. Deben ocurrir naturalmente, nunca por la fuerza. Muchas de las mismas, son obviamente inspiradas por el Espíritu Santo. Si usted de repente decide cambiar la conversación a Jesucristo sin razón, esto provocará que el pre–cristiano tome una posición defensiva. Si esto ocurre, se le hará más difícil escuchar su historia. Deje que el Espíritu Santo haga Su trabajo espontáneamente.

Sonja se ha vuelto una experta en tomar ventaja de las "indicaciones" del ministerio público. Siempre me sorprende ver cómo puede usar un tema natural y girar la conversación hacia las cosas de Dios. Un día su secretaria vino a trabajar y le preguntó si había visto una espiritista de la Nueva Era en la televisión la noche anterior. Casualmente, Sonja había visto el programa y tomó ventaja de la oportunidad para dialogar acerca de cómo trabaja el poder sobrenatural Divino comparado con el poder sobrenatural satánico. El punto en el cual ella hizo hincapié, fue que cuando se manifiesta el poder sobrenatural Divino a través de un cristiano, él o ella mantienen el control de sus facultades. En el caso de la médium, por su propia admisión había dicho que un ser la había poseído y hablado a través de ella. La secretaria se quedó admirada de ver que el poder sobrenatural satánico esclaviza a la persona. Y en contraste, el poder sobrenatural Divino es usado para sanarla o liberarla. Sonja eventualmente pudo guiar a su secretaria al Señor.

La historia no concluye allí. Su secretaria luego invitó a la recepcionista a la reunión donde Sonja estaba enseñando. Cuando Sonja hizo la invitación a quienes quisieran aceptar al Señor, la recepcionista fue la primera en dar su vida a Cristo. Esto resultó debido a que Sonja respondió con naturalidad a la indicación de una pregunta legítima sobre asuntos espirituales. Pero ella lo hizo con gentileza y respeto y de manera no intimidante. Yo creo que esto es lo que Pedro quería que hiciéramos.

### 1 Pedro 3:15

Al contrario, santificad a Dios el Señor en vuestros corazones, y estad siempre preparados para presentar defensa con mansedumbre y reverencia ante todo el que os demande razón de la esperanza que hay en vosotros.

## Haciendo lo que Jesús Hizo

* Cuando respondemos con naturalidad, sin ser intimidantes, la gente mantiene la curiosidad en cuanto a nuestra vida en Cristo.
* La gentileza y el respeto hacia los sentimientos de otros, más el entendimiento de las cosas espirituales, nos darán muchas oportunidades para guiar a otros a Cristo.

### ¿Qué tal si ya están listos?

De vez en cuando nos encontramos con personas que están tan listas para recibir a Cristo que lo notamos de inmediato. Si esto sucede, recomendamos tener dos preguntas firmes en nuestra mente. Durante los años que John pasó en la Red de Transmisión Cristiana (Christian Broadcasting Network), estas dos preguntas hacían la diferencia crucial entre quién que recibiría a Cristo y quién no. Hemos usado estas dos preguntas de enfoque en la mayoría de las oportunidades en que hemos dado testimonio para la salvación de otros. Son preguntas que se responden con un "sí" o un "no". Dan tan buen resultado que las recomendamos a cualquiera que quiera "cerrar con broche de oro" su testimonio y que la persona entregue su vida a Cristo. Funciona de este modo:

## Haciendo lo que Jesús Hizo

- Pregunte: "¿Si usted muere hoy, iría con Cristo?"

- La respuesta tal vez sea, "Ojala que sí", o "Yo no sé", o "Yo creo que no".
- Entonces pregunte: "¿Le gustaría estar seguro?"
- La respuesta debe ser, "sí" o "no".
- Si responden con un "sí", entonces usted simplemente les dirige en la oración siguiente:

*"Señor Jesús, al morir, quiero ir contigo. Perdóname por todo lo malo que he hecho. Ven a mi vida. Me arrepiento de mis pecados. Ven a ser mi Señor y mi Dios. Amén".*

**Breves y precisos.**

En una reunión de compañerismo en la iglesia, uno de nuestros amigos nos presentó a su hermano pre-cristiano. Durante nuestra conversación breve, este hombre nos indicó que estaba "probando a Dios". Siempre que un pre–cristiano menciona a "Dios", esta es nuestra indicación de parte del Espíritu Santo. Yo (John) simplemente dije, "¿Le importaría que le hiciera una pregunta?" Y me dijo, "No". Le pregunté, "¿Si usted muere en esta noche, se iría con Cristo?" Me respondió, "Eso no se lo puedo contestar". Le dije, "¿Le gustaría saberlo con seguridad?" "¡Claro! ¿A quién no?" manifestó. Entonces le dije, "Diga esta oración conmigo". Y poniendo mi mano sobre su hombro, incliné mi cabeza, hice una oración de arrepentimiento sencilla, pidiéndole al Señor que lo perdonara. El me siguió palabra por palabra.

Los dos dijimos, "Amén". El me miró y dijo, "Eso fue poderoso. Gracias". Le volví a preguntar, "Si usted muere en este momento, ¿se iría con Jesús?". Me miró y con una gran sonrisa me respondió, "¡Yo creo que sí!". Le manifesté, "Yo sé que sí, porque usted acaba de nacer de nuevo". Estreché su mano con firmeza y le dije que nunca sería el mismo. El me dio las gracias nuevamente. Nuestros amigos que lo habían traído, quedaron maravillados de lo fácil que nos resultó guiarlo hacia la salvación. Nosotros les agradecimos a ellos por preparar a este hombre orando por él. Sabíamos que estaba listo; nosotros estábamos siendo ministros públicos y solamente nos aseguramos de que él dejara todo atrás para seguir a Jesús.

## ¿Está demostrando la esperanza que hay en usted?

Los pre–cristianos saben quiénes somos. Debería ser obvio. Se debe reflejar en nuestras acciones y conversaciones. Jesús dijo que nos conocerían por el amor que demostráramos el uno para el otro. No tenemos que predicarles a nuestros compañeros de trabajo, ellos ya saben el tipo de persona que somos por la manera que los tratamos. Una persona sabe si somos sinceros con sólo observarnos día tras día. La gente está observando cómo tratamos a otros en la oficina, en la escuela, en el trabajo, en la casa. Por tal razón, Pablo nos exhorta a permitir que el fruto del Espíritu fluya en nosotros. Entonces nuestras acciones hablaran osadamente acerca de la esperanza que tenemos más allá de lo común. Cuando otros vean el fruto en acción, irradiará una esperanza, la cual sólo viene de un seguidor de Jesucristo entusiasmado.

### La esperanza abre la puerta

Pedro tenía razón. Tenemos una esperanza que causa que la gente nos pregunte al respecto. 1 Pedro 3:15 es una joya. Nos dice qué hacer con la esperanza que tenemos. La esperanza nos abre la puerta para testificar. La gente se siente atraída a quienes tienen una esperanza genuina, la que les ayuda a sobreponerse a las presiones sociales adversas. La esperanza de que puedan creer en un Dios que los guía a una restauración personal y a la paz. Si somos ese tipo de persona, la gente eventualmente nos va a preguntar acerca de esta esperanza y dónde la pueden obtener ellos también. Esa es la oportunidad en la que usted les puede decir, "Qué bueno que me preguntaste. ¡Déjame contarte cómo fue que encontré esperanza para la eternidad!".

## Pequeños querubines del vecindario

En un tiempo vivimos en un hermoso condominio nuevo, mayormente de personas adultas. Los sábados, yo (Sonja) horneaba galletas y el aroma flotaba saturando el ambiente. Uno de esos días sonó el timbre y cuando abrí la puerta vi a una hermosa niñita de seis años. Me dijo, "Hola, mi nombre es Gwendolyn, y quiero darle las gracias por hacer ese aroma tan maravilloso". Sonreí ante este hermoso querubín de largos rizos negros y le dije, "Mi nombre es Sonja, y me encantaría compartir mis galletas contigo si tu mamá está de acuerdo". Ella rápidamente se dio la media vuelta y me dijo mientras corría: "Recién nos mudamos aquí; y yo sé que mi mamá va decir que está bien". Y así fue, ella regresó en unos momentos, y la invité para comer galletas y beber leche.

Pronto nos hicimos amigas, y cada semana venía con sus nuevos amiguitos, a quienes había conocido durante la semana. Pronto me di cuenta que estos siete niños no eran cristianos ni iban a la iglesia. Mientras compartían su vida conmigo cada semana, me dolía escuchar los eventos tristes que me contaban. Fue en una de esas ocasiones que la pequeña Gwendolyn me dijo que su mami y su novio habían tenido una gran pelea y él se había ido de la casa, pero que no me preocupara porque ¡un novio nuevo se había mudado a vivir con ella al día siguiente!

Durante la época navideña, compartí la historia de la Navidad con ellos y les encantó. Gwendolyn me pidió si les podía contar un cuento cada semana. Le dije que con mucho gusto siempre y cuando sus padres estuvieran de acuerdo. Hablé con sus padres y les dije que sencillamente usaría la Biblia ilustrada para niños la cual les mostré. Todos estuvieron de acuerdo; así que comenzamos el año nuevo aprendiendo acerca de Jesús. Pude guiar a estos niños de edades cinco a once, uno por uno a una relación personal con Jesús.

Después de unos meses. Los padres de Alan y Michelle me detuvieron en el estacionamiento para darme las gracias por pasar tiempo con sus niños. Ellos estaban maravillados del cambio en ellos. Les expliqué que era porque ahora conocían al Señor de manera personal y que El siempre trae cambios positivos. Ellos sonrieron y me dieron las gracias otra vez. Para junio, cada uno de esos siete niños se había cambiado de domicilio. Fue como que ese año hubiera sido ordenado por Dios para que El pudiera penetrar ese caos total en que vivían y capturar los corazones de esas preciosas criaturas.

Para ser ministros públicos efectivos, a veces debemos hacer cosas algo fuera de lo tradicional. Los padres de estos niños no estaban de acuerdo con la idea de mandar a sus hijos a la iglesia, pero estaba bien que fueran a mi casa. Con frecuencia pienso y oro por estas criaturitas que el Señor me confió por ese breve período de tiempo.

## Obteniendo maestría en dar un testimonio público

¿ALGUNA VEZ se ha quedado sin palabras cuando el tema la conversación gira en torno a Dios? Es algo que a todos nos sucede. La mayoría de los cristianos sienten que no cuentan con las palabras adecuadas cuando de repente se hallan en medio de una oportunidad para testificar. Una de las nuevas estudiantes de CEM nos comentó, "Yo sabía que debía compartir mi fe. Pero me sentía incompetente. Pensaba que si lo hacía y fallaba, la persona no iba a querer aceptar a Cristo. Pero después de unas semanas en CEM, me sentí con la confianza suficiente para compartir mi historia con pre–cristianos. ¡Para mi sorpresa, las persona a quienes les ha hablado de mi fe, ha deseado aceptar a Cristo!".

Ella había obtenido la maestría para compartir su testimonio público. Lograr maestría en dar su testimonio, simplemente significa comunicar una serie de historias breves acerca de cuando Jesucristo llegó a su vida y cómo El hizo la diferencia. Cada quien tiene una historia diferente. Eso es lo que lo hace tan eficaz. La gente pre–cristiana siempre tiene curiosidad por saber qué es lo que motiva a los cristianos a ser como son. A veces puede que

parezcan escépticos y aun hasta hostiles. Pero, raramente lo
detendrán a la mitad de su historia. Si lo hacen, tal vez sea una
señal del Espíritu Santo que debe hacerlo en otra ocasión.

### La Biblia de acuerdo con usted

Se ha dicho que la única Biblia que los pre-cristianos pueden
ver es usted. ¿Cómo le están leyendo? ¿Le están leyendo como
usted quisiera que le leyeran? Jesús dijo, "En esto conocerán
todos que sois mis discípulos, si tenéis amor los unos por los
otros". El dijo "un mandamiento nuevo os doy: Que os améis
unos a otros" (Juan 13:34-35). Cuando compartimos cómo es
que la gracia de Dios nos ha transformado de lo que éramos a
lo que somos hoy, la gente presta atención. Nuestras historias
revelan al increíble Dios de amor quien brinda gracia, perdón, y
restauración a una raza humana quebrantada y dolida. Nuestras
historias emanan un mensaje fresco de esperanza y un escape
del callejón sin salida del pecado y del libertinaje. Es la Biblia
de acuerdo con usted. Los pre-cristianos no solamente necesitan
escucharle, sino que quieren escucharle.

## Una Historia que Guía a Otros a Cristo

### La receta para una buena historia

Para obtener maestría en exponer nuestro testimonio público
se requiere que entendamos por qué es tan poderoso para el
pre-cristiano. Para escoger partes de nuestra historia personal
con Cristo que tengan un gran impacto en otros, se requiere
que dediquemos tiempo a meditar en ello. Las personas con
quienes usted comparta estas historias efectivas, siempre querrán
escuchar algo que penetre su dolor personal y sus necesidades.
La receta para un buen testimonio incluirá los siguientes ingredientes:

- Una breve historia sobre quién era usted y lo
  que estaba viviendo antes de conocer a Cristo.

- Los factores personales que finalmente le hicieron buscar la ayuda de Dios.

- Los detalles personales alrededor de su entrega y sumisión a la voluntad de Dios.

- Una historia breve de la persona que usted es ahora y lo que está sintiendo hoy como resultado de haberse tornado a Dios para recibir Su ayuda.

- Asegurarles a los oyentes que ellos también pueden obtener los mismos resultados sometiéndose a Jesucristo.

## Hay que mantener las cosas sencillas

Estos ingredientes tal vez le parezcan demasiado sencillos. Se pueden contar en menos de cinco minutos. Muchos argüirán que usted necesitará de muchos versículos para ser efectivo. Tal vez sea una buena idea en ciertas ocasiones, pero le sobrarán las oportunidades para inyectar sus versículos favoritos mientras cuente su historia. Trate de no usar frases tales como, "la Biblia dice…" o "el verso 9 del capítulo 10 de Romanos dice…" Los pre–cristianos no creen que la Biblia sea importante en su vida. Simplemente parafrasee la verdad de la Biblia y agréguesela a su historia. Ellos no sabrán que les está dando la Palabra de Dios. El Espíritu Santo la usará para penetrar profundamente en sus corazones y les hará desear a Cristo. A continuación le damos cinco ingredientes para un testimonio poderoso:

## 1. Diga qué tipo de persona era usted

Debido a que vivimos en un mundo negativo, la gente está acostumbrada a escuchar a sus amistades hablar de sí mismas en una forma negativa. Es parte de nuestra cultura hacer hincapié en lo negativo. Siempre que hablamos de la siguiente intersección le llamamos un "alto", no un "siga". Las encuestas mencionan el 25% que no estuvo de acuerdo en vez de indicar el 75% que sí estaba de acuerdo. Cuando usted estornuda le dicen, "¿Te estás resfriando, o sufres de alergia?" Las noticias de la tarde casi nunca reportan lo bueno que ha ocurrido durante el día. Lo único que vemos y escuchamos tiene que ver con: incendios, choques de avión, víctimas de violación, asesinatos, guerra, y todo tipo de violencia.

Así que si inicia el relato de su historia hablando de la confusión en que se hallaba, es una buena forma de captar la atención del pre-cristiano. Ellos tal vez han pasado por lo mismo o en ese momento se hallan en ese tipo de circunstancias. Todo el mundo pasa por etapas en su vida cuando las cosas no salen bien. Lo negativo impregna nuestra sociedad. A las personas buenas le suceden cosas malas; aún siendo cristianos no estamos exentos de accidentes, abusos y persecución en nuestra vida. Vivimos en un mundo caído y en decadencia; a todos les suceden cosas malas.

Cuando incorpore las circunstancias en que se hallaba su vida antes de someterse al Señor, no lo haga de una manera extensa o detallada o que parezca que desearía volver. Nunca debe dar los detalles desagradables. Deben presentarse como hechos que describen lo que usted estaba experimentando y el tipo de persona que era antes de conocer a Cristo. Esto es preciso para enfatizar que se hallaba en una situación que no podía superar y que necesitaba un escape. También le ayudará a pasar a la fase siguiente de su historia.

Las personas como Sonja, quien aceptó a Cristo en su niñez, pueden iniciar su testimonio con un evento significativo que les hizo tornarse al Señor de todo corazón. Tal vez alguna dificultad en su matrimonio, alguna enfermedad, la muerte de un hijo, un accidente, etc.

## 2. ¿Qué causó que usted se tornara a Dios?

La mayoría de la gente puede sentirse identificada con situaciones en su vida en las que se le agotaron las ideas en cuanto a cómo solucionar sus problemas. Es de vital importancia que comparta esos eventos personales y factores que le llevaron a una encrucijada. Usted puede hacer hincapié en las opciones que le quedaban si continuaba por ese camino y hacia donde le guiarían. También puede mencionar lo que sus amigos o familia le estaban sugiriendo que hiciera. Puede hablar de personas específicas en su vida que hicieron buscara a Dios para obtener una respuesta. Al llegar a este punto de su historia, es importante mencionar cómo se estaba sintiendo. De allí puede pasar a la fase siguiente.

### 3. ¿Qué sucedió cuando se rindió?

El pre-cristiano necesita escuchar los pormenores de cómo rendirse a Jesucristo. Su historia debe incluir los detalles personales que rodearon su sumisión a Dios. Esto le abre la puerta a su oyente para saber cómo someterse él mismo a Jesucristo. Tome tiempo para describir cómo se sentía, las palabras que le dijo a Dios, las emociones que experimentó durante ese proceso. Esto causa un gran impacto en cualquiera que escuche su historia. No pase ligeramente por esta fase. Es el punto crucial que hace que el oyente quiera hacer lo que usted hizo ú olvidar todo el asunto. Permita que sea una descripción espontánea de su conversión y rendimiento a la voluntad de Dios en su vida. Si repite la oración que usted hizo al Señor, eso ayudará al pre–cristiano a hacer lo mismo. Le mostrará cómo recibir la salvación al igual que usted lo hizo. No tiene que ser dramático. Solamente dígalo tal como fue.

### 4. ¿Qué es lo que está sucediendo ahora?

Su historia debe concluir con lo que ocurrió como resultado de que usted se sometiera a Dios. Esta parte debe ser positiva. Aunque todos estamos en el proceso de ser más como Jesús, nadie lo ha alcanzado. Sin embargo, somos mejores que cuando comenzamos. Así que, comparta una historia breve de cómo ha cambiado y de las cosas buenas que le están sucediendo desde que hizo la decisión de seguir a Cristo. Hábleles de su presente como resultado de haberse tornado a Dios. Describa cómo ha hecho la diferencia en su vida personal, su trabajo, o sus relaciones con otros. Los pre–cristianos necesitan escuchar los beneficios de dar su vida a Jesucristo en términos muy personales. Esto les ayudará a hacer la decisión de rendir su vida al Señor.

## 5. Déles una oportunidad para hacer una decisión.

Siempre termine su historia animando al oyente a hacer lo que usted hizo. Si usted fue sincero, veraz, y habló desde lo profundo de su corazón, sus oyentes querrán hacer algo en respuesta a lo que usted les contó. Si necesitan ser salvos ¡pregúnteles! Si necesitan volver a consagrar sus vidas a Dios, ¡pregúnteles! Si necesitan arrepentirse de sus pecados y ponerse a cuentas con Dios, ¡pregúnteles! Para entonces, el Espíritu Santo estará alrededor de ellos, atrayéndolos a Jesús amorosamente. De ese modo, Dios le usará para predicar el Evangelio de una forma que ellos puedan entender y asimilar. Siempre concluya su historia haciendo una invitación amorosa a sus oyentes para que rindan sus vidas y situaciones al Señor Jesucristo. Dios le dará las palabras correctas.

### Haciendo lo que Jesús Hizo

Siempre concluya su testimonio con una invitación sencilla como la siguiente:
"El hizo todo esto por mí, y El lo hará por usted también. ¿Le gustaría recibir a Jesucristo en su vida hoy? Yo le ayudaré a hacerlo. Haga esta oración a Dios conmigo:

'Señor Jesús, ven a mi vida. Me arrepiento de todos mis pecados. Perdóname por lo que he dicho y hecho. Yo te recibo como mi Señor y Salvador. Gracias por perdonarme. Amén'".

Mantenga la oración sencilla. Puede ser más extensa o más breve. Todo depende de la situación. Lo más importante es que sea dirigida a Jesucristo y que incluya arrepentimiento y perdón. Cuando usted ayuda a la persona a orar, le evita la vergüenza de no saber qué decir. Acuérdese que tal vez, sólo sabrá qué decir por lo que usted le contó en su historia. Haga que rendir su vida a Dios, sea lo más sencillo. Mantenga la oración simple. Si es hecha con los ojos abiertos, cerrados, de pie, sentados, arrodillados, con las manos juntas o con las manos a los lados, no importa. Sólo haga lo que parezca propio y natural; Dios está a cargo. Permítale su espacio para que tenga un encuentro genuino con el Señor Jesucristo.

## Seguimiento

Es importante que se le indique a la persona que acaba de recibir a Jesucristo lo que tiene que hacer después. Esta responsabilidad cae primordialmente sobre la persona que tuvo el mayor impacto en llevarla hacia su salvación. Es posible que sea usted, la persona que oró con ella, el evangelista que hizo el llamado al altar, o el pastor que hizo la invitación. Es una tragedia permitir que estos bebés en el Señor se vayan del altar divino del arrepentimiento sin que se les diga qué hacer después. Los pasos siguientes deben ser:

- Bautizarse en agua y sepultar la vida pasada.
- Ser bautizados en el Espíritu Santo para obtener el poder de resistir el pecado y ser testigos eficaces para Dios.
- Obtener una Biblia y comenzar a leer el Nuevo Testamento diariamente.
- Participar en un estudio bíblico semanal de discipulado manteniendo una relación con gente que ha caminado con el Señor por mucho tiempo.
- Participar en una iglesia llena del Espíritu Santo, que cree en la Biblia, cada que se abran las puertas.

## *Trayéndolos de Regreso a Cristo*

VENIR A CRISTO es una cosa; mantenerse en Cristo toda la vida es otra. Siempre hay una tendencia de alejarse, en unos más que en otros. Jesús nos ilustra esto en Mateo 18.

### Mateo 18:12-13

¿Qué os parece? Si un hombre tiene cien ovejas y se descarría una de ellas, ¿no deja las noventa y nueve y va por los montes a buscar la que se ha descarriado? Y si acontece que la encuentra, de cierto os digo que se regocija más por aquella que por las noventa y nueve que no se descarriaron.

ॐ

### Haciendo lo que Jesús Hizo

Las enseñanzas de Jesús revelan con claridad el valor de una persona que se ha descarriado. El va en busca de esa persona–a veces a través de los que estamos dispuestos a ser usados de esta manera.

ॐ

### Busquemos a los que andan perdidos

A través de los años, he tenido (Sonja) el privilegio de ser usada por el Señor para ayudar a las personas a encontrar su camino de regreso a Dios. El siguiente es un ejemplo de tal experiencia.

### ¿Por qué? ¿Por qué?

Yo estaba trabajando en un edificio de oficinas que era la sede de muchas compañías. Cuando subía y bajaba en los elevadores yendo de una oficina a otra, veía ocasionalmente a una atractiva joven pelirroja que se bajaba en el piso anterior al mío. Sentí que el Espíritu Santo me indicaba que hiciera amistad con ella, pero ella era extremadamente fría.

Un día estábamos solas en el elevador. Después de saludarla, le pregunté si un día podíamos almorzar juntas. Con una mirada de absoluta consternación me dijo, "¿Por qué?" Su reacción me tomó por sorpresa pero pude reentablar la conversación y le respondí que la quería conocer. Me replicó intolerante, "¿Por qué?" Fue una de las respuestas más inusuales que jamás he recibido ante una invitación a almorzar. Y otra vez le repetí que quería conocerla. Para entonces habíamos llegado a su piso, y salió de prisa mientras me decía titubeante, "Bueno, tal vez pueda. ¿Qué tal el viernes?" "¡Espléndido!" le dije. "Nos vemos el viernes a mediodía, en la entrada". Y con eso se fue de prisa y corriendo como un conejito asustado.

## Yo estaba muy perpleja

Yo estaba segura que el Señor me había guiado a acercarme a esta joven, pero admito que estaba perpleja. El viernes llegó y juntas cruzamos la calle a un restaurante de hotel. Lo escogí porque contaba con una atmósfera propicia para conversar. Yo hablé por unos veinte minutos. Ella sólo quería escuchar.

Al final de nuestro almuerzo, pareció que se había relajado un poco. Cuando caminamos de regreso al trabajo, ella finalmente reveló la razón de su comportamiento extraño. Me dijo, "Usted realmente me quería conocer, ¿verdad?" "¡Pues claro que sí!", le respondí, "¿Qué otra cosa se imaginaba?".

## Prorrumpí en una risa muy divertida

Tímidamente me comentó que había oído decir que yo era una cristiana verdadera y ella se había apartado del Camino. ¡Ella estaba segura de que Dios me había indicado que la debía llamar aparte para reprenderla severamente y decirle que iba a ir directo al infierno! La miré fijamente, sin creer lo que me decía y prorrumpí en una risa muy divertida ¡Casi moje mis pantalones! Ella también se rió y por un buen rato. ¡Ese diablo mentiroso había sido expuesto una vez más!

Ese fue el principio de una gran amistad de por vida, no sólo entre ella y yo, sino con toda mi familia, mi esposo, nuestros padres y abuelos. Comenzó a participar en mis reuniones de oración los días sábados. No puedo acordarme de las circunstancias exactas de cuando regresó al Señor, pero sucedió con el tiempo. Actualmente, es una mujer muy espiritual y usada grandemente por el Señor.

Necesitan que alguien realmente se interese por ellos

A través de los años he guiado a múltiples peinadoras, vecinas, compañeras de trabajo y hasta gente que va a la iglesia, de regreso a una relación con Jesucristo. Ellos sólo necesitaban que alguien realmente se interesara en ellos y les dijera cuánto les ama el Señor y cuánto esperaba que regresaran a El. Casi siempre les comparto la historia de la oveja perdida y cómo el Señor la busca. De alguna manera, eso más que cualquier cosa, los convence del amor y el cariño de Dios hacia ellos. Y por supuesto la historia del hijo pródigo en Lucas 15:11-31 es también una buena referencia en caso de que se encuentren atravesando una situación de "pocilga".

## Así es cómo funciona

Tal vez usted esté pensando: "Claro, Sonja, es fácil para ti, pero ese no es mi don. Para mí no es fácil acercarme a una persona completamente desconocida, debido a que soy una persona introvertida". Yo le respondería diciéndole que cada cristiano, sí, cada cristiano, incluso usted, ¡puede ser usado de esta manera!

Así es cómo funciona: Usted descubre de qué manera Dios le ha dotado. Tal vez es con el don de misericordia, ayudas, exhortación, servicio, hospitalidad, o cualquier otro don. En nuestra *Serie del Embajador* hemos provisto un cuestionario y enseñamos acerca de treinta dones y talentos del Espíritu Santo. Usted simplemente le dice al Señor que está dispuesto a ser usado. Entonces El le toma la palabra y le da una oportunidad en la que pueda usar su don.

Con el tiempo, alguien comentará o le preguntará por qué es como es, o hace lo que hace. Esa será su oportunidad para decirles que usted es cristiano y que le agrada ayudar a otros. Usted tal vez hasta les comparta que antes no era así, pero que Cristo le ha cambiado. Y aunque se interesen no les diga mucho. Déjelos deseando saber más y sintiéndose con confianza. Muy a menudo las personas demuestran algo de interés y nosotros, debido a nuestro celo por compartir, nos lanzamos con toda fuerza y los asustamos. Si ellos están listos, continuarán viniendo hasta que regresen a su relación con Dios. Usted lo puede hacer.

### Tal vez necesitamos más confianza

Si nos falta confianza para ser ministros públicos efectivos, debemos examinar qué tanto hemos permitido la obra del Espíritu Santo en nosotros. Tal vez necesitamos más de Su poder. La manera mejor de obtener más confianza, es pidiéndole a Dios más de Su poder para ser testigos más eficaces. Cuando le pedimos a Dios más poder para testificar, probablemente El nos guiará al bautismo del Espíritu Santo. Este bautismo espiritual de poder es el siguiente paso para convertirnos en ministros públicos eficaces. Esta es la siguiente técnica espiritual que aprenderemos en el capítulo 2.

---

### *Hay que Practicar*

- Santiago 1:22 nos dice que HAGAMOS lo que hemos oído (leído).
- Trate de hacer lo que se recomienda en este capítulo usando el Apéndice B titulado, "Hay que Practicar", en la página _____.
- Haga la tarea para la Técnica Espiritual titulada "Dirigiendo a Otros Hacia Cristo".

# Dirigiendo al Cristiano al Bautismo en el Espíritu Santo

Jesús les prometió a los creyentes una maravillosa experiencia espiritual. El la llamó "el don del Espíritu Santo" y dijo que recibirían poder para ser Sus testigos y hacer las obras que El hizo. Una vez que hemos tenido este encuentro maravilloso con el Espíritu Santo, podemos guiar a otros cristianos hacia la misma experiencia.

EL BAUTISMO DEL ESPÍRITU SANTO es una maravillosa experiencia Bíblica que a menudo es la revelación del poder sobrenatural y el dominio de Dios al cristiano. ¡Ciertamente esa fue mi experiencia (Sonja)!

Fui criada en una iglesia evangélica donde mi papá era diácono y mi mamá cantaba en el coro, yo vine a la fe en Jesucristo a tan temprana edad que ni me acuerdo exactamente cuándo fue. No tuve ningún problema con mi Padre Dios, en gran parte, porque mi padre terrenal y yo teníamos una hermosa relación. Y Jesús como mi hermano mayor, era fácil de aceptar. Yo sabía que mis pecados habían sido perdonados y que si moría, iría al cielo. Pero el Espíritu Santo era "un ente" nebuloso para mí. Yo no sabía que era una Persona; mucho menos le conocía personalmente. Sin embargo, todo estaba por cambiar.

## Una visitación del siglo veinte

Durante el siglo veinte, el Espíritu Santo de Dios, a través de una profunda y transformadora experiencia sobrenatural, visitó mundialmente a millones de cristianos. Estos creyentes deseaban una relación más íntima con Dios, y muchos estaban orando y buscándolo con gran fervor. En ciertos casos, las personas se hallaban en circunstancias desesperantes, aún temiendo por su vida. Otros muy a salvo, ricos y llenos de toda comodidad material; sin embargo, ellos también estaban vacíos y faltos de una realidad espiritual. Vivían casi en cada país sobre la faz de la tierra, representando a casi todo grupo étnico.

## Corazones hambrientos

Fue como si el Espíritu Santo hubiera rodeado la faz de la tierra buscando corazones hambrientos, y luego que los halló, vino sobre ellos y los transformó. No hubo barreras sociales, económicas, étnicas, de género, o denominacionales. Yo personalmente conozco jefes de estado, embajadores de las naciones unidas, físicos, pastores, maestros, abogados, arquitectos, labradores, cirujanos, plomeros, estudiantes, carpinteros, albañiles, ejecutivos y oficiales, pilotos, amas de casa, actores y actrices, estrellas de rock, sacerdotes y monjas que han tenido esta experiencia en común.

Por medio de la Biblia y hechos históricos, sabemos que Dios determinó los tiempos y las sazones para expresar la soberanía de Su voluntad y cumplir Sus propósitos eternos. Uno de tales eventos fue el derramamiento de Su Espíritu Santo en un tiempo predispuesto.

En su libro titulado, *Holiness-Pentecostal Tradition* (La Tradición de Santidad Pentecostal), Vinson Synan trata con el crecimiento fenomenal de la tradición Pentecostal a fines del siglo veinte. El dice:

> "Esta pudiera ser la historia más grande del cristianismo en el siglo veinte. Si lo que Peter Wagner

dice es verdad, que 'En toda la historia humana, ningún movimiento, no–político, no–militar, ha crecido tan rápidamente como el movimiento Carismático Pentecostal en los últimos veinticinco años, entonces el pentecostalismo en realidad merece ser visto como una de las tradiciones cristianas a la par de las tradiciones del Catolicismo Romano, Ortodoxo y de la Reforma Protestante".

En los tiempos del primer siglo, d.c., Juan el Bautista describió esta experiencia a los creyentes contemporáneos diciéndoles que ellos serían bautizados con el Espíritu Santo.

## Marcos 1:7-8

Y predicaba, diciendo: 'Viene tras mí el que es más poderoso que yo, a quien no soy digno de desatar, agachado, la correa de su calzado. Yo a la verdad os he bautizado con agua, pero El os bautizará con Espíritu Santo".

### Haciendo lo que Jesús Hizo

Jesucristo es el que bautiza con el Espíritu Santo.
Todos los creyentes sólo necesitan pedirle a Jesús el
don del Espíritu Santo.

## El Acceso de Sonja al
## Poder Sobrenatural de Dios

CUANDO YO TENÍA VEINTISIETE años de edad, llegué a un punto de mi vida en el que comencé a clamar a Dios. Le dije que debía haber más que yo no había experimentado en El; no tenía suficiente poder para mí misma, mucho menos para ayudar a alguien más. En mi desesperación, Dios se manifestó de una manera maravillosa.

**¡Mi prima Fay es sanada milagrosamente!**

Durante ese tiempo, yo tenía una prima mayor que se encontraba agonizando de congestión cardíaca, confinada a una cama. Sólo esperábamos que cualquier día nos dijeran que había fallecido. Pero en cambio, un día, mi abuelita Hatcher, me informó que mi prima había sido sanada milagrosamente. Me quedé asombrada, así que llamé a mi prima Fay y la invité a mi casa para que me dijera lo que había acontecido. ¡Y honestamente, la escuchaba hablar y parecía ser otra persona!

Vino a visitarme a la tarde siguiente, y quedé admirada al oír lo que le había sucedido. Cuando estaba en su cama, clamando para que Dios le ayudara, de repente su cuarto se llenó con la presencia de Dios, ella se levantó y comenzó a hablar en un idioma que nunca había aprendido; oró y oró en el nuevo lenguaje, tan fuerte, que su esposo vino para ver qué le ocurría. Fay me dijo que su iglesia enseñaba en contra de esta experiencia y ella no sabía nada al respecto, pero que su esposo, en su juventud había ido una vez a una iglesia pentecostal y él sí sabía lo que era. El sonrió, cerró la puerta, y la dejó con el Señor. Al día siguiente Fay se levantó de la cama, llamó a su doctor para hacer una cita, ¡y no le sorprendió saber que su alta presión se había normalizado y su corazón palpitaba como debía!

**Algo despertó dentro de mí**

Al escuchar a mi prima, algo despertó dentro de mí; era hambre por una relación con Dios que causara que lo sobrenatural se manifestara en mi vida. Ese día, antes de que se fuera, mi prima y yo nos arrodillamos y ella oró en inglés, y luego en el hermoso idioma divino que el Señor soberanamente le había dado. Yo no podía negar el milagro maravilloso de sanidad que había ocurrido en su vida, sin embargo tenía serias reservaciones en cuanto a "hablar en lenguas". Dicho sea de paso, ella vivió otros veinticinco años en completa salud.

Como ya se ha de imaginar, toda la familia estaba hablando de lo que le había sucedido a mi prima Fay. Mi mamá tenía un viejo libro titulado, *The Gift of the Holy Spirit* (El Don del Espíritu Santo), por John Stiles; comencé a leerlo, deteniéndome para buscar las citas bíblicas que se daban para asegurarme de que lo que estaba leyendo realmente se encontraba en mi propia Biblia. Y por supuesto, allí estaban, sólo que yo nunca antes las había leído con entendimiento.

### Mi iglesia también enseñaba en contra de esta experiencia

Por favor recuerde que en mi iglesia no enseñaban acerca de la obra sobrenatural del Espíritu Santo. Es más, enseñaban lo contrario y me dijeron que me alejara de esas tonterías. Esta fue una gran barrera que tuve que superar. Pero al continuar leyendo el libro, pude ver que el Espíritu Santo es una persona de la Divina Trinidad e igual al Padre y el Hijo, y que yo podía tener una relación personal con El. Es más, también aprendí que podía llegar a conocer al Espíritu Santo en una dimensión más amplia como Maestro, Consejero, Consolador, y como el que me daría la habilidad para ser una mejor testigo. Esas eran las cosas que mi corazón anhelaba.

Como mencioné anteriormente, yo no contaba con poder para mí misma, mucho menos para ayudar a alguien más. Nunca había guiado a otra persona a una relación con Jesucristo. Lo más arriesgado que jamás había hecho era el haber invitado a dos amigas a que visitaran mi iglesia y ellas vinieron sólo para ver al muchacho más atractivo de mi grupo juvenil. ¡Qué falta de poder! Y hasta me avergonzaba cuando algún cristiano hablaba de Jesús enfrente de pre–cristianos. Yo pensaba dentro de mí: "¿Por qué no se calla?" ¡Después comprendí que era preferible que la persona se sintiera mal antes de que se fuera al infierno!

### Jesús me bautizó con el Espíritu Santo

Cuando terminé de leer el libro acerca del Espíritu Santo, un viernes por la noche, me arrodillé e hice una oración muy sencilla, algo así como: *"Señor Jesús, entiendo que Tú eres el que bautiza con el Espíritu Santo. Entiendo que es un don gratuito al igual que la salvación, y que es mío con tan sólo pedirlo. Al aceptar este regalo yo le conoceré como mi Consejero, Maestro y Consolador y El me dará el poder para testificar valientemente de Ti—me dará algo que pueda compartir con otros. Señor, también quiero orar con más eficacia, así que Te pido la habilidad de orar en lenguas que desconozco. Gracias. Por fe, en este momento, recibo Tu don gratuito y las siguientes palabras que hable no serán en Inglés ".*

Respiré profundamente, y empecé a enunciar sílabas sin sentido las cuales pronto se unieron para convertirse en un lenguaje fluido. Oré por unos minutos y luego me levanté y caminé por el pasillo hacia mi sala. En el camino me detuve frente a un espejo para observarme mientras oraba. De repente me sentí algo molesta y dije en voz alta, "¡Vaya, esto es tan fácil, que hasta de niña lo podría haber hecho si alguien me lo hubiera explicado!".

### ¿Lo puedes hacer por teléfono?

Fui al teléfono para llamar a mi abuelita Hatcher y decirle que creía haber sido bautizada con el Espíritu Santo. Ella me preguntó cautelosamente que por qué lo creía, le respondí que le había pedido a Jesús este don y ahora podía hablar en un lenguaje que no había aprendido. Me pidió que orara en mi nuevo lenguaje por teléfono para que me pudiera escuchar. Comencé a hacerlo sin ningún temor. Por supuesto, no es necesario decir que ella se alegró mucho. Luego supe que ella había experimentado lo mismo a los dieciséis años, pero no me lo había dicho porque sabía que la enseñanza en mi iglesia era contraria. ¡Ahora todo tenía sentido! Me acuerdo de haberla escuchado cantar en otras lenguas cuando yo era pequeña. ¡Eso era! ¡Qué maravilloso!

### ¿Estás tomando super–vitaminas?

Yo no salí a contarles a todos acerca de esta maravillosa experiencia, pero en unas cuantas semanas mis amigos se acercaron a mí para preguntarme lo que me había sucedido. Era como si brillara con esta nueva Presencia. ¡Una amiga me preguntó, "¿Estás tomando super-vitaminas?" "No," le dije, "he tenido una hermosa experiencia transformadora con el Señor, y me encantaría contarte todo algún día que vayamos a tomar un café". Fui compartiendo mi experiencia con mis amigos uno por uno y me dijeron que deseaban ese don. A veces, orábamos en voz baja en un restaurante, y luego lo recibían también. Debido a que yo lo había recibido sin ninguna religiosidad, se me hizo fácil guiarles a esta experiencia sencilla pero maravillosa.

## Mi transformación

La transformación en mi vida fue inmediata y poderosa. Fui transformada de una persona que tenía vergüenza de compartir mi fe con otros, a alguien que siempre estaba buscando la oportunidad de hacerlo. El precioso Espíritu Santo se convirtió en mi Maestro. Me dirigió a leer la Biblia una y otra vez. Aprendí a usar las ayudas de estudio de la Biblia, hasta de un Nuevo Testamento paralelo Griego–Inglés. El Espíritu Santo también se convirtió en mi Consejero y Consolador. El se convirtió en mi Amigo quien siempre exaltó al Señor Jesucristo.

En mis estudios yo descubrí que junto a mis amigos, estábamos experimentando exactamente las mismas cosas que los apóstoles y discípulos de Jesús experimentaron al ser bautizados con el Espíritu Santo. Estudiaremos estas experiencias en un momento, pero primero quiero exponer una breve enseñanza que me ha ayudado a compartir esta experiencia controversial con miles de creyentes.

## El Bautismo del Espíritu Santo
### Con – Dentro de – Sobre

El propósito del bautismo del Espíritu Santo es ser investidos con más poder del cielo para ser testigos eficaces para Jesucristo. Antes de pedir perdón y recibir al Señor como nuestro Salvador, el Espíritu Santo estaba *con* nosotros, atrayéndonos a Cristo.

Recibimos al Espíritu Santo *en* nosotros cuando primero creímos, nos arrepentimos, y recibimos a Jesucristo como Señor de nuestra vida. En ese momento, nacimos de nuevo por el Espíritu Santo. El bautismo con el Espíritu Santo ocurre cuando el Espíritu Santo viene *sobre* un creyente que le pidió a Jesucristo este don del Espíritu Santo prometido por el Padre.

Las siguientes Escrituras nos revelan claramente esta distinción de tener al Espíritu Santo con, dentro de y sobre nosotros.

### Juan 14:16-17

Y yo rogaré al Padre y os dará otro Consolador, para que esté con vosotros para siempre: el Espíritu de verdad, al cual el mundo no puede recibir, porque no lo ve ni lo conoce; pero vosotros lo conocéis, porque vive con vosotros y estará en vosotros.

### Hechos 8:15-17

...los cuales una vez llegados, oraron por ellos para que recibieran el Espíritu Santo, pues aún no había descendido sobre ninguno de ellos, sino que solamente habían sido bautizados en el nombre de Jesús. Entonces les imponían las manos y recibían el Espíritu Santo.

### Hechos 10:44-46

Mientras aún hablaba Pedro estas palabras, el Espíritu Santo cayó sobre todos los que oían el discurso. Y los fieles de la circuncisión que habían venido con Pedro se quedaron atónitos de que también sobre los gentiles se derramara el don del Espíritu Santo, porque los oían que hablaban en lenguas y que glorificaban a Dios.

### Hechos 19:5-6

Cuando oyeron esto, fueron bautizados en el nombre del Señor Jesús. Y habiéndoles impuesto Pablo las manos, vino sobre ellos el Espíritu Santo; y hablaban en lenguas y profetizaban.

### Haciendo lo que Jesús Hizo

- Podemos ver que el Espíritu Santo estaba con nosotros, atrayéndonos al Salvador antes de nuestra salvación.

- Cuando llegamos al punto de rendirnos y pedir a Jesucristo que nos perdonara nuestros pecados y que viniera a nuestra vida, el Espíritu Santo vino *dentro* de nosotros, reviviendo nuestro espíritu, y vivificándonos para Dios. Nacimos del Espíritu, nacidos de lo alto. Nos convertimos en hijos o hijas de Dios. Si muriéramos, nos iríamos con El al cielo.

- Sin embargo, las Escrituras nos demuestran claramente que hay una experiencia subsecuente con el Espíritu Santo en la que El viene *sobre* nosotros y nos bautiza con poder. Eso es lo que nosotros y millones de otros creyentes han experimentado personalmente.

## El Espíritu Santo en el libro de los Hechos

Ahora vamos a iniciar una pequeña jornada a través de los primeros doce capítulos del libro de los Hechos y ver por nosotros mismos cómo el Espíritu Santo vino sobre los apóstoles, discípulos, judíos, gentiles, hombres y mujeres. Veremos las experiencias que vivieron y tal vez logremos vernos a nosotros mismos en esas páginas. Los mismos encuentros transformadores que ellos tuvieron durante el primer siglo de la Iglesia son los que nosotros también deberíamos experimentar.

Vamos a ver lo que el Padre, el Señor Jesucristo, Juan el Bautista, y los apóstoles Pedro y Pablo tenían que decir respecto a este don transformador. Mantenga las siguientes palabras en mente mientras lee: *con, dentro de, sobre, don, llenos, poder y bautizados con el Espíritu Santo.* Es emocionante observar la actividad del Espíritu Santo durante el nacimiento de la Iglesia del Nuevo Testamento.

## La promesa del Padre

### Lucas 24:49

Ciertamente os enviaré la promesa de mi Padre sobre vosotros; pero quedaos vosotros en la ciudad de Jerusalén hasta que seáis investidos de poder desde lo alto.

### Haciendo lo que Jesús Hizo

Jesús dijo que el Padre promete que seremos investidos con poder. El bautismo del Espíritu Santo significa recibir poder para ser testigos.

Jesús instruyó a Sus discípulos que esperaran la promesa del Padre. Ellos no tenían idea de qué esperar, pero esperaron. En el día de Pentecostés la promesa se cumplió.

### Jesús es el que bautiza con el Espíritu Santo

Comenzaremos con el mensaje de Juan el Bautista descrito en el primer capítulo del evangelio de Marcos.

### Marcos 1:7-8

Y predicaba, diciendo: "Viene tras mí el que es más poderoso que yo, a quien no soy digno de desatar, agachado, la correa de su calzado. Yo a la verdad os he bautizado con agua, pero él os bautizará con Espíritu Santo".

## Haciendo lo que Jesús Hizo

En este pasaje, Juan distinguió entre el bautismo en agua, el cual él estaba administrando, y el bautismo del Espíritu Santo que era lo que Jesús haría.

**Jesús instruyó a Sus discípulos que esperaran el don**

La siguiente Escritura relata la orden que Jesús les dio a Sus discípulos.

### Hechos 1:4-5

Y estando juntos, les ordenó: "No salgáis de Jerusalén, sino esperad la promesa del Padre, la cual oísteis de mí, porque Juan ciertamente bautizó con agua, pero vosotros seréis bautizados con el Espíritu Santo dentro de no muchos días".

## Haciendo lo que Jesús Hizo

Jesús nos dio una orden, no una sugerencia, de esperar por el don del Espíritu Santo. Esto quiere decir que debemos ser bautizados en el Espíritu Santo para que podamos ser testigos eficaces.

**Jesús dijo que Sus discípulos recibirían poder**

### Hechos 1:8

...pero recibiréis poder cuando haya venido sobre vosotros el Espíritu Santo, y me seréis testigos en Jerusalén, en toda Judea, en Samaria y hasta lo último de la tierra.

## Haciendo lo que Jesús Hizo
Jesús dijo que el propósito del bautismo del Espíritu
Santo es obtener poder para ser testigos eficaces.

### La palabra de Jesús se cumplió en el día de Pentecostés

Sabemos que estas Escrituras se cumplieron conforme se documentaron en el capítulo dos de los Hechos. El Espíritu Santo vino en el día de Pentecostés.

**Hechos 2:1-4**

Cuando llegó el día de Pentecostés estaban todos unánimes juntos. "De repente vino del cielo un estruendo como de un viento recio que soplaba, el cual llenó toda la casa donde estaban; y se les aparecieron lenguas repartidas, como de fuego, asentándose sobre cada uno de ellos. Todos fueron llenos del Espíritu Santo y comenzaron a hablar en otras lenguas, según el Espíritu les daba que hablaran".

## Haciendo lo que Jesús Hizo
El Espíritu Santo vino tal como el Padre y como
Jesús lo habían prometido. Estos creyentes
causaron una gran conmoción con esta investidura
sobrenatural que les capacitó para hablar en
lenguas que no habían aprendido. Nosotros
podemos hacer lo mismo.

Ellos estaban declarando las maravillas de Dios, y los judíos devotos de cada nación debajo del cielo estaban atónitos y les preguntaban qué quería decir todo esto. Se juntó una gran multitud. Pedro se levantó y alzando su voz les predicó un gran mensaje ungido. El se refirió al profeta Joel diciendo en parte:

**Hechos 2:17-18**
"En los postreros días, dice Dios, 'derramaré de mi Espíritu sobre toda carne, y vuestros hijos y vuestras hijas profetizarán; y vuestros jóvenes verán visiones y vuestros ancianos soñarán sueños; y de cierto sobre mis siervos y sobre mis siervas, en aquellos días derramaré de mi Espíritu, y profetizarán'".

En la última parte de Hechos 2, se nos dice cómo respondió la multitud al mensaje de Pedro:

**Hechos 2:37-41**
Al oír esto, se compungieron de corazón y dijeron a Pedro y a los otros apóstoles: "Hermanos, ¿qué haremos?" Y Pedro les dijo: "Arrepentíos y bautícese cada uno de vosotros en el nombre de Jesucristo para perdón de los pecados, y recibiréis *el don del Espíritu Santo,* porque para vosotros es la promesa, y para vuestros hijos, y para todos los que están lejos; para cuantos el Señor nuestro Dios llame". Y con otras muchas palabras testificaba y los exhortaba, diciendo, "sed salvos de esta perversa generación". Así que, los que recibieron su palabra fueron bautizados, y se añadieron aquel día como tres mil personas.

## Haciendo lo que Jesús Hizo

El Espíritu Santo está *sobre* nosotros para que continuemos la tarea de reconciliar al mundo con Dios a través de Jesucristo.

### Esta promesa es para nosotros hoy

Me alegra que el Espíritu Santo hiciera que las palabras de Pedro fueran anotadas para que nosotros supiéramos con certeza que esta promesa es para nosotros hoy. Podemos ver que el don del Espíritu Santo que recibimos, es el mismo don que los primeros creyentes recibieron—y con los mismos resultados. Mis amigos y yo habíamos recibido ese don del Espíritu Santo y estábamos comenzando a experimentar lo divino y sobrenatural. Era la dimensión que hacía falta en nuestra vida. Conocíamos a Jesucristo como Salvador, pero éramos absolutamente impotentes; todo cambió cuando recibimos el don del Espíritu Santo.

## La Iglesia del Nuevo Testamento Nace en lo Sobrenatural

La Iglesia del Nuevo Testamento nació en este maravilloso derramamiento sobrenatural del Espíritu Santo prometido. Pero no terminó ahí. Estaban ocurriendo sanidades tremendas, liberaciones y milagros y Dios estaba añadiendo creyentes a la iglesia cada día.

### El mendigo cojo es sanado

Cuando leemos a través del libro de los Hechos, nos cautiva el poder dinámico del Espíritu Santo. En el capítulo 3, Pedro sana a un mendigo cojo de nacimiento, y una vez más, se reúne una multitud y él comienza a predicar otro mensaje urgiéndoles a que se arrepientan y se vuelvan al Jesucristo resucitado para perdón de pecados. Muchos de los que oyeron el mensaje creyeron, y el número de hombres aumentó a cinco mil. ¿Qué había pasado con Pedro quien antes de ser bautizado con el Espíritu Santo se había escondido por miedo a los líderes judíos?

### ¿Con qué poder?

Pedro y Juan fueron puestos en prisión por una noche. Al día siguiente los líderes, ancianos y maestros de la ley se congregaron en Jerusalén. Mandaron llamar a Pedro y Juan y comenzaron a preguntarles: "¿Con qué *potestad* o en qué nombre habéis hecho vosotros esto?" (Hechos 4:7).

### En el nombre de Jesucristo de Nazaret

Pedro, *lleno del Espíritu Santo,* predica una vez más. Y les dice, "...En el nombre de Jesucristo de Nazaret, a quien vosotros crucificasteis y a quien Dios resucitó de entre los muertos, por él este hombre está en vuestra presencia sano...y en ningún otro hay salvación, porque no hay otro nombre bajo el cielo, dado a los hombres, en que podamos ser salvos" (Hechos 4:10, 12).

### Hechos 4:13-14

Entonces viendo la valentía de Pedro y de Juan, y sabiendo que eran hombres sin letras y del vulgo, se admiraban; y les reconocían que habían estado con Jesús. Y viendo al hombre que había sido sanado, que estaba en pie con ellos, no podían decir nada en contra.

### Haciendo lo que Jesús Hizo

Cuando nosotros experimentamos milagros al ministrar, los escépticos no tienen nada que decir. Es el poder del Espíritu Santo que cautiva al pre-cristiano.

Este milagro notable no podía ser negado, así que los líderes amenazaron a Pedro y Juan para que no hablaran más en ese nombre, mas no les castigaron porque dijeron, "...porque, de cierto, señal evidente ha sido hecha por ellos, notoria a todos los que viven en Jerusalén, y no lo podemos negar" (Hechos 4:16). Toda la multitud estaba alabando a Dios por lo que había acontecido. Porque el hombre que había sido sanado tenía más de cuarenta años de edad (lea Hechos 4:21-22).

## Poder asombroso

¡El derramamiento de poder por medio del bautismo del Espíritu Santo fue asombroso! Los pescadores de Galilea, quienes no contaban con una preparación académica, pero que habían estado con Jesús, estaban "trastornando al mundo". Lo mismo ocurre hoy. ¡Las personas sin educación (y educados) que llegan a tener una relación personal con Jesucristo y son bautizados con el Espíritu Santo, también provocan los mismos efectos! Esto, a través de los siglos, es lo que ha sucedido con incontables millones de personas y, sin duda alguna, también hoy esto es una realidad alrededor del mundo.

## Yo (Sonja) empecé a ver la manifestación de lo milagroso

Personalmente vi este poder entrar a mi vida. Cuando comencé a estudiar acerca de las sanidades sobrenaturales registradas en el libro de los Hechos, la fe para sanar también creció dentro de mí. Al iniciar la aventura de orar por la gente, comencé a ver lo milagroso manifestándose a través de mis propias manos.

## Un ejecutivo es sanado

Una vez, un ejecutivo con quien yo trabajaba, estaba por hacer una presentación importante. El vino a mí y me pidió que orara por él debido a que estaba sufriendo de un tremendo dolor de cabeza, tan fuerte, que casi ni podía ver. Uno de los otros vicepresidentes lo oyó pedirme oración y me preguntó si podía observar cómo lo hacía. Le dije que estaba bien y le sugerí que los tres nos alejáramos del grupo como si fuéramos a una junta. Habiéndolo hecho, sencillamente estreché su mano y con la otra mano toqué la cabeza del ejecutivo y demandé que el dolor cesara en el nombre de Jesús. Fue sanado instantáneamente y el otro hombre quedó atónito; me dijo que había oído de este tipo de sanidad, pero que era la primera vez que había observado tal cosa. Luego, siendo muy cuidadosa de darle toda la honra y la gloria al Señor Jesucristo, le expliqué que el Señor desea sanarnos por el poder del Espíritu Santo. El

Señor me dio, como vicepresidenta de esa compañía, muchas oportunidades para orar por los enfermos en una manera muy natural que demostró la bondad de Dios. El ejecutivo por quien oré pronto aceptó a Cristo.

## El lugar de oración se sacude

Pedro y Juan regresaron a los demás creyentes que se habían congregado y les informaron todo lo que les había sucedido, y entonces todos alzaron sus voces juntamente en oración a Dios. Después de que oraron el lugar donde se habían congregado tembló. Y todos fueron llenos con el Espíritu Santo y hablaron la Palabra de Dios con denuedo (lea Hechos 4:223-24, 31).

¿Cuánto hace, si es que ha ocurrido, que el lugar donde usted ha orado fue sacudido? El poder de Dios estaba manifestándose en medio de ellos, y es nuestra firme convicción que ¡Dios quiere hacer lo mismo hoy! Nosotros hemos experimentado en la oración antes de los servicios, que hay tanto poder que si abrieran la puerta el poder emitido de los que estaban congregados probablemente le hubiera hecho caer de rodillas.

## Los dones de revelación comienzan a operar

Continuando con el estudio hacia el capítulo 5 de los Hechos, vemos los dones de revelación del Espíritu Santo manifestándose a través de los apóstoles en una manera temeraria y grandiosa concerniente a un matrimonio cuyos nombres eran Ananías y Safira. Ellos les mintieron a los apóstoles en cuanto a la ofrenda que dieron a la iglesia y ambos cayeron muertos por "tentar al Espíritu Santo". Por lo cual, un gran temor se apoderó de toda la iglesia y de todos los que habían oído sobre estos eventos.

## Los apóstoles sanan a muchos

### Hechos 5:12-16

Por la mano de los apóstoles se hacían muchas señales y prodigios en el pueblo. Estaban todos unánimes en el pórtico de Salomón, y de los demás ninguno se atrevía a juntarse con ellos; sin embargo, el pueblo los alababa grandemente. Los que creían en el Señor aumentaban más, gran número de hombres y de mujeres; tanto que sacaban los enfermos a las calles y los ponían en camas y camillas para que, al pasar Pedro, a lo menos su sombra cayera sobre alguno de ellos. Aun de las ciudades vecinas muchos venían a Jerusalén trayendo enfermos y atormentados de espíritus impuros; y todos eran sanados.

## Haciendo lo que Jesús Hizo

¡Los creyentes estaban haciendo lo que Jesús hizo y con los mismos resultados! Y esto continúa siendo una verdad hoy en día. Los creyentes llenos con el Espíritu Santo están sanando a los enfermos.

¡El encuentro que tuvieron con el Espíritu Santo en el día de Pentecostés los había transformado en siervos poderosos del Cristo viviente!

### Es una verdad actual

Nosotros hemos experimentado este mismo poder manifestándose a través de nuestra vida en la predicación de la Palabra, sanidades y liberaciones. En los capítulos siguientes, damos algunos ejemplos específicos.

### Ángeles abren las puertas de la prisión

Los apóstoles fueron encarcelados por causar una gran conmoción en Jerusalén. Un ángel los liberó, dando otra oportunidad para que Pedro y los otros apóstoles predicaran a Jesús. Los líderes judíos del Sanedrín los mandaron azotar, ordenándoles otra vez que no hablaran en el nombre de Jesús, y los dejaron ir.

Salieron regocijándose porque habían sido contados como dignos de sufrir por causa del Nombre (vea Hechos 5:18-19, 40-41).

## Esteban es martirizado

Esteban lleno de gracia y poder, hacía grandes prodigios y señales entre el pueblo. Los hombres que se oponían a él no podían resistir la sabiduría y el Espíritu con que hablaba. Entonces conspiraron contra Esteban usando falsas acusaciones y lo trajeron ante el Sanedrín. Después que predicó un mensaje maravilloso y convincente, lo arrastraron fuera de Jerusalén apedreándolo a muerte. Saulo de Tarso se hallaba allí observando y dando su voto de aprobación.

## La Iglesia Perseguida y Dispersada

EL DÍA QUE Esteban fue martirizado, comenzó una gran persecución en contra de la iglesia en Jerusalén, y todos, excepto los apóstoles, fueron dispersados a través de Judea y Samaria.

### Felipe en Samaria

#### Hechos 8:4-8

Pero los que fueron esparcidos iban por todas partes anunciando el evangelio. Entonces Felipe, descendiendo a la ciudad de Samaria, les predicaba a Cristo. La gente, unánime, escuchaba atentamente las cosas que decía Felipe, oyendo y viendo las señales que hacía, pues de muchos que tenían espíritus impuros, salían estos lanzando gritos; y muchos paralíticos y cojos eran sanados; así que había gran gozo en aquella ciudad.

### Haciendo lo que Jesús Hizo

Cuando permitimos que el Espíritu Santo ministre a través de nosotros, El causará que los espíritus

malos salgan, que se manifiesten sanidades, y que
sucedan señales milagrosas.

**Simón el mago**

### Hechos 8:9-13

Pero había un hombre llamado Simón, que antes
ejercía la magia en aquella ciudad y que había engañado a la gente de Samaria haciéndose pasar por
alguien importante. A este oían atentamente todos,
desde el más pequeño hasta el más grande, y decían:
"Este es el gran poder de Dios". Estaban atentos a él,
porque con sus artes mágicas los había engañado por
mucho tiempo. Pero cuando creyeron a Felipe, que
anunciaba el evangelio del reino de Dios y el nombre de Jesucristo, se bautizaban hombres y mujeres.
También creyó Simón mismo, y después de bautizado
estaba siempre con Felipe; y al ver las señales y grandes milagros que se hacían estaba atónito.

## Haciendo lo que Jesús Hizo

A medida que obedezcamos la guía del Espíritu
Santo, experimentaremos lo mismo que experimentó
Felipe. Debemos ser llenos del Espíritu Santo para
que se manifiesten "grandes señales y milagros".

**Los apóstoles visitan Samaria**

### Hechos 8:14-19

Cuando los apóstoles que estaban en Jerusalén oyeron que Samaria habían recibido la palabra de Dios,

enviaron allá a Pedro y a Juan; los cuales, una vez llegados, oraron por ellos para que recibieran el Espíritu Santo, pues aún no había descendido sobre ninguno de ellos, sino que solamente habían sido bautizados en el nombre de Jesús. Entonces les imponían las manos y recibían el Espíritu Santo. Cuando vio Simón que por la imposición de las manos de los apóstoles se daba el Espíritu Santo, les ofreció dinero, diciendo: 'Dadme también a mí este poder, para que cualquiera a quien yo imponga las manos reciba el Espíritu Santo".

## Haciendo lo que Jesús Hizo

La imposición de manos es un modelo bíblico para quienes han sido bautizados en el Espíritu Santo y ministran esta experiencia a otros.
La gente que estaba siendo bautizada en el Espíritu Santo eran creyentes que ya habían sido bautizados en agua.

### El bautismo del Espíritu Santo es para los convertidos

Este es un ejemplo excelente del trabajo subsecuente del Espíritu Santo *después* del arrepentimiento, la salvación y el bautismo en agua. Sabemos que Felipe nunca hubiera bautizado a personas que no hubieran nacido de nuevo por el Espíritu Santo a través de la fe en el Señor Jesucristo. Pero, *"...el Espíritu Santo aún no había descendido sobre ninguno de ellos, sino que solamente habían sido bautizados en el nombre de Jesús"* (Hechos 8:16). Sin embargo, cuando Pedro y Juan imponían sus manos sobre ellos, recibían el Espíritu Santo. Simón el mago "vio que por la imposición de las manos de los apóstoles se daba el Espíritu Santo". El hasta les ofreció dinero para que le dieran esa misma habilidad. Por supuesto, fue reprendido severamente (vea Hechos 8:18-23).

## Dorcas y Eneas

Pedro viajaba por todas las ciudades y aldeas lleno del poder del Espíritu Santo haciendo milagros. Dos milagros notables fueron la sanidad de Eneas y la resurrección de Dorcas, dando como resultado que mucha gente viniera al Señor en Lida, Jope y Sarón.

### Hechos 9:32-35

Aconteció que Pedro, visitando a todos, vino también a los santos que habitaban en Lida. Halló allí a uno que se llamaba Eneas, que hacía ocho años que estaba en cama, pues era paralítico. Pedro le dijo: "Eneas, Jesucristo te sana; levántate y haz tu cama". En seguida se levantó. Y lo vieron todos los que habitaban en Lida y en Sarón, los cuales se convirtieron al Señor.

## Haciendo lo que Jesús Hizo

Los creyentes bautizados con el Espíritu Santo deben estar dispuestos a sanar a los enfermos dondequiera que estén. En este pasaje, el Señor usó la sanidad para evangelizar rápidamente a las comunidades de Lidia y Sarón.

### Nos ocurrió en Tailandia

Debemos recordar que uno de los propósitos principales de los milagros es de atraer a los pre–cristianos al conocimiento salvador de nuestro Señor Jesucristo. Nosotros experimentamos esto en un campamento de refugiados en el norte de Tailandia. Nuestros anfitriones eran cristianos, y casi todos en el campamento habían aceptado a Cristo. Los niños se portaban bien, y podíamos sentir la paz del Señor. El campamento estaba limpio y todo estaba en orden.

Nuestro anfitrión había hecho arreglos para nuestra visita a otro campamento que era totalmente pre–cristiano. ¡Qué contraste! Los niños actuaban como pequeños salvajes, jalándonos de la ropa y pidiéndonos limosna. Varias de las mujeres se acercaron a los hombres de nuestro grupo para ver si estaban interesados en sexo por dinero. ¡Qué ambiente para predicar el Evangelio!

## Nosotros declaramos con denuedo que nuestro Dios podía sanar a los enfermos

John se sintió dirigido a pedir que subieran el volumen de la música para atraer a la multitud. Luego predicó un mensaje sencillo acerca del Dios que servimos y de Su gran poder. Luego, hizo una declaración de que nuestro Dios podía sanar a los que estuvieran enfermos para demostrarles que les amaba. Inmediatamente, un hombre que obviamente era bien conocido pasó al frente. El había estado sufriendo de un terrible dolor de espalda por algún tiempo. Después de orar, fue sanado, causando un gran tumulto entre más o menos cien personas que estaban observando. Después, John hizo un llamado al altar para que la gente recibiera salvación y la gente respondió. Esto nunca se había visto ya que estos campamentos sólo respondían cuando el jefe de la tribu se los indicaba. Sin embargo, algunos respondieron al llamado para recibir salvación debido a lo que habían visto. El jefe invitó a nuestro anfitrión para que regresara la semana siguiente porque él tenía interés en saber más acerca del cristianismo.

## Cornelio llama a Pedro en Hechos 10

En Cesarea había un hombre gentil llamado Cornelio. Era un centurión del ejército romano. El y toda su familia eran temerosos de Dios y devotos a El. Era generoso con quienes tenían necesidades y oraba a Dios regularmente. Un día tuvo una visión en la cual un ángel de Dios le habló diciéndole que mandara a un hombre a Jope y que trajeran a un hombre llamado Simón Pedro. Aun más, el ángel le dijo exactamente en qué casa se estaba hospedando Pedro.

Al día siguiente, cuando los mensajeros se aproximaban a la ciudad, Pedro tuvo una visión en la que se le dijo que no llamara impuro a nada de lo que Dios ha limpiado. Mientras pensaba en el significado de esta visión, el Espíritu le dijo que tres hombres venían, y que él debía ir con ellos a Cesarea. Al día siguiente, fue con ellos a la casa de Cornelio y al llegar explicó que aunque ellos eran gentiles, Dios le había mostrado que no debía llamar a ningún hombre impuro o inmundo. Entonces Pedro comenzó a predicarles un mensaje poderoso acerca de Jesús de Nazaret.

## El Espíritu Santo viene sobre los gentiles

### Hechos 10:44-48

Mientras aún hablaba Pedro estas palabras, el Espíritu Santo cayó sobre todos los que oían el discurso. Y los fieles de la circuncisión que habían venido con Pedro se quedaron atónitos de que también sobre los gentiles se derramara el don del Espíritu Santo, porque los oían que hablaban en lenguas y que glorificaban a Dios. Entonces respondió Pedro: "¿Puede acaso alguno impedir el agua, para que no sean bautizados estos que han recibido el Espíritu Santo lo mismo que nosotros?" Y mandó bautizarlos en el nombre del Señor Jesús. Entonces le rogaron que se quedara por algunos días.

### Haciendo lo que Jesús Hizo

En las Escrituras, hablar en lenguas (un idioma espiritual) y alabar a Dios es un modelo definitivo que acompaña al bautismo del Espíritu Santo.
Lo mismo se debe esperar siempre que el Espíritu Santo viene *sobre* los creyentes.

## Pedro explica sus acciones

### Hechos 11:1-4

Oyeron los apóstoles y los hermanos que estaban en Judea que también los gentiles habían recibido la Palabra de Dios. Por eso, cuando Pedro subió a Jerusalén, discutían con él los que eran de la circuncisión, diciendo: "¿Por qué has entrado en casa de hombres incircuncisos y has comido con ellos?". Entonces comenzó Pedro a contarles en forma ordenada lo sucedido...

### Hechos 11:15-18

Cuando comencé a hablar, cayó el Espíritu Santo sobre ellos, como también sobre nosotros al principio. Entonces me acordé de lo dicho por el Señor, cuando dijo: "Juan ciertamente bautizó en agua, pero vosotros seréis bautizados con el Espíritu Santo". Si Dios, pues, les concedió también el mismo don que a nosotros que hemos creído en el Señor Jesucristo, ¿quién era yo que pudiera estorbar a Dios? Entonces, oídas estas cosas, callaron y glorificaron a Dios, diciendo: "¡De manera que también a los gentiles ha dado Dios arrepentimiento para vida!".

## Haciendo lo que Jesús Hizo

El bautismo del Espíritu Santo convenció a Pedro, a los apóstoles, y a otros creyentes judíos que los gentiles eran aceptables a Dios.

### ¡Es para nosotros hoy!

Aquí quedó comprobado que el Espíritu Santo fue derramado sobre hombres y mujeres gentiles. Fue el cumplimiento de Hechos 2:37-39 donde Pedro dijo que el *don del Espíritu*

*Santo* era para ellos y para todos los que estaban lejos—*para todo el que el Señor nuestro Dios llamare.* Esto claramente demuestra que este don maravilloso es para nosotros hoy en día ya que nosotros estábamos "lejos—para todo el que nuestro Dios llamare".

## La conversión y el ministerio de Saulo

Saulo, luego del encuentro con el Cristo viviente en el camino a Damasco y después de que el piadoso Ananías obedeciera las instrucciones del Señor dadas a través de la visión, de inmediato comenzó a predicar en las sinagogas que Jesús es el Hijo de Dios.

Años después, Pablo estaba en una jornada misionera que le llevó a Efeso. Allí se encontró con unos discípulos y les preguntó, "¿Habéis recibido el Espíritu Santo cuando creísteis?".

### Hechos 19:1-7

Aconteció que entre tanto que Apolos estaba en Corinto, Pablo, después de recorrer las regiones superiores, vino a Efeso, y hallando a ciertos discípulos, les preguntó: "¿Recibisteis el Espíritu Santo cuando creísteis?" Ellos el dijeron: "Ni siquiera habíamos oído que hubiera Espíritu Santo". Entonces dijo: "¿En qué, pues, fuisteis bautizados?" Ellos dijeron: "En el bautismo de Juan". Dijo Pablo: "Juan bautizó con el bautismo de arrepentimiento, diciendo al pueblo que creyeran en aquel que vendría después de él, esto es, en Jesús el Cristo". Cuando oyeron esto, fueron bautizados en el nombre del Señor Jesús. Y habiéndoles impuesto Pablo las manos, vino sobre ellos el Espíritu Santo; y hablaban en lenguas y profetizaban. Eran entre todos unos doce hombres.

## Haciendo lo que Jesús Hizo

Aquí vemos otra situación, años después del Pentecostés, donde se sigue el mismo modelo. Una vez que los creyentes tienen un buen conocimiento de lo que es recibir el Espíritu Santo, se les imponen las manos, ellos reciben el don del Espíritu Santo, y luego un lenguaje espiritual o profecía comienza a fluir.

### Pablo ora en lenguas

Se ve claramente que el bautismo con el Espíritu Santo fue una verdad y experiencia fundamental en la iglesia del Nuevo Testamento. El mismo gran apóstol Pablo obviamente la disfrutaba porque después les dijo a los Corintios que él oraba en lenguas más que ninguno de ellos (vea 1 Corintios 14:18).

### ¡Sonja experimentó lo mismo que ellos experimentaron!

Los apóstoles habían estado con el Señor por tres años y medio. El los había instruido personalmente. Después de Su resurrección, y antes de Su ascensión, El había soplado sobre ellos y habían nacido de nuevo (Juan 20:20). Yo también había nacido de nuevo. Sin embargo, ellos estaban llenos de temor y eran ineficaces al igual que yo lo era.

Jesús les instruyó a que esperaran la promesa del Padre, *el don* del Espíritu Santo, el cual habría de venir sobre ellos con poder de lo alto. En el día del Pentecostés, el Espíritu Santo *vino* sobre ellos de una manera tan poderosa y sobrenatural que nunca volvieron a ser los mismos. Evangelizaron al mundo entonces conocido y la mayoría de ellos fueron martirizados por su fe. ¿Qué fue lo que los transformó? El Espíritu Santo de Dios el cual les bautizó y les invistió con Su poder. Eso fue exactamente lo que sucedió conmigo. ¡Jamás he sido la misma!

## ¿Qué Sucede Cuando Pedimos?

**Jesucristo da el Espíritu Santo a quienes se lo piden**

### Lucas 11:10-13

Porque todo aquel que pide, recibe; y el que busca, halla; y al que llama, se le abrirá. ¿Qué padre de vosotros, si su hijo le pide pan, le dará una piedra? ¿O si le pide pescado, en lugar de pescado le dará una serpiente? ¿O si le pide un huevo, le dará un escorpión? Pues si vosotros, siendo malos, sabéis dar buenas dádivas a vuestros hijos, *¿Cuánto más vuestro Padre celestial dará el Espíritu Santo a los que se lo pidan?*

### Haciendo lo que Jesús Hizo
Nosotros recibimos el don del Espíritu Santo al momento de pedirlo, igual que cuando pedimos la salvación.

**Tenemos que pedirlo**

Si no ha tenido esta experiencia y quisiera recibir el don del Espíritu Santo, usted puede hacer esta oración sencilla:

*Señor Jesús, bautízame con el Espíritu Santo. Lléname con Tu poder para que pueda ser un mejor testigo para Ti. Gracias, Señor. Yo lo recibo. Ayúdame ahora para dejar fluir mi lenguaje espiritual. Amén.*

Espere que el Espíritu Santo venga sobre usted y le dé la fe para hablar palabras que son extrañas para usted. El le dará las palabras, usted las hablará.

## Razones Bíblicas para Hablar en Lenguas

### 1 Corintios 14:5

Yo desearía que todos vosotros hablarais en lenguas, pero más aún que profetizarais, porque mayor es el que profetiza que el que habla en lenguas, a no ser que las interprete para que la iglesia reciba edificación.

**Haciendo lo que Jesús Hizo**
Pablo exhortó a que hablaran en lenguas
y profetizaran.

### 1 Corintios 14:4

El que habla en lengua extraña, a sí mismo se edifica; pero el que profetiza, edifica a la iglesia.

### Judas 20

Pero vosotros, amados, edificándoos sobre vuestra santísima fe, orando en el Espíritu Santo, conservaos en el amor de Dios, esperando la misericordia de nuestro Señor Jesucristo para vida eterna.

**Haciendo lo que Jesús Hizo**
Orar y adorar en lenguas edifica al creyente
espiritualmente y prospera su espíritu interior.

### 1 Corintios 14:14-15

Si yo oro en lengua desconocida, *mi espíritu ora,* pero mi entendimiento queda sin fruto. ¿Qué, pues? *Oraré con el espíritu,* pero oraré también con el entendimiento; *cantaré con el espíritu,* pero cantaré también con el entendimiento...

## Haciendo lo que Jesús Hizo

Orar y adorar en lenguas nos permite entrar al ámbito de lo sobrenatural. Nos estamos comunicando con el Señor en las dimensiones naturales y sobrenaturales.

### 1 Corintios 14:26

Entonces, hermanos, ¿qué podemos decir? Cuando os reunís, cada uno de vosotros tiene salmo, tiene doctrina, tiene lengua, tiene revelación, tiene interpretación. Hágase todo para edificación.

## Haciendo lo que Jesús Hizo

Orar en lenguas nos permite escuchar palabras de instrucción de parte del Espíritu Santo, recibir revelación de El, y también puede darnos la interpretación de lo que el Espíritu Santo está diciendo.

## ¿Qué tan Importante es Hablar en Lenguas?

Es probable que usted ya haya notado que nosotros sentimos que el bautismo de Espíritu Santo y hablar en lenguas son esenciales si vamos a hacer lo que Jesús hizo. La razón principal es tener poder, poder sobrenatural –poder *dunamis*—dado por el Espíritu Santo. El vehículo que Dios ha escogido para impartir este poder es el bautismo del Espíritu Santo. El evento sobrenatural que le acompaña de hablar en lenguas es Su idea, no la nuestra.

## No gracias, Jesús

¿Qué tan importante es hablar en lenguas? Permítanos hacerle esta pregunta: Si Cristo le dice, "Yo tengo un regalo para ti. Te dará poder para convertirte en un cristiano eficaz. Puedes ser un testigo poderoso para Mí y hacerte candidato para ser usado en los dones sobrenaturales que ministren a otros. ¿Quieres este regalo?" ¿Cómo respondería? ¿Quién en su mente cuerda podría decirle, "No, gracias Jesús; no quiero Tu regalo, estoy satisfecho con las cosas tal como son"?

## Ellos necesitan más oración

Una de las razones por las que contendemos por quienes no han dejado fluir sus lenguajes espirituales se debe a que casi siempre es su iniciación al dominio sobrenatural de Dios. Hemos observado esto una y otra vez. Hay gente que ha orado para recibir el don del Espíritu Santo, pero no han dejado fluir su lenguaje. Tal como lo han pedido, el Espíritu Santo ha venido *sobre* ellos, y saben que *algo* ha ocurrido, pero también saben que hay más.

## Todo el que pide recibe

Leemos en Lucas 11:10-13 que todo el que pide recibe, y que el Padre Celestial da Su Espíritu Santo a todo aquel que se lo pide. Sin embargo, por alguna razón, si esas personas no dan lugar a su lenguaje espiritual en ese mismo momento, a veces se levanta una barrera, y necesitan más ministración. Cuando les damos una enseñanza clara y oramos en contra de las barreras, casi un cien por ciento recibe su lenguaje. Una vez que esto sucede, ellos empiezan a moverse en las dimensiones sobrenaturales de Dios.

## A muchísima gente le ha ocurrido

No tenemos espacio para contarle los ejemplos de personas que conocemos que experimentaron lo que acabamos de describirle. Uno de ellos fue el que vivió nuestro amigo Jim

Hayford, Sr., Pastor de la iglesia Cuadrangular Eastside, en Bothell, Washington, quien ha hablado a nuestra vida y ministerio en maneras muy significativas. Cuando le preguntamos acerca de nuestra idea de que la gente siendo bautizada con el Espíritu Santo puede dejar fluir su lenguaje espiritual tiempo después, él sonrió y nos relató su testimonio tocante a la ocasión en que él recibiera el bautismo del Espíritu Santo.

### Pastor Jim Hayford, Sr.

Cuando yo tenía quince años, visité a mi hermano Jack y a su esposa Ana en Indiana donde pastoreaban una iglesia pequeña. En el transcurso de ese verano, yo asistí a dos campamentos de la Iglesia Cuadrangular que mi hermano dirigía. Se hizo énfasis sobre el ministerio del Espíritu Santo. Este verano con mi hermano, fue mi primera experiencia personal con la enseñanza o práctica pentecostal. ¡Créanme cuando les digo que fue una experiencia sorprendente!

Fue al final de la clase de la mañana sobre "El Bautismo del Espíritu Santo" en el tabernáculo de campaña en Spencer Lake, Wisconsin donde me sentí guiado a responder a la invitación de "recibir el bautismo". Yo sé que mi corazón joven estaba convencido de que necesitaba más poder de Dios en mi vida y por lo tanto pasé al frente para que oraran por mí. Un cierto número de personas bien intencionadas oraron por mí esa mañana por un período largo de tiempo con esperanzas de que yo pudiera hablar en lenguas y darles la "evidencia" de mi bautismo en el Espíritu Santo.

Recuerdo haber salido de ese auditorio con dos distintas e igualmente fuertes impresiones. Primeramente, yo sabía que había tenido un encuentro con Dios muy profundo, el cual no podía explicar—y sabía que era "diferente" debido a ello. Segundo, me sentí consciente de que de alguna manera había defraudado a mis compañeros de oración debido a que no había hablado en lenguas. Pero a pesar de mis sentimientos o impresiones, estoy convencido de que al día siguiente me fui de ese campamento juvenil con la experiencia de la promesa de nuestro Señor Jesús que "...de su interior brotarán ríos de agua viva". (Juan 7:38). Mis recuerdos del año siguiente incluyen una dimensión completamente nueva de valentía en mi testimonio cristiano. Me acuerdo que la Biblia se hizo viva para mí. Me encontraba leyéndola regularmente con un interés verdadero y hambre espiritual en vez de ser solamente algo que mis padres requerían de mí. Mi habilidad en el liderazgo resaltó en mi iglesia y lo reconocían adultos y niños por igual.

Yo atribuyo este increíble resurgimiento espiritual y crecimiento personal en mi vida a lo que había ocurrido en el altar allá en Wisconsin el verano anterior. Creo que —aunque no hablé en lenguas esa mañana histórica— definitivamente yo había sido bautizado con el Espíritu Santo. El fluir de poder espiritual y el testimonio en mi vida eran el resultado directo y la "evidencia" si así lo podemos denominar, de tal experiencia.

Pero definitivamente, una semilla de duda fue plantada en mi mente joven y mi creencia teológica después de levantarme de ese lugar sin haber orado en otras lenguas; me preguntaba si yo era "lleno del Espíritu Santo". Hasta llegué a preguntarme si de alguna manera había "reprobado" la prueba de Dios para hablar en lenguas como debería. ¿Qué podía hacer? Me acuerdo de haberle pedido al Señor, "Dame el don de lenguas a Tu manera y en Tu tiempo". Yo estaba dispuesto.

Fue en un día de verano catorce meses después. Estaba sentado en el último asiento de atrás en una iglesia Cuadrangular en Corning, California, donde el pastor era un amigo de mi familia, cuando por primera vez hablé en lenguas. Para mi gran sorpresa, me hallé hablando quedamente en un idioma que no había aprendido. En ese momento, mientras estaba sentado solo y concentrando mis oraciones en un grupito de jóvenes que habían pasado al frente de la iglesia para que el pastor orara por ellos acerca de otro asunto, cuando las lágrimas ardientes comenzaron a rodar por mis mejillas al reconocer que el Señor realmente había contestado mis oraciones de recibir el don de lenguas. Desde entonces, esta expresión de la gracia de Dios ha sido parte de mi vida cada día.

Años después, como pastor y estudiante de las Escrituras, aprendí que el bautismo del Espíritu Santo y los dones del Espíritu Santo no deben ser confundidos el uno con el otro. Aunque el don de lenguas es obviamente importante para cada creyente como se nos indica en la soberana manifestación el día de Pentecostés, este regalo no es sinónimo con el bautismo. Pueden suceder al mismo tiempo o por separado. Yo creo que todos los dones fluyen de la experiencia bautismal, algunos más pronto que otros.

Le doy gracias a Dios por el desarrollo de los dones del Espíritu Santo, empezando con el don de lenguas que ocurrió un año después de mi bautismo con el Espíritu Santo. Desde entonces, y a través de los años, se han desarrollado otros dones espirituales en mí para la edificación y utilidad de mi vida y ministerio. Espero que este testimonio sea alentador y útil para aquellos que como yo, estén luchando con hablar en lenguas "cuando supuestamente debieran".

## Relación con el Espíritu Santo

Nuestra relación personal con el Espíritu Santo es la clave de todo. ¿Estamos en íntima comunión con El? Es a través de este intercambio personal con El que Sus dones empiezan a fluir a través de nosotros. Los dones sin una relación, amor, y un fundamento bíblico pueden ser engañosos.

## El don nos es dado cuando lo pedimos en fe

Sabemos que la teología clásica pentecostal nos dicta que uno no es bautizado en el Espíritu Santo hasta que habla en lenguas. Sin embargo, nosotros creemos que el don es dado cuando lo pedimos en fe, creyendo—al igual que la salvación. Luego podemos hablar en un lenguaje espiritual si entendemos que podemos y queremos hacerlo. Como hay ministros que no siempre dan una base bíblica completa para recibirlo, la gente muchas veces responde con falta de comprensión y por lo tanto, terminan con una experiencia menos satisfactoria. Si la enseñanza no es muy clara, la experiencia tampoco lo será.

## Eso me asusta

Les preguntamos a las personas que vienen a nosotros para orar por este don, si entienden completamente lo que están pidiendo. En numerosas ocasiones, cuando hemos preguntado si quieren dejar fluir su lenguaje espiritual cuando el Espíritu Santo venga sobre ellos, han respondido, "¡Oh, no! Yo no quiero hacer eso; me asusta". Entonces abrimos la Biblia y nos aseguramos que ellos entiendan bien la naturaleza sobrenatural de tal experiencia. Una vez que lo ven en la Biblia, entonces hacen una decisión informada. Si hubiéramos orado por ellos antes de entrevistarlos, hubiéramos estado tratando de dirigirlos a donde no querían ir. Mucha gente tiene experiencias horribles debido a expectativas que han sido puestas sobre ellos por ministros mal informados o insensibles.

## Nosotros respetamos sus opiniones

Sabemos que muchos pentecostales no están de acuerdo con nuestra tesis de que los creyentes son bautizados con el Espíritu Santo cuando lo piden en fe. Si no pueden expresar su lenguaje espiritual en ese momento, muchas veces lo hacen estando solos y en silencio ante el Señor.

## Siendo Llenos con el Espíritu Continuamente

Después de ser bautizados con el Espíritu Santo, se nos exhorta a ser *llenos* con el Espíritu Santo. Esta experiencia produce poder para vivir una vida cristiana efectiva caracterizada por gozo.

**Efesios 5:18-19**

No os embriaguéis con vino, en lo cual hay disolución; antes bien sed llenos del Espíritu, hablando entre vosotros con salmos, con himnos y cánticos espirituales, cantando y alabando al Señor en vuestros corazones.

### Haciendo lo que Jesús Hizo
Somos bautizados en el Espíritu Santo una vez. Luego debemos ser llenos del Espíritu Santo diariamente.

Esta no es una experiencia de una vez. Más bien, debemos batallar conscientemente por alcanzarla cada día. Una de las maneras primordiales para mantenerse lleno, es orar en el lenguaje espiritual (en lenguas) por medio del Espíritu Santo. Otras de las maneras incluyen: lectura bíblica diaria, estudio, meditación en las Escrituras; tomar notas diarias de lo que nos impacta durante estos tiempos; teniendo comunión con los creyentes; y participando en pequeños grupos con otros cristianos.

### Cantando cánticos espirituales

Efesios 5:19 establece que cuando somos llenos del Espíritu podemos cantar cánticos espirituales. Estos a menudo vienen en forma de adoración no premeditada usando nuestro lenguaje espiritual. Podemos cantar palabras inspiradas por el Espíritu en una melodía conocida o una completamente nueva dependiendo de cómo nos guíe Su precioso Espíritu Santo. Esto añade una dimensión sobrenatural a nuestra adoración privada y corporativa y es una verdadera experiencia maravillosa.

## Conceptos Equivocados

El bautismo del Espíritu Santo ha traído mucha confusión al Cuerpo de Cristo—primordialmente debido a la falta de enseñanza adecuada. El bautismo ha sido experimentado por millones de creyentes mundialmente y por cristianos de todas las denominaciones, sin embargo todavía hay los que niegan su autenticidad. Estas son algunas de las razones principales:

- No es necesariamente una señal de espiritualidad; es un don para cada creyente, no importa qué tan nuevos sean en el Señor. Un creyente nuevo puede tener esta experiencia. Sin un buen fundamento bíblico, algunos creyentes inmaduros han hecho pensar a otros cristianos que son "más espirituales" porque ellos "hablan en lenguas". ¡Están muy equivocados! Hay muchos cristianos muy espirituales que no han tenido esta experiencia. Sin embargo, si desean más del Espíritu Santo en su vida, este don es para ellos también. Ellos cuentan con su salvación, pero esta experiencia es de poder sobrenatural para poder vivir más efectivamente la vida cristiana y entender mejor el ámbito sobrenatural.
- Mucha gente limita esta experiencia a "hablar en lenguas" solamente. Aunque hablar en lenguas desconocidas (glossolalia), es una experiencia maravillosa, es sólo una parte pequeña de la experiencia total. Como hemos visto, la experiencia sobrenatural es para poder, edificación y muchas otras dimensiones del Espíritu

Santo. Muchas veces es la entrada del creyente al ámbito sobrenatural de Dios, proveyendo también una comprensión acerca del ambiente sobrenatural de Satanás.

- Siempre debemos mantener en mente que esta experiencia es tocante a nuestra relación personal con nuestro Señor Jesucristo y el Espíritu Santo. De esta relación se desprenden los dones y el poder del Espíritu Santo para el beneficio de otros.

- Nosotros sabemos de muy pocos cristianos que se sienten cómodos tratando con las personas endemoniadas sin haber sido bautizados con el Espíritu Santo. Para poder liberar a estas almas desafortunadas, tenemos que operar en los dones sobrenaturales de discernimiento de espíritus, dones de conocimiento y sabiduría. Continuamente vemos a mucha gente siendo liberada, pero siempre es por la obra del Espíritu Santo a través de nosotros revelándonos el origen de la actividad demoníaca.

- Muchos nos preguntan por qué la gente quiere hablar en un lenguaje desconocido. Y ciertamente es una buena pregunta. La razón principal es, para permitir que el Espíritu Santo ore a través de nosotros de acuerdo con la perfecta voluntad de Dios. Después que hemos orado con nuestro entendimiento, muchas veces nos sentimos inadecuados; muchas veces no sabemos ni qué orar. en esas ocasiones es cuando el Espíritu Santo nos habilita para orar en un lenguaje desconocido. ¡Algo sucede en la dimensión espiritual porque el mismo Espíritu de Dios intercede a nuestro favor!

- Mucha gente confunde la experiencia de ser bautizado con el Espíritu Santo y orar en lenguas (lo cual es para todos los creyentes) con los dones de hablar en "diferentes tipos de lenguas" e "interpretación de lenguas" expuestos por Pablo en 1 de Corintios 12:7-11.

- La experiencia de hablar en lenguas que todos los creyentes pueden gozar, es una dimensión de la oración devocional a la que Pablo se refiere en 1 Corintios 14:2: "El que habla en lenguas no habla a los hombres, sino a Dios, pues nadie lo entiende, aunque por el Espíritu habla misterios". Aún más, Pablo agradece a Dios por "hablar en lenguas" más que todos ellos.

- Los dones tratados en el pasaje de 1 Corintios 12 son mensajes de Dios para la iglesia. En otras palabras, cuando los creyentes oran en lenguas, es el Espíritu Santo orando a Dios a través del creyente y de acuerdo con Su perfecta voluntad. Cuando un mensaje es dado a la congregación por medio de una persona hablando en lenguas, es un mensaje de Dios para la gente congregada. Por supuesto que el mismo debe ser interpretado para que la gente pueda saber lo que Dios está diciendo. Uno es el Espíritu Santo orando e intercediendo a través de la persona hacia Dios; el otro es Dios hablando a la congregación por medio de la persona, y debe ser interpretado.

## Cómo Dirigir al Creyente al Bautismo del Espíritu Santo

- Determine si la persona ha nacido de nuevo. Esta experiencia es sólo para los creyentes.
- Determine su motivo. Si es simplemente hablar en lenguas, asegúrese de que tenga una base bíblica antes de continuar.

- Explique que este don es gratuito igual que la salvación. Que se recibe al momento de pedirlo con fe creyendo, igual que la salvación.

- Estorbos: La enseñanza incompleta o errónea, la falta de perdón, o prácticas ocultas, pueden estar estorbando a la persona. Si parece haber un estorbo, déle una explicación bíblica y guíele en una oración de arrepentimiento acerca de esos asuntos antes de continuar.

- Explique exactamente lo que está por hacer. Dígale, "vamos a examinar las Escrituras, orar para recibir el Espíritu Santo, y permitir el fluir de un lenguaje espiritual".

- Instruya a la persona a que ore, o diríjale en una oración, pidiéndole al Señor Jesucristo el don del Espíritu Santo y la habilidad de orar en lenguajes que no ha aprendido.

- Vuelva a asegurarle que recibirá lo que pida al momento que lo pida; no lo apresure. Déle tiempo para decidir.

- Instrúyale a que respire profundamente y permita que el Espíritu Santo le dé las palabras. La mejor descripción es que sonará como un bebé aprendiendo a hablar sílabas sin significado. Jesús nos pide que seamos como niños y hablemos palabras de alabanza al Padre Celestial. Sencillamente hablamos las palabras que el Espíritu Santo nos impulsa a hablar; cómo suene es cosa Suya. Muchas personas creen que "están inventando palabras". Nosotros les animamos a que continúen orando hasta que empiecen a hablar con fluidez. Cuando las palabras fluyen tan rápido que no sería posible inventarlas, entonces la realidad de la naturaleza sobrenatural de esta maravillosa experiencia comienza a tener sentido.

- Ponga su mano ligeramente sobre el hombro de la persona y ore quedamente en su propio lenguaje de oración. No la presione; déle unos momentos para responder al Espíritu Santo. Suavemente anímele a que no tenga miedo ni le importe cómo suene. Empezará a hablar, y usted sencillamente continuará dándole ánimo y validez a su experiencia.

- Finalmente exhórtele a orar en su nuevo lenguaje tan frecuentemente como sea posible, pero que no se convierta en un "religioso". Puede orar en su vehículo, saliendo a caminar o en cualquier otra actividad que se preste para orar.

- Resumen de hablar en lenguas de 1 Corintios 14:
  Es un lenguaje real.
  Usted está hablando con Dios.
  Usted está hablando secretos espirituales.
  Usted está siendo personalmente edificado.
  Usted está orando en el espíritu.
  Usted está dando gracias.

## Transformándonos en Ministros de Nuestra Esfera de Influencia

DEBIDO A LA NATURALEZA controversial de este don, hemos tratado de dar una breve pero justa enseñanza de esta experiencia. Esperamos que sea de ayuda para contestar preguntas cuando salga y comparta este don hermoso con otros en su esfera de influencia.

### Cómo sucede esto en su esfera de influencia

Un día (Sonja) estaba sentada en mi oficina, cuando una secretaria de otro edificio se detuvo para hablar conmigo. Sabiendo que yo era cristiana, me preguntó qué pensaba de eso de "hablar en lenguas". Le respondí diciéndole que yo había obtenido esa experiencia. Quedó atónita, no podía creer que yo tomara parte en algo así y se fue rápidamente.

No la vi por unos días pero tuve que reírme conmigo misma cuando mi compañía fue reorganizada y se anunció que a la semana siguiente ella estaría trabajando conmigo. Estoy segura que Lois pensaba que de inmediato estaría sobre de ella, tratando de convencerla a "hablar en esas otras lenguas". Sin embargo, como ejecutiva corporativa durante muchos años, yo aprendí a usar sabiduría en mi esfera de influencia. O sea que cuando vienen a mí con una pregunta, les hablo un poquito, luego cambio el tema. Siempre los dejo esperando saber más. Pronto comienzan a sentirse cómodos para hacer más y más preguntas.

Así es como manejé la situación cuando Lois me preguntó acerca del asunto. Brevemente, le dí mi testimonio de cómo fui bautizada con el Espíritu Santo y cómo han sido las cosas desde entonces; luego cambié el tema. Esto continuó por unas semanas hasta que una mañana entró de repente a mi oficina y me dijo, "¡Tengo que ser bautizada con El Espíritu Santo hoy mismo! ¡Ya no puedo esperar más!" Siguiendo mi convicción de no entusiasmarme mucho le dije, "Qué bueno, pero tienes que esperar hasta la hora del almuerzo. No podemos hacerlo durante las horas de trabajo".

## Hamburguesas y el Espíritu Santo

Ella esperó ansiosamente que llegara el mediodía. Yo había llamado a una amiga que trabajaba en otro edificio cercano y le pedí que comprara unas hamburguesas, papas fritas, coca colas y que viniera almorzar con nosotras. La había llamado previamente para que participara de esta hermosa experiencia; ella estaba encantada de ayudarme a orar por otra persona para ser bautizada con el Espíritu Santo.

Después que acabamos de almorzar en el salón de conferencias, sencillamente impusimos las manos sobre Lois, la dirigimos en una oración sencilla e inmediatamente recibió un hermoso y fluido idioma espiritual. Era un gran privilegio ver a mi compañera recibir los cambios asombrosos en su vida, los cuales yo había experimentado después de recibir este encuentro de poder. Ella se convirtió en una de las más dinámicas en el ministerio público que conozco. Junto a su esposo poseen una muy reconocida agencia de bienes raíces, y ella es un testigo poderoso en su comunidad.

Esta es una de muchas experiencias que tuve en mi esfera de influencia en el mundo corporativo. Ahora la mayoría de mis encuentros son en aviones, salones de belleza y el vecindario.

## Ministrando persona a persona

Es fácil guiar a un creyente al bautismo del Espíritu Santo porque usted puede contestar sus preguntas y calmar sus temores mientras le asegura que este don le será dado con sólo pedirlo. Tal como lo ilustré, cuando el que busca es preparado, ¡sólo hay que ponerle las manos y hacer una simple oración, y lo recibirá!

## Ministrando en grupos pequeños

Ambos hemos tenido muchísimas oportunidades de dirigir grupos pequeños de creyentes a esta maravillosa experiencia transformadora. Nosotros siempre pedimos que los que están respondiendo a nuestra invitación pasen al frente para que podamos hacer contacto visual con cada persona. Si hay más de veinte, se aconseja pasar a otro salón.

Yo (Sonja) ministré recientemente en un retiro femenino. Cuando hice el llamado al altar para recibir el bautismo del Espíritu Santo, las mujeres llenaron todo el frente del salón donde llevábamos a cabo la reunión. No había plataforma, así que estaba tratando de ver cómo poder hacer contacto visual con cada una de las mujeres. De repente una de ellas me alcanzó una silla; yo me paré sobre ella y así pude dirigir a veinte damas al bautismo con la demostración de lenguas. ¡En la foto que se tomó para nuestra carta informativa mensual, parece que fuera de unos siete pies de altura!

Cuando la gente responde a nuestra invitación, le explicamos exactamente lo que vamos a hacer:

- Vamos a orar por usted.
- Vamos a dirigirle en una oración en la cual usted pedirá a Jesús que le bautice con Su Espíritu Santo.
- Vamos a imponerle las manos mientras usted ora en su lenguaje espiritual.
- El Espíritu Santo vendrá sobre usted, y podrá comenzar a hablar en su lenguaje espiritual.

La mayoría de los que buscan, reciben y comienzan a hablar en un idioma espiritual en ese momento; les decimos que pueden irse tan luego que reciban lo que pidieron. De ese modo, sabemos por quien continuar orando y ministrando. Si hay gente que previamente pidió el don pero no ha tenido una experiencia satisfactoria (tal como hablar en su lenguaje nuevo), generalmente es porque tienen un bloqueo mental. Muchas veces están esperando que el Espíritu Santo hable. Nosotros les explicamos que el Espíritu Santo da las palabras, nosotros somos los que tenemos que hablarlas. Nosotros tratamos con estos bloqueos mentales, y generalmente les ayuda a expresar su hermoso idioma espiritual. Hablaremos de esto más detalladamente al final de este capítulo.

Si usted está enseñando sobre el bautismo del Espíritu Santo, considerando darle a la gente la oportunidad de responder, entonces pídale al Espíritu Santo que le revele de antemano el tipo de respuesta que puede esperar. En múltiples ocasiones, El nos ha dejado ver que cientos responderían. Eso nos ha permitido junto al pastor, disponer con anticipación del mejor método, asegurándonos de que cada persona pueda tener una buena experiencia. Cuando se da una enseñanza completa del tema permitiendo que la gente responda basándose en la Palabra en vez de una descarga emocional, es fácil que reciban.

## Ministrando a grupos grandes

La planificación es necesaria para dirigir a grupos grandes de cincuenta o más al bautismo del Espíritu Santo. Nosotros recomendamos llevar a cabo una reunión con los que están al cargo del servicio mucho antes del inicio. Todos deben saber de antemano cómo se hará el llamado al altar y cuántos se espera que respondan. El pastor o líder encargado del servicio, los oradores especiales, el grupo de cantantes, el líder de la alabanza, y todos los obreros del altar deben estar de acuerdo. Se debe planificar pensando siempre en una respuesta máxima sea que se materialice o no. Todos deben saber lo que se espera de él o ella antes de que comience el llamado al altar. A continuación damos unos consejos para evitar caos, tratando de garantizar que cada persona que responda obtenga una experiencia satisfactoria con el Espíritu Santo:

- Entrene a cada obrero del altar en cuanto a cómo dirigir a otros cristianos en el bautismo del Espíritu Santo de una manera amable que asegure el fluir del lenguaje espiritual (hablar en lenguas).

- Enséñele a cada obrero cómo formar un pequeño grupo de tres a cinco para dirigirlos a través del proceso de recibir el bautismo del Espíritu Santo. Déle a cada uno una etiqueta de "Grupo de Oración". Si responden cien, es recomendable tener de veinte a veinticinco obreros.

- El llamado al altar: Haga que pasen al frente del auditorio. Luego indíqueles que pasen a otro salón designado o lugar alejado de la música de la conclusión del servicio. O, no empiece la música para concluir hasta después de que el grupo haya recibido instrucciones y ha orado por el bautismo del Espíritu Santo.

- Una vez que el grupo mayor haya respondido y se haya reunido, designe a una persona (normalmente el orador) para que explique exactamente lo que va a ocurrir y lo que van a hacer.

- Invite a los que deseen ser parte del ministerio, a que se junten con un obrero de altar en grupos de tres a cinco.

- Una vez que se reúnan en grupos pequeños, el obrero de cada grupo debe hacer que todos oren en voz alta invitando al Espíritu Santo para que venga sobre cada persona y los bautice con el Espíritu Santo.

- Entonces, los obreros de altar pueden orar y trabajar con cada persona en su grupo hasta que todos hayan recibido satisfactoriamente su lenguaje espiritual.

## La clave es el entrenamiento

El estorbo más grande para ministrar el bautismo del Espíritu Santo a grupos grandes es la falta de obreros del altar calificados. Nosotros recomendamos conducir un taller de entrenamiento antes de la reunión, asegurando así una experiencia máxima para cada individuo. Mucha gente ha venido a nosotros expresando sus experiencias negativas en las que fueron parte de un grupo grande donde se le instruyó a hablar en lenguas a todos al mismo tiempo. Podría haber sido satisfactorio para el orador principal, pero resulta en una gran cantidad de personas necesitando ser ministradas individualmente para recibir el fluir de su nuevo lenguaje de manera personal y auténtica.

## Federal Way, Washington, USA.

Se nos concedió el privilegio de hablar en un santuario grande y lleno de cristianos ansiosos en la iglesia Northwest en Federal Way, Washington. Era una reunión dedicada a la Persona del Espíritu Santo y a las razones por las cuales necesitamos Su poder para ser testigos eficaces. Sonja recibió una palabra del Espíritu Santo de que habría una respuesta fuera de lo común.

El llamado al altar dio como resultado que doscientos cristianos pasaran al frente para recibir ese poder. Sonja separó a ciento veinte personas que confesaron haber orado por ello previamente, pero que no habían experimentado satisfactoriamente su lenguaje espiritual. Ella los condujo a otro salón separado. John se quedó con los ochenta que nunca habían pedido el don del Espíritu Santo. Nosotros oramos e impusimos nuestras manos sobre cada uno de ellos. Tomamos todo el tiempo necesario para explicar adecuadamente lo que iba a suceder cuando ellos oraran por este don gratuito. Según sabemos, todos a excepción de uno, recibieron hermosos lenguajes espirituales personalmente confirmando que habían recibido el bautismo del Espíritu Santo. Fue un momento emocionante. El pastor nos expresó su agradecimiento más de una vez y dijo, "El modo en que ustedes lo hacen es único, y ahorra mucho tiempo y esfuerzo al que está ministrando".

## Bangkok, Tailandia

Fui invitado (John) a ser uno de los oradores durante el día en una conferencia de tres días sobre "Evangelismo de Poder" cerca del centro de Bangkok, Tailandia. Hablé sobre por qué necesitamos el poder del Espíritu Santo para vivir una vida cristiana victoriosa. La asistencia durante el día fue de tres mil y más de cinco mil en la noche. La razón por la que insistimos en tener bastantes obreros del altar entrenados se vio claramente revelada en esta conferencia. A través de un intérprete excelente, prediqué con todas mis fuerzas. Estaba hablando desde la plataforma más gigantesca y elevada en uno de los más grandes auditorios que jamás he visto. El Espíritu Santo fue maravilloso y motivó a trescientas personas a responder al llamado al altar para recibir el bautismo con el Espíritu Santo.

## ¿Y ahora qué?

Pronto comprendí que necesitaba ayuda. ¿Cómo podría asegurarme de que las trescientas personas recibirían el poder y hablarían en un idioma desconocido? Yo no hablaba Tailandés y ellos no hablaban Inglés. Mi intérprete sólo se encogió de hombros, indicándome que él tampoco sabía cómo hacerlo. El Espíritu Santo vino a mi rescate. El dijo: "Llama a los creyentes de Tailandia que hablan en lenguas a que pasen para escuchar a sus compatriotas hablando en lenguas". Inmediatamente invité como a cincuenta creyentes bautizados con el Espíritu a que se unieran a la multitud al frente. Les dije que escucharan cuidadosamente a cada persona mientras hablaban y adoraban en lenguas. Cuando confirmaban que cada persona hablaba en una nueva lengua espiritual, me daban la señal. Qué gozo era observar a los obreros yendo de una persona a otra escuchando cuidadosamente si estaban hablando en un idioma desconocido.

Solamente tomó unos quince minutos confirmar que la mayoría, había hablado en un lenguaje espiritual genuino. Al final, los líderes de la conferencia vinieron a mí y me comentaron que jamás habían visto que ocurriera algo semejante; les tuve que confesar que ¡yo tampoco! Todos estábamos alabando al Señor por el movimiento tan maravilloso de Dios. Aparte de los casi trescientos que fueron bautizados con el Espíritu Santo, otras quinientas personas dieron su vida a Jesucristo al final de la conferencia.

## Hagámoslo bien

Tenemos muchas otras historias de las veces que hemos dirigido a muchos cristianos hambrientos del bautismo de poder. Debido a que hemos hecho esto por tanto tiempo, se nos olvida que hay otra generación de cristianos que nunca ha oído del bautismo del Espíritu Santo. En este país hay pastores que se denominan "llenos del Espíritu", sin embargo no se sienten capaces de guiar a los miembros de su congregación hacia el bautismo del Espíritu Santo.

Como evangelistas internacionales con ordenación, ministrando primordialmente a pastores y líderes pentecostales, sentimos que hace falta algo. ¿Dónde y qué clase de entrenamiento han recibido desde que se graduaron del seminario? Nosotros sentimos que el bautismo del Espíritu Santo debe ocupar un lugar preeminente en las prioridades de discipulado para los que asisten a una iglesia llena del Espíritu. Es la única manera en que los creyentes nuevos pueden tener la oportunidad de sobrevivir al tratar de testificar a un mundo hostil, perverso y endemoniado fuera de las cuatro paredes de la iglesia. Así que, ¡hay que hacerlo bien! Seamos verdaderamente llenos del Espíritu de tal manera que podamos guiar a nuestros compañeros creyentes a la misma experiencia poderosa que hemos recibido.

## Orando por una Experiencia Satisfactoria

Siempre somos sensibles con aquellos cristianos que dicen que han orado para obtener el don del Espíritu Santo pero no han recibido una experiencia satisfactoria. Casi siempre componen el doble de las personas que están buscándolo por primera vez en los llamados al altar. Después de ministrar a un incontable número de personas por más de treinta y cinco años hemos llegado a las siguientes conclusiones:

- La enseñanza sobre este tópico ha sido más por experiencia que por las Escrituras.
- Los creyentes no comprendieron que el don del Espíritu Santo es suyo con solamente pedirlo y que lo reciben al momento que lo piden en fe.
- Con frecuencia la ministración es demasiado fuerte o emotiva y provoca temor en los cristianos nuevos.
- Al no experimentar el fluir de su lenguaje espiritual, sintieron que había algo malo en ellos, por lo que Dios les estaba negando Su don.

Una vez que una persona tiene una experiencia insatisfactoria, una barrera mental es erigida. Puede que continúe respondiendo al llamado una y otra vez. Cuando no logra expresarse en su lenguaje espiritual, la barrera se refuerza con cada experiencia negativa. Esto siempre tiene que ver con no haber podido dejar fluir su lenguaje espiritual.

## Dios no les está negando Su don

Habitualmente comienzo (Sonja) a ministrar a estas personas diciéndoles que Dios no está negándoles Su don del Espíritu Santo ni el lenguaje espiritual. Además, les digo que El les ha dado este regalo desde que se lo pidieron por primera vez. Les pregunto si han visto un cambio en el poder de Dios obrando a través de su vida. La mayoría de las veces, responden que sí han visto un cambio; más poder manifestándose a través de ellos, pero que saben que hay más. Para entonces, muchos de ellos (hombres y mujeres) tienen lágrimas en sus ojos. Han sentido como que había algo malo en ellos, y yo elimino tal noción.

## Tratamos con los obstáculos

Después exploramos cuales podrían ser los obstáculos, por ejemplo, enseñanzas previas en contra de hablar en lenguas, falta de perdón, o prácticas de ocultismo. Puede ser que algunos tengan estos problemas, entonces simplemente les animamos a orar arrepintiéndose, renunciando al comportamiento pecaminoso. Al hacerlo, el obstáculo es removido de su vida. Sin embargo, con frecuencia la razón por la que no han hablado en su lenguaje espiritual se debe a que simplemente no han sabido cómo rendirse al Espíritu Santo. Podemos ver que el Espíritu Santo está en ellos tratando de darles su lenguaje, pero no pueden dejarse llevar por El y comenzar a hablar.

## Sydney, Australia

Estábamos ministrando en una iglesia grande en Sydney, Australia. John estaba orando por los enfermos en un lado de la iglesia, y yo (Sonja) estaba del otro lado orando por los creyentes para que fueran bautizados en el Espíritu Santo. Más de treinta personas habían recibido y expresado su lenguaje espiritual. Cuando terminamos, noté que un anciano estaba de pie al otro lado observándome ministrar. ¡Me dijo que había estado buscando el bautismo del Espíritu Santo por más de veinticinco años! Manifestó que le había pedido a cada evangelista lleno del Espíritu que orara por él, pero que hasta la fecha no podía hablar en lenguas.

### ¿Tiene miedo de verse o de sonar ridículo?

Respiré y dentro de mí hice una oración pidiendo sabiduría. La recibí y la compartí con él haciéndole esta pregunta: "¿Tiene temor de verse o de sonar ridículo y sentirse avergonzado?" Con una mirada de sorpresa en su rostro, me dijo que había sido atormentado por ese temor todos esos años. Procedí a ministrarle, recordándole que Jesús había dicho que a menos que seamos como niños no veríamos el Reino de Dios. Luego le pregunté si él estaría interesado en dejar ir a su ego y a su temor de verse ridículo. Que si podía simplemente confiar que Jesús le daría un buen regalo.

### El se expresó en un hermoso lenguaje espiritual

Con lágrimas en sus ojos, el asintió con la cabeza e hizo una oración sencilla y humilde pidiéndole al Señor que le perdonara por no confiar en El como un niño. Luego le impuse las manos y él comenzó a hablar con fluidez un hermoso lenguaje espiritual. Estaba muy conmovido y me dijo, "Bueno, damita, usted hizo lo que los famosos evangelistas poderosos no pudieron hacer. ¡Gloria a Dios!"

### Ministerio en los hogares

El ejemplo siguiente sucedió en nuestro grupo pequeño que se reúne cada semana en nuestro hogar. Siempre es interesante ver cómo el Espíritu Santo organiza a un cierto grupo de personas con un propósito. Yo (Sonja) siempre tengo mucha curiosidad cuando sólo viene un par de personas. Sin duda, hay alguna necesidad específica con la que El quiere tratar.

Esa noche en particular sólo vinieron Greg y Karen Fry. No era nada acostumbrado—las otras doce personas que normalmente asistían no pudieron venir por razones diversas. Como sólo éramos nosotros cuatro, les preguntamos a los Fry si tenían una necesidad especial por la cual querían que oráramos. Greg inmediatamente respondió que quería que oráramos por un fluir más amplio de su idioma espiritual de oración. El había recibido unas cuantas palabras, y las había orado múltiples veces, pero sin resultados satisfactorios. Es más, se encontraba bastante desanimado tocante a todo el asunto.

## Poco después, el Espíritu Santo fluyó de él

Dijimos, "Bueno, relajémonos y comencemos a adorar al Señor". Entre diez y quince minutos después, todos fuimos llenos de gran gozo al punto de prorrumpir en risa. En este precioso ambiente, el Espíritu Santo vino sobre Greg y él empezó a hablar y a reír al mismo tiempo. Poco después, el Espíritu Santo comenzó a fluir como "corrientes de agua viva". Se había quebrado el muro de contención, y nuestro querido amigo dejó de ser el mismo de siempre. Un año después, él y Karen se añadieron a nuestro ministerio. El es un maestro que enseña con mucha libertad, y ambos operan en el ministerio de oración profética y los dones de sanidad. ¡Gracias, Señor!

Cuando ministre a gente que busca el fluir de su lenguaje espiritual de oración, sea muy respetuoso de sus sentimientos y pídale al Señor que le dé la clave de ese bloqueo.

## Yo quebranté el poder sobre ellos

En otra ocasión, (Sonja) estaba enseñando a un grupo de personas acerca del bautismo del Espíritu Santo. La mayoría había orado antes para recibir el don, pero no habían hablado en su idioma espiritual. Oré por ellos en grupo, tomando autoridad en el nombre de Jesús sobre la enseñanza errónea que habían recibido. Quebranté el poder de la misma sobre ellos y desaté la llenura de esta maravillosa experiencia. Después de haber orado, los dirigí en una oración y todos dejaron fluir sus lenguas espirituales.

### El había sido criado como Testigo de Jehová

A la hora del café, un hombre vino a mí con un testimonio maravilloso. El había pedido el bautismo del Espíritu Santo por muchos años, pero no podía fluir en el lenguaje. Sin embargo, cuando oré y quebranté el poder de enseñanzas erróneas de su vida, me dijo, "fue como que algo se separó de mí"—él lo sintió irse. Luego me explicó que había sido criado como Testigo de Jehová, y que estaba seguro de que eso era lo que se había ido de él y que le había permitido recibir el don de Dios en su plenitud.

### Todos podemos hacerlo

Al compartir estos ejemplos, esperamos que usted quede convencido de lo fácil que es este ministerio. Se puede hacer de persona a persona o con un número grande de cristianos. Todo lo que se necesita es el poder y la presencia del Espíritu Santo mientras ministramos. El mismo poder y presencia se necesitan para aprender a sanar a los enfermos. La siguiente es una técnica ministerial que aprenderemos en el capítulo 3.

### Hay que Practicar

- Santiago 1:22 dice que hay que PONER POR OBRA lo que oímos (leemos).
- Trate de hacer lo que se recomienda en este capítulo yendo al Apéndice B, que dice "Hay que Practicar" en la página _____.
- Haga la tarea para la técnica ministerial titulada, "Dirigiendo al Cristiano al Bautismo en el Espíritu Santo".

# 3 Como Sanar a los Enfermos

Jesús nos dijo que El quería que
nosotros hiciéramos las cosas que
El hizo–incluyendo sanar a los enfermos.
En la cristiandad ha habido muchos
malentendidos de esta verdad. En este
capítulo vamos a repasar lo que la Biblia
dice acerca de la sanidad y aprenderemos
cómo nosotros también podemos ser
usados para sanar a los enfermos.

Yo (John) acepté a Cristo en marzo de 1973, y me hice miembro de la Asociación Cristiana Internacional de Hombres de Negocios del sector en Seattle dos meses después. Observé con asombro como los miembros de esta organización para–eclesiástica oraban por cualquiera que necesitara sanidad; atónito observaba cómo la gente sanaba. Los hombres oraban con tanta convicción que yo daba por hecho que habían sido mandados directamente por Dios. Algunas de las sanidades eran muy obvias. Aunque no todos eran sanados, los que sanaban captaban mi atención. Yo creía que estos hombres tenían poderes especiales de Dios. No tenía idea de dónde o cómo ellos habían recibido estos poderes especiales. Así que hice mi prioridad ubicarme al frente, donde estaba sucediendo todo esto; yo quería ver cómo lo hacían. Este fue el inicio de mi jornada para aprender cómo sanar a los enfermos.

## Jesús sana a los enfermos

Una tercera parte del ministerio de Jesús consistió en sanar a los enfermos. En Mateo 9 y 10, Jesús enseñó, predicó, y sanó a los enfermos. Si nosotros vamos a hacer lo que Jesús hizo, sanar a los enfermos será también parte de nuestro ministerio.

Después que Jesús les demostrara a Sus discípulos cómo hacerlo, inmediatamente les dio el poder y la autoridad a Sus seguidores, para sanar a los enfermos. La sanidad es una parte vital de la estrategia evangelística del Señor para ganar al mundo para Sí. Atrae la atención del pre-cristiano, ablandando su corazón para escuchar el mensaje de salvación. Es una señal para ellos de que el mensaje que la persona está predicando, igual que la sanidad del enfermo, vienen de parte de Dios. Le demuestra que el Señor está trabajando con el predicador como embajador auténtico de Jesucristo.

### Mateo 9:35

Recorría Jesús todas las ciudades y aldeas, enseñando en las sinagogas de ellos, predicando el Evangelio del Reino y sanando toda enfermedad y toda dolencia en el pueblo.

### Mateo 10:1

Entonces, llamando a sus doce discípulos, les dio autoridad sobre los espíritus impuros, para que los echaran fuera y para sanar toda enfermedad y toda dolencia.

## Haciendo lo que Jesús Hizo

Como discípulos de Jesucristo hemos sido autorizados por El e investidos de poder para sanar todo tipo de enfermedad y toda clase de dolencia.

## La historia de John

En nuestro estudio referente a la sanidad de los enfermos, quisiera compartir unas experiencias de mis comienzos; cómo llegué a creer en la sanidad divina y cómo comencé a orar por los enfermos. Mis experiencias le permitirán comparar las suyas, que pudieran coincidir con las mías. Sus experiencias tal vez serán más o menos frecuentes que las mías. El Señor desea que todos lleguemos al mismo destino: creer firmemente que Jesucristo continúa sanando al enfermo hoy en día.

## Un crecimiento de fe

Para mí todo empezó a los meses de haberme convertido, a principios de 1973. Con el correr de los años, noté un progreso natural en mi fe mientras atestiguaba como Dios sanaba a los enfermos. Hubo dos fases en mi comprensión completa de la sanidad divina: encuentros *sorpresivos* y luego *descubrimiento de lo auténtico*. El capítulo 5 tratará en detalle las fases finales donde sabremos cómo ministrar sanidad apoyándonos en el Espíritu Santo y Sus dones de revelación. En ambas, un Dios compasivo y sobrenatural se manifiesta progresivamente como un Dios que está dispuesto a sanarnos. Esto es ilustrado en los pasajes siguientes:

### Marcos 1:40-42

Vino a él un leproso que, de rodillas, le dijo: "Si quieres, puedes limpiarme". Jesús, teniendo misericordia de él, extendió la mano, lo tocó y le dijo: "Quiero, sé limpio". Tan pronto terminó de hablar, la lepra desapareció del hombre, y quedó limpio.

### Mateo 8:2-3

En esto se le acercó un leproso y se postró ante él, diciendo: "Señor, si quieres, puedes limpiarme". Jesús extendió la mano y lo tocó, diciendo: "Quiero, sé limpio". Y al instante su lepra desapareció.

**Lucas 5:12-13**

Sucedió que estando él en una de las ciudades, se presentó un hombre lleno de lepra, el cual, viendo a Jesús, se postró con el rostro en tierra y le rogó, diciendo: "Señor, si quieres, puedes limpiarme". Jesús entonces, extendiendo la mano, lo tocó, diciendo: "Quiero, sé limpio". Y al instante la lepra se fue de él.

## Haciendo lo que Jesús Hizo

- Las Escrituras revelan la voluntad de Dios concerniente a la sanidad. Su voluntad es revelada claramente en estos tres pasajes. Todas dicen lo mismo: ¡que El está dispuesto a sanarnos!

- El no sólo sana la lepra, El está dispuesto a sanar toda enfermedad y dolencia. Jesús nos ha revelado Su compasión eterna y misericordia de sanar a los enfermos.

- La mayoría de la gente cree que Dios puede hacer cualquier cosa que El quiera. Estos pasajes proclaman que Dios no sólo puede, sino que está dispuesto a sanar a todos los que vengan a El con fe.

- Por lo tanto, podemos predicar con confianza que la sanidad divina está disponible en el nombre poderoso de Jesucristo.

- Los enfermos (como este leproso) que están seriamente determinados a ser sanos, demuestran la clase de fe que puede dar paso a la sanidad.

- El tiempo que tome para que la sanidad sea notoria siempre se deja en las manos del Señor. Aunque El está dispuesto a sanar hoy, la manifestación física completa puede ser instantánea o tomar horas, días, o semanas.

- No hay ningún pasaje en las Escrituras donde se nos dé permiso para demandar una sanidad. Esa es una presunción necia. Como Jesús está dispuesto, la sanidad comienza al momento que empezamos a orar por los enfermos.
- Nuestra confesión debe ser: "Dios está dispuesto a sanarle hoy. Su sanidad comienza hoy; continuaremos dándole las gracias hasta que la manifestación física sea notoria".
- Sólo Dios conoce las enfermedades que causarán la muerte de una persona (vea Juan 11:4). Por eso necesitamos revelación de parte del Señor para saber cómo orar por cada situación. Nosotros contendemos por la sanidad hasta que el Señor nos revele lo contrario.

## Encuentros Sorpresivos

### Mi primer intento

Nunca olvidaré la primera vez que oré (John) por una persona que necesitaba sanidad. Era un anciano con una rodilla deteriorada. El y yo asistimos a una reunión de Hombres de Negocios en el norte de Seattle. El orador de la reunión era un denodado hombre de negocios lleno de fe, el cual les anunció a todos que Dios quería sanar a cualquier enfermo que pasara al frente. Yo estaba sentado en la primera fila, muy emocionado de ver lo que iba a ocurrir. Cuando el anciano llegó cojeando al frente para que se orara por él, todos los oficiales estaban ocupados orando por otros enfermos. Dando por hecho que yo era uno de los "ministros", él se volvió a mí, se enrolló el pantalón y me dejó ver su rodilla vendada, pidiéndome que orara por él. No queriendo desilusionarlo, le dije, "Sí, señor. Lo haremos. Voy a ir por alguien". Seguramente tenía un problema auditivo porque me tomó fuertemente de la manga para sostenerse y me dijo, "¡Por favor! ¡Yo quiero que usted ore por mí!". Volteé otra vez hacia los que sabían cómo orar. Todos me hicieron la seña de no interrumpir mientras ministraban sanidad. Así que, senté al hombre en mi silla. Rápidamente quise observar lo que los demás hombres estaban haciendo y diciendo. Luego miré la rodilla dañada y dije: "¡Oh Dios mío, ayúdame! ¡Por favor, haz algo aquí!". Luego oí que un hombre detrás de mí valerosamente dijo: "¡En el hombre de Jesús!". Y pronto agregué, "¡Oh, es cierto Señor, por favor hazlo en el nombre de Jesús! Amén".

## Yo no sabía qué creer

Tenía temor de abrir mis ojos; no sabía que hacer después. Así que, con mi mano todavía sobre su rodilla, mantuve los ojos cerrados y silenciosamente esperé poder salir sin ser notado. Sentí que se puso de pié. Luego lo escuché gritar: "¡He sido sanado! ¡He sido sanado!". Abrí mis ojos y quedé atónito al ver que estaba saltando y exclamando que Dios lo acababa de sanar. Le dije, "¿Ha sido sanado? ¿Está seguro?". Otra vez no me oyó. Regresó a su asiento sin cojear, y testificó a sus amigos que Dios había sanado su rodilla.

Salí de la reunión estupefacto; no tenía idea de cómo ese anciano había sido sano. Seguramente no había sido por mi causa, yo no tenía el menor indicio de cómo hacerlo. Lo único que sabía era que Jesucristo había creado una situación en la que la gente podía ser sanada. El anciano sólo necesitaba alguien que le ayudara a ejercitar su fe. Yo solamente era un participante titubeante en lo que Cristo ya había puesto en movimiento hace más de dos mil años atrás. La fe del anciano fue lo que le sanó. No la mía. La mujer, en el pasaje siguiente, nos ilustra el principio de este tipo de fe no vacilante en Jesucristo como la fuente de sanidad divina.

### Lucas 8:43-48
(*mirar* en Mateo 9:20-22 y Marcos 5:25-34)
Pero una mujer que padecía de flujo de sangre desde

hacía doce años, y que había gastado en médicos todo cuanto tenía y por ninguno había podido ser curada, se le acercó por detrás y tocó el borde de su manto. Al instante se detuvo el flujo de su sangre. Entonces Jesús dijo: "¿Quién es el que me ha tocado?" Todos lo negaban, y dijo Pedro y los que con él estaban: "Maestro, la multitud te aprieta y oprime, y preguntas: "¿Quién es el que me ha tocado?"". Pero Jesús dijo: "Alguien me ha tocado, porque yo he sentido que ha salido poder de mí". Entonces, cuando la mujer vio que había sido descubierta, vino temblando y, postrándose a sus pies, le declaró delante de todo el pueblo por qué causa lo había tocado y cómo al instante había sido sanada. El le dijo: "Hija, tu fe te ha salvado; ve en paz".

## Haciendo lo que Jesús Hizo

- Habrá ocasiones en que las personas por las cuales oremos, estarán ejercitando una gran fe hacia Dios para recibir su sanidad. Cualquier contacto físico que hagan con otro creyente causará que practiquen su fe y reciban sanidad inmediata.
- En estos casos nuestra fe está de sobra. Nosotros simplemente hacemos contacto físico con ellos, nos ponemos de acuerdo con lo que creen que sucederá, y luego vemos cómo Dios hace el resto.
- Nota: Jesús no inició la sanidad. El poder fue transferido de Jesús a la mujer cuando ella le tocó, no viceversa.
- La multitud apretujaba a Jesús, sin embargo, El reconoció que una persona le estaba tocando con fe pura. Una fe que estaba basada totalmente en la presencia divina de un Señor dispuesto a sanar a cualquiera cuya fe fuera puesta en El.

## El comienzo de mi búsqueda

Ese fue el principio de mi búsqueda para saber cómo Dios opera a través de Su pueblo. Con el correr de los meses y los años en la Asociación Cristiana de Hombres de Negocios, observando a hombres corrientes ejercitando su fe en Jesucristo, mi fe fue aumentando milagrosamente. Cada semana escuchaba decir al liderazgo: "¡Cualquier persona llena del gran poder del Espíritu Santo puede hacer lo que Jesús hizo!". Lentamente mi conocimiento acerca de los principios del Reino cambió. Finalmente me convencí: "¡Si ellos lo pueden hacer, yo también puedo!". Así que titubeante empecé a orar por los enfermos como los otros hombres lo hacían. ¡Si ellos podían hacer lo que la Biblia dice, entonces yo también!".

## Haga lo que Jesús dice que puede hacer

Eventualmente comencé a creer que Jesucristo mismo era la fuente del poder sanador divino. Estos hombres sencillamente creían las promesas de sanidad en la Biblia, expresadas tanto en el Antiguo como en el Nuevo Testamento. Comencé a creer lo que estos hombres decían y hacían. Ellos decían algo así como: "La Biblia declara que los creyentes pueden hacer las cosas que Jesús dice que pueden hacer, una de las cuales es orar por los enfermos, creyendo que los enfermos sanarán". Los escuchaba citar pasajes bíblicos, y luego les observaba hacer lo que decían. A veces la sanidad era notoria, a veces no. Pero vi tantos resultados que eventualmente creí lo que la Biblia les estaba diciendo a ellos: "¡Sencillamente hagan lo que la Palabra dice y tendrán resultados!".

## Comencé a hacerlo

Al principio ayudé a los hombres cuando oraban por otros; me unía a ellos poniendo mis manos sobre las personas y decía "Amén" a sus oraciones. Me acostumbré a oír ciertas palabras y frases que usaban. Entre más lo hacía, más confianza tenía que algo iba a suceder. No por lo que yo oraba, sino por lo que ellos oraban. La fe viene por el oír y yo creo que la fe para sanar comenzaba a manifestarse en mi mente. Eventualmente, pensé que yo podía tratar de hacerlo por mí mismo; mi modo de pensar era similar al de los discípulos en Lucas 17. Yo necesitaba que el Señor aumentara mi fe.

### Lucas 17:5-6

Dijeron los apóstoles al Señor: "Auméntanos la fe". Entonces el Señor dijo: "Si tuvierais fe como un grano de mostaza, podríais decir a este sicómoro: 'Desarráigate y plántate en el mar', y os obedecería".

## Haciendo lo que Jesús Hizo

La fe crece con el uso constante. Tomándole la palabra a Jesús, y orando por los enfermos una y otra vez, eventualmente causará que la fe aumente. Nosotros experimentaremos resultados si continuamos orando por los enfermos.

### Reuniones de almuerzos y cenas

Las primeras reuniones de desayuno a las que asistí tomaban lugar en un salón de baile de hotel en el Distrito de la Universidad de Seattle durante la primavera de 1973. Para mí eran espectaculares. Estábamos apretados como sardinas y en una gran expectativa de lo que Dios quisiera hacer. La alabanza y adoración eran impresionantes. Allí fue donde aprendí a cantar en mi lenguaje espiritual al escuchar a otros haciéndolo. La presencia del Señor se manifestaba fuertemente. Comenzaron a venir tantos que se vieron forzados a arrendar un salón más amplio en un hotel del centro de Seattle. Ese fue el lugar en el que comencé a orar con convicción por los enfermos. No vi que pasara mucho, pero continué ministrando igual que los demás hombres que yo había estado observando en los meses pasados.

Si uno quería ser parte de este grupo, se daba por entendido que también debía orar valientemente por los enfermos en cada reunión.

### La Palabra cambió mi modo de pensar

A mediados de 1974, yo había leído todo el Antiguo Testamento y el Nuevo Testamento dos veces. Comencé a concentrarme en las promesas de Jesús y lo que El dijo que nosotros deberíamos estar haciendo. Subrayé las Escrituras que fueran exhortadas por los oradores de Hombres de Negocios y otros predicadores llenos de fe. Escuché a algunos en persona, a otros en grabaciones. Todos estaban diciendo lo mismo: "Uno puede hacer lo que Jesús dijo que puede hacer". Me propuse asociarme con hombres de fe que lo creyeran y lo practicaran. Comencé a entender cómo viene la fe de acuerdo con Romanos 10:17. Mi fe creció cuando atestigüé que la Palabra de Dios hablada producía sanidad al ser incorporada en las oraciones por la gente.

#### Romanos 10:17

Así que la fe es por el oír, y el oír, por la palabra de Dios.

### Haciendo lo que Jesús Hizo

- La fe para hacer milagros crece cuando meditamos en lo que Jesús dijo que podíamos hacer.
- También crece cuando actuamos basándonos en lo que El dijo que podemos hacer y comenzamos a orar por la gente para que reciba lo que El promete.
- La fe también crecerá al continuar asociándonos con quienes operen en lo sobrenatural y oren por los enfermos valientemente.

## El hombre llamado Miracle (Milagro)

Uno de estos hombres de negocios, por coincidencia, se llamaba Ken Miracle. Ken era unos diez años mayor que yo y había venido a Cristo años antes que yo. El me animó a "practicar la Palabra"; seguí su ejemplo haciendo lo que él hacía y comenzó a dar resultados. Siempre me decía, "La Palabra produce resultados. Sólo hay que hacer lo que dice". El y otros como él, reforzaban lo que yo estaba leyendo y subrayando en las Escrituras.

Me uní a Ken y empecé a ministrar con él. Orábamos por cualquier persona que necesitara sanidad. Lo que él decía estaba siendo puesto en evidencia. Cuando orábamos, los dolores de la gente cesaban. Se iban los dolores de cabeza, los yesos sobre huesos fracturados eran removidos antes de tiempo, las espaldas adoloridas regresaban a la normalidad, y quienes sufrían de sinusitis eran sanos. Algunas sanidades tomaban tiempo, otras eran instantáneas. Nada muy espectacular, pero para mí, siendo novato, eran milagrosas. Ken incluso fue al hospital local buscando a alguien por quién orar. Las enfermeras se dieron cuenta de lo que estaba haciendo y le insistieron firmemente que se fuera. Ken lo hizo, pero no antes de que los doctores reportaran una serie de milagros "inexplicables". Ken y su devoción a la verdad bíblica cambió mi modo de pensar. Finalmente, hice lo que Jesús dijo que yo podía hacer; así que con valor me dediqué a orar por los enfermos.

## Jesús oró dos veces

Tenemos la tendencia de darnos por vencidos demasiado pronto cuando estamos aprendiendo a orar por los enfermos. Al examinar Marcos 8:22-26, más adelante, veremos a Jesús orando por lo menos dos veces antes de que este hombre ciego pudiera ver claramente. Jesús trabajó con el hombre hasta que recobrara la vista totalmente. Esta es una lección excelente para quienes desean orar por los enfermos. Si Jesús oró dos veces para ver resultados, nosotros podemos esperar ofrecer dos o más oraciones antes de ver resultados. Habrá ocasiones en que oraremos varias veces, antes de que la sanidad finalmente se manifieste.

**Marcos 8:22-26**
Vino luego a Betsaida, le trajeron un ciego, y le rogaron que lo tocara. Entonces, tomando la mano del ciego, lo sacó fuera de la aldea; escupió en sus ojos, puso sus manos sobre él y le preguntó si veía algo. El, mirando, dijo: "Veo los hombres como árboles, pero los veo que andan". Luego le puso otra vez las manos sobre los ojos, y le hizo que mirara; y fue restablecido, y vio de lejos y claramente a todos. Jesús lo envió a su casa, diciendo: "No entres en la aldea, ni lo digas a nadie en la aldea".

## Haciendo lo que Jesús Hizo

Jesús nos enseña unas técnicas de ministerio importantes para asegurar el éxito en sanar a los enfermos:

- Alejar a la persona de la duda y la incredulidad.
- Escuchar y seguir las instrucciones del Espíritu Santo. Si el Espíritu Santo dice, "escupe y luego pon las manos", hay que hacerlo.
- Preguntar a la persona qué está ocurriendo mientras continúa orando por ella. Jesús le preguntó al hombre si veía algo. Nosotros debemos hacer lo mismo.
- ¡JESUS ORO POR SEGUNDA VEZ! Si no da resultado con la primera oración, ore otra vez. Ofrezca seguir orando por la persona hasta que el Espíritu Santo le diga que es suficiente.

> • Advierta a la persona que evite una atmósfera de incredulidad. Instrúyale a seguir dando gracias a Dios por su sanidad hasta que la comunidad médica se lo confirme.

$\widetilde{\gamma}$

## Me pidieron que diera mi testimonio

En 1975, fui invitado a dar una disertación en mi primera cena de Hombres de Negocios en Mount Vernon, Washington. Oré fervorosamente que Dios me usara como a los demás. Después de compartir mi historia, de cómo había venido a Cristo y mi bautismo con el Espíritu Santo, el Señor me concedió el privilegio de orar con dos hombres que dieron su vida a Cristo; también oré por los que necesitaban sanidad. Uno fue sanado de dolor; los demás se fueron sin reconocer ningún cambio. Ese fue mi inicio hablando y ministrando en reuniones de Hombres de Negocios por todo el noroeste de los Estados Unidos y Canadá. Acumulé años y años de experiencia ministerial práctica por la cual estoy muy agradecido. Tuve el privilegio de ser uno de sus oradores por más de veinticinco años. Sonja y yo estamos muy agradecidos con el sector de Seattle que nos nombró en el "Listado de los héroes de la fe" en el otoño de 1998.

## Otra sorpresa

Los almuerzos de Hombres de Negocios se convirtieron en inyecciones espirituales para muchos hombres en Seattle. Me acuerdo de uno en 1976 en el norte de Seattle, al que llegué espiritualmente agotado. No había leído la Palabra en una semana. No había orado. No había hecho nada para levantar mi fe. Había llegado para ser bendecido, no para bendecir. Al final de la reunión noté a un hombre que nunca había conocido. Cuando lo vi, el Espíritu Santo me dijo: "El tiene un dolor en la espalda. Acércate a él. Yo lo sanaré". La voz de Dios se manifiesta espontáneamente, a veces cuando uno menos lo espera. Esto le sucedió a Pedro.

**Hechos 10:19-20**
Y mientras Pedro pensaba en la visión, le dijo el Espíritu: "Tres hombres te buscan. Levántate, pues, desciende y no dudes de ir con ellos, porque yo los he enviado".

Así que hice lo que Dios dijo. Me acerqué a él y le dije lo que había escuchado. El respondió: "Usted está en lo correcto. El dolor de espalda me está matando". Puse mis manos en el lugar donde se hallaba el dolor y dije: "Dolor, vete en el nombre de Jesucristo". El dolor desapareció inmediatamente. Desde entonces este hombre se tornó en un creyente de lo milagroso y en un asistente "regular" a las reuniones de Hombres de Negocios. Cuando usted piensa que Dios no puede usarle debido a alguna circunstancia negativa, esta podría ser la ocasión precisa cuando El le sorprenda tomando el control de la situación. Dios trabaja mejor cuando reconocemos nuestra dependencia total de El.

## Manténgase alrededor de quienes lo están haciendo

Durante los primeros años, fui invitado a acompañar a algunas personas claves de los Hombres de Negocios en sus compromisos a predicar; esto aceleró my aprendizaje para ministrar en la manera sobrenatural de Dios. La primera persona fue Don Ostrom, el presidente del Capítulo en Seattle. Con el correr de los años, Don se convirtió en el maestro de muchos hombres. En un viaje a Brementon, para la reunión del capítulo de Washington en particular, Don me animó a que fuera sensible al Espíritu Santo y a que hiciera cualquier cosa a la que Dios me guiara. Esa fue la noche en que profeticé por primera vez en una reunión pública. Don me evaluó dándome consejos positivos y algunas sugerencias para la próxima vez que lo hiciera. Es reconfortante recibir observaciones de quienes nos han precedido en el ministerio. Así es como aprendemos a hacer bien las cosas. En el pasaje siguiente, los primeros discípulos recibieron el análisis de Jesús.

### Mateo 17:19-21

Se acercaron entonces los discípulos a Jesús y le preguntaron aparte: "¿Por qué nosotros no pudimos echarlo fuera?" Jesús les dijo: "Por vuestra poca fe. De cierto os digo que si tenéis fe como un grano de mostaza, diréis a este monte: 'Pásate de aquí allá', y se pasará; y nada os será imposible. Pero este género no sale sino con oración y ayuno".

## Haciendo lo que Jesús Hizo

En nuestro aprendizaje de cómo sanar a los enfermos, debemos ver cómo lo hace nuestro Maestro. Los discípulos fueron prontos en preguntarle a Jesús por qué sus esfuerzos en echar fuera un demonio no habían resultado. Jesús usó la situación para enseñarles una manera más segura de ministrar. Les dijo que se trataba de su poca fe y que debían practicar la oración y el ayuno.

### Busque mentores

Otro de mis mentores fue Steve Lightle, un hombre judío que se había entregado por completo a Jesús como cinco años antes que yo. Eventualmente se convirtió en el Coordinador Europeo para la Asociación Cristiana Internacional de Hombres de Negocios y vivió en Bruselas, Bélgica por varios años. El era un gran orador, usaba testimonios graciosos de sí mismo junto con historias milagrosas. No le agradaba viajar solo e invitaba a otros que lo acompañaran. El me invitó a acompañarlo a una reunión en Kent, Washington: este fue un punto de transformación en mi vida. El tenía una profecía para mí que confirmó mi llamado y futuro en el ministerio, lo cual ha sucedido exactamente como él lo profetizó.

## Sostuvo un dedo del pié y oró

Fue Steve quien llamó a una persona de regreso a la vida, cuyo corazón había dejado de latir. Sucedió durante una convención del Evangelio Completo en el centro de Seattle en el vestíbulo de un hotel. Yo atestigüé todo el episodio. Una mujer se desmayó y cayó en el piso del vestíbulo. Se hizo la llamada al 9–1–1 y de inmediato llegó la ambulancia. La conectaron a un monitor cardíaco el cual indicó que no había más latido. Steve logró ubicarse cerca de los pies de la señora. Nunca me olvidaré la manera en que tomó autoridad sobre la situación. El único lugar que podía alcanzar para "imponer las manos" era el dedo grande de un pié que sobresalía de la sábana del paramédico. Con valentía se asió de ese dedo y demandó que la vida regresara a ese cuerpo. ¡Y dio resultado! El monitor inmediatamente comenzó a emitir sonido. Los paramédicos se sintieron aliviados de que la máquina registrara un latido donde hacía un momento no lo había. La mayoría clasificaría este evento como un milagro, casi como el de resucitar a los muertos. Steve lo consideró como tal, aunque aún no la habían declarado clínicamente muerta. De cualquier modo, se demostró el poder de hablar palabras de vida que desatan el poder sanador de Dios, similar a lo que Pedro experimentó en Hechos 9.

### Hechos 9:40-41

Entonces, sacando a todos, Pedro se puso de rodillas y oró; y volviéndose al cuerpo, dijo: "¡Tabita, levántate!" Ella abrió los ojos y, al ver a Pedro, se incorporó. El le dio la mano y la levantó, entonces llamó a los santos y a las viudas y la presentó viva.

꙰

## Haciendo lo que Jesús Hizo

- Jesús fue el mentor de Pedro. Pedro había visto a Jesús resucitando a los muertos. Cuando llegó su oportunidad, él sabía qué hacer. Al igual que Jesús, Pedro oró primero, y luego asumimos que él recibió instrucciones del Padre acerca de qué hacer (vea Juan 5:19). Luego, llamó a la persona muerta por nombre y le ordenó que se levantara.
- Pedro había visto a Jesús tomar la mano de la hija de Jairo. Así que hizo lo mismo que Jesús, su mentor. Pedro le dio su mano y la levantó.
- Como Pedro obedeció lo que el Espíritu Santo quería que hiciera, toda duda e incredulidad se fueron de él para que pudiera hacer lo que Jesús le había enseñado, dando lugar a un milagro.
- Como Pedro fue obediente, el Señor se glorificó. Hechos 9:42 dice, "Esto fue notorio en toda Jope, y muchos creyeron en el Señor.

꙰

Steve fue la clase de mentor que ayudó a moldear mis técnicas ministeriales de principiante. El era bueno para improvisar técnicas ministeriales que pocos se atreverían a usar. El creía en un Dios creativo que honraría a cualquiera que operara espontáneamente de acuerdo con el consejo completo de la Biblia. Yo creo lo mismo hasta este día y ministro con la misma actitud. Una cosa que aprendí de Steve fue siempre darle a Dios la gloria y el crédito por las muchas victorias que se logran en el ministerio.

### Recibieron lo que creyeron que recibirían

Los oficiales de los Hombres de Negocios de cada región, siempre oraban que sucediera algo milagroso en cada reunión.

Invitaban a oradores que tenían ministerios personales que incluyeran demostraciones extraordinarias del poder de Dios. Se concentraban en hombres comunes que habían tenido un verdadero encuentro con un Dios milagroso. Estos hombres de negocios daban sus testimonios de cómo Dios había cambiado su vida. Siempre decían: "Dios no hace acepción de personas. Si lo hizo por mí, El lo hará por ti". Esto resultaba en reuniones muy emocionantes. Causaban asombro entre los escépticos, similar al que observamos en el pasaje bíblico siguiente:

### Hechos 4:13-14

Entonces viendo la valentía de Pedro y de Juan, y sabiendo que eran hombres sin letras y del vulgo, se admiraban; y les reconocían que habían estado con Jesús. Y viendo al hombre que había sido sanado, que estaba en pie con ellos, no podían decir nada en contra.

## Haciendo lo que Jesús Hizo

Siempre que damos testimonio de una sanidad auténtica, la boca de los escépticos se cierra y produce una atmósfera de fe hacia Dios. Manténgase siempre alerta a las oportunidades para compartir lo que Dios ha hecho, especialmente cuando usted o alguien que usted conoce es sanado.

Las reuniones de los Hombres de Negocios producían una atmósfera de fe y expectativa. Al final del mensaje del orador especial, se anunciaba que el Espíritu Santo estaba invitado a hacer lo que le pareciera. El orador siempre invitaba a los que quisieran aceptar a Cristo y muchos lo hacían. Luego invitaban a otros a recibir el bautismo del Espíritu Santo y oraban por los que necesitaban sanidad. Allí era cuando la mayoría de los milagros sucedían. Ellos recibían aquello por lo cual habían creído. Los líderes dependían de Dios para finalizar las reuniones. Los líderes de los Hombres de Negocios eran notorios por permitir que las reuniones se extendieran más del tiempo determinado. El tiempo no era importante debido a todo lo que estaba sucediendo. Estas reuniones eran similares a las de Pablo, tal como se describe en el pasaje siguiente:

**Hechos 20:7-12**
El primer día de la semana, reunidos los discípulos para partir el pan, Pablo que tenía que salir al día siguiente, les enseñaba, y alargó el discurso hasta la medianoche. Había muchas lámparas en el aposento alto donde se hallaban reunidos. Un joven llamado Eutico estaba sentado en la ventana, y rendido de un sueño profundo por cuanto Pablo disertaba largamente, vencido del sueño cayó del tercer piso abajo, y fue levantado muerto. Entonces descendió Pablo y se echó sobre él, y abrazándolo, dijo: "No os alarméis, pues está vivo". Después de haber subido, partió el pan, lo comió y siguió hablando hasta el alba; y luego se fue. Llevaron vivo al joven, y fueron grandemente consolados.

## Haciendo lo que Jesús Hizo

Jesús todavía quiere sanar a los enfermos aun cuando nuestras reuniones continúen hasta la medianoche. En este caso, ocurrió un milagro a la medianoche cuando todos estaban cansados. Dios nunca duerme. Podemos estar seguros de que Eutico estaba contento de que la reunión no hubiera sido despedida hasta después de que Pablo lo resucitara de los muertos.

## Continúe creyendo a pesar de las circunstancias

En 1978, después de una reunión particularmente emocionante de los Hombres de Negocios en Bellingham, Washington, uno de mis clientes, que me había escuchado hablar, me pidió que orara por su madre enferma en el hospital de Seattle. Todavía gozándome en la fe que hubo en la reunión dije: "Claro que me gustaría orar por ella. ¡Yo creo que ella será sanada!". De regreso a Seattle, fui a verla y la encontré en estado de coma. Eso no me importó. Había aprendido a no confiar en las circunstancias; tenía que dejar fluir mi fe y creer que Dios haría un milagro. Valientemente la ungí con aceite e hice la oración de fe. Cuando regresé al día siguiente, el cuarto estaba vacío. Comencé a regocijarme por lo que Dios había hecho; pensé que había sanado. Mi gozo pronto se tornó en consternación cuando la enfermera me informó de su fallecimiento durante la noche. Sentado en mi auto, le pregunté al Señor qué era lo que había sucedido. Parece que le oí decir: "Tú no sabes lo que yo sé. Solamente obedéceme y continúa haciendo lo que Yo te diga". Esa fue una gran lección que tuve que aprender. Mi obligación era obedecer al Señor y Su Palabra, orar, y dejar los resultados finales en las manos de un Dios misericordioso.

### La eternidad nos espera a todos

Cuando los cristianos expiran, inmediatamente entran al destino glorioso prometido por el Señor Jesucristo, ¡a la eternidad con El! Desde la perspectiva de la eternidad, la muerte de un cristiano es la consumación de la promesa de vida eterna donde no hay más muerte, llanto, tristeza o dolor. Nuestra responsabilidad es orar por quienes nos piden oración, incluyendo a quienes tal vez estén agonizando. Nuestra meta debe ser dirigirlos a una relación con Jesucristo antes de que expiren. Todos deberían tener la oportunidad de entrar a la promesa gloriosa de vida eterna.

### Comience con algo fácil

En nuestro aprendizaje sobre cómo sanar a los enfermos, a veces debemos comenzar con algo que pareciera no requerir de mucha fe. Oraciones por dolores de cabeza, fiebres altas, dolores de cuello o de espalda tal vez sean más fáciles de hacer que orar por gente que se halla en agonía debido a un cáncer incurable. Toda sanidad es fácil para Dios. Sin embargo, al cristiano que nunca ha orado por los enfermos, le sugiero comenzar con algo como lo que se cita en el pasaje siguiente.

**Lucas 4:38-39**
Entonces Jesús se levantó, salió de la sinagoga y entró en casa de Simón. La suegra de Simón tenía una gran fiebre; y le rogaron por ella. E inclinándose hacia ella, reprendió a la fiebre; y la fiebre la dejó, y levantándose ella al instante, les servía.

## Haciendo lo que Jesús Hizo

Este es un gran ejemplo de cómo muchos cristianos comienzan a sanar los enfermos. Hágalo como Jesús lo hizo:

- Responda a cualquier persona que le pida que ore por su sanidad dirigiéndose al lugar donde se encuentra.
- Tome control de la situación yendo directamente a la persona enferma.
- Reprenda la fiebre, enfermedad, o dolor hablando al área de problema en el nombre de Jesucristo.
- Actúe la oración que acaba de hacer animando a la persona que haga algo que no podía hacer antes debido a la enfermedad o dolor. Por ejemplo: Tómele de la mano, haga que se levante y continúe su rutina diaria.

> • Manténgase a la espera de que la fiebre, enfermedad o dolencia se vaya de la persona en cualquier momento. Eventualmente, la sanidad se manifestará.

## El codo torcido

Durante ese mismo año, tuve un encuentro sorpresivo que nunca olvidaré. Como a las 2:00 p.m. de una tarde invernal, recibí una llamada del presidente de los Hombres de Negocios en Kelowna, B.C., Canadá. Me pidió que hallara la manera de ir de Seattle a Kelowna a las 7:00 p.m. para hablar en una reunión nocturna. No había podido encontrar a un orador apto en Canadá y me llamó a último momento debido a su desesperación por contar con un orador para la cena. La persona que habían escogido no sabía que tenía otra obligación el mismo día y llamó para cancelar un día antes del evento. Después de una serie de milagros, Larry Day, presidente del capítulo de Bellevue, contrató un Cessna 210 de su club aéreo en Boeing Field. El era un buen piloto, y llegamos a la reunión cuando apenas había finalizado el tiempo de la alabanza. Subimos a la plataforma justo a tiempo para ser presentados. El lugar estaba completamente lleno debido a la reputación del orador que habían anunciado anteriormente. Dios tenía algo planeado y quería que nosotros tuviéramos parte en ello.

Larry dio un breve pero fascinante testimonio acerca de Jesús sanando a los enfermos. Luego yo hablé de sanidades similares. El resultado fue que cerca de una docena de personas recibieron a Cristo y se formaron tres líneas para recibir sanidad; una frente a Larry, otra frente a los oficiales del capítulo, y otra frente a mí. Uno por uno, comenzamos a orar por los enfermos y afligidos. La sanidad milagrosa que jamás olvidaré fue la de una joven que se había caído en su niñez fracturándose el brazo a la altura del codo y no lo podía enderezar; estaba permanentemente torcido. Ella me pidió que orara por su brazo. Como Pablo en Hechos 14, la miré directamente y vi algo en el Espíritu.

### Hechos 14:8-10

Cierto hombre de Listra estaba sentado, imposibilitado de los pies, cojo de nacimiento, que jamás había
andado. Este oyó hablar a Pablo, el cual, fijando en
él sus ojos y viendo que tenía fe para ser sanado, dijo
a gran voz: "¡Levántate derecho sobre tus pies!" El
saltó y anduvo.

## Haciendo lo que Jesús Hizo

- Siempre que estemos predicando, enseñando, o
  testificando acerca del deseo que el Señor tiene
  de sanar a la gente, debemos ser muy sensibles
  a los oyentes.
- Debido a la habilidad de la Palabra para penetrar
  en el corazón de la gente, la fe aumentará en
  quienes necesitan sanidad.
- El Espíritu Santo está haciendo la obra poderosamente cuando la Palabra es predicada. Haga una
  pausa y permita que El hable acerca de alguien
  que necesite sanidad.
- Cuando esté observando a su alrededor, el Espíritu
  Santo le puede permitir que "vea" a los que tienen
  fe para ser sanados.
- Nosotros "vemos a través de los ojos del Espíritu"
  cuando El nos dice: "¡Aquel que está allá...llámalo
  y dile que se ponga de pie!".
- Cuando el Espíritu Santo inicia la ministración,
  siempre son sanados.

### Yo ví que tenía fe para ser sanada

Le dije, "¿Crees que Dios te puede sanar el brazo cuando
ore?". Sin ninguna duda, ella me miró a los ojos con tanta fe que
yo sabía que iba a ocurrir un milagro. Me dijo, firmemente "¡Sí,

lo creo!" Rápidamente me puse de acuerdo con ella. Le dije, "¡En el nombre de Jesús, brazo, enderézate!". Ella, su madre y yo comenzamos a maravillarnos mientras Dios poco a poco enderezaba su brazo dejándolo parejo con el otro. Se oyó un pequeño tronar de huesos cuando su brazo entró en posición normal. Ella lloró de gozo. Su madre comenzó a llorar. Las lágrimas inundaron mis ojos. Hasta ese momento yo no había atestiguado un milagro de sanidad tan maravilloso. Este fue un caso en que su fe la sanó. Fue similar a lo que Jesús hizo en Marcos.

### Marcos 3:1-6

Otra vez entró Jesús en la sinagoga. Había allí un hombre que tenía seca la mano. Y lo acechaban para ver si lo sanaría en sábado, a fin de poder acusarlo. Entonces dijo al hombre que tenía la mano seca: "Levántate y ponte en medio". Y les preguntó: "¿Es lícito en los sábados hacer bien, o hacer mal; salvar la vida, o quitarla?" Pero ellos callaban. Entonces, mirándolos con enojo, entristecido por la dureza de sus corazones, dijo al hombre: "Extiende tu mano". El la extendió, y la mano le fue restaurada sana. Salieron entonces los fariseos y se confabularon con los herodianos para destruirlo.

### Haciendo lo que Jesús Hizo

Pueden surgir situaciones cuando el Espíritu Santo le urja a orar por los enfermos frente a líderes religiosos que no creen en la sanidad. Cuando se trata de la sanidad divina, nosotros debemos obedecer a Dios en vez de a los hombres. Dios quiere que sanemos a los enfermos en vez de argumentar si la sanidad es apropiada en la iglesia.

Yo vi en sus ojos que ella tenía fe para ser sanada. Entonces fue cuando dije en voz alta: "Brazo, ¡enderézate!" Yo no tuve ninguna revelación de lo que Dios quería hacer hasta que ella demostró una fe firme por su propia confesión mientras fijaba sus ojos en Jesucristo como su Sanador.

## Descubriendo lo auténtico

A medida que (John) continué creciendo en fe y entendimiento, Dios siguió confirmando Su Palabra con señales y prodigios. Para fines de de la década de los años 70 y comienzos de la siguiente, fui descubriendo la importancia de operar en el don de conocimiento por revelación. Este parece ser el ingrediente del que carecen muchos ministros que buscan operar en la arena sobrenatural de Dios. Jesús promete hablar a todo creyente que busque una relación personal con El. Esto se hizo evidente al comprender que las sanidades milagrosas eran más frecuentes cuando obedecía la voz de Dios y hacía lo que me revelaba.

Observé de cerca los métodos que otros empleaban al orar por los enfermos; algunos parecían obrar por revelación, otros no. Noté particularidades en estilo y maneras que, en ocasiones, eran sospechosas. Parecía ser que estaban usando lo que les había dado resultado en el pasado en vez de lo que Dios quería que hicieran en ese momento. Yo necesitaba tomar el consejo de Pablo a los Tesalonicenses.

### 1 Tesalonicenses 5:19-21

No apaguéis al Espíritu. No menospreciéis las profecías. *Examinadlo todo* y retened lo bueno.

### Lucas 9:49-50

Entonces respondiendo Juan, dijo: "Maestro, hemos visto a uno que echaba fuera demonios en tu nombre; y se lo prohibimos, porque no sigue con nosotros". Jesús le dijo: "No se lo prohibáis, porque el que no está en contra de nosotros, por nosotros está".

## Haciendo lo que Jesús Hizo

- Jesús nos concede más gracia de la que nosotros concedemos a otros. Sólo porque un ministro despliegue un estilo diferente para sanar a los enfermos, no debemos descontarlo por no ser ortodoxo.
- Jesús nos recuerda que examinemos el fruto de su presentación. ¿La gente está siendo sana genuinamente? ¿Le dan a Dios toda la honra? ¿Hay salvaciones? Los conoceremos por su fruto.
- Manténgase al lado de Jesús siguiendo Sus ejemplos de la Palabra escrita.

Después de examinar cuidadosamente todo, pude discernir que quienes hacían lo que Dios les estaba revelando al momento, estaban cosechando milagros auténticos y duraderos entre las personas a quienes ministraban. Los que actuaban conforme a su propia fe o basados en experiencias pasadas estaban obteniendo resultados, pero no al grado de los que operaban por revelación. Esto se convirtió en una realidad sólida cuando comencé a participar en los "circuitos".

### Haciendo los "circuitos"

Para 1980, fui invitado para predicar en más y más reuniones de los Hombres de Negocios en el oeste de Estados Unidos y Canadá. Debido a mi cambio de profesión, yo estaba disponible para predicar en múltiples jornadas de tres a cinco días por viaje. Nosotros las llamábamos reuniones de "circuito". Al hacer una mirada retrospectiva, comprendo que me invitaban más por mi disponibilidad que por mi reputación como gran orador. Pero de cualquier modo, uno de los "circuitos" más memorables que pude hacer fue en el noreste del estado de Washington.

## Mantuve un diario de lo que acontecía

Fui invitado a predicar en tres diferentes lugares: uno localizado en Sandpoint, Idaho; otro en Colville, Washington; y otro en Newport, Washington. Cada uno tenía sus reuniones en la misma semana (martes, jueves, y sábado por la noche). La razón por la cual este viaje ha sido memorable se debe a que en todos esos años, fue el único del que escribí todo lo acontecido en un diario. Si uno no mantiene un diario, pronto se olvida de las cosas maravillosas que Dios hace. A continuación, hago un resumen de algunos de esos eventos memorables. El orden de las reuniones era siempre el mismo: una cena tipo buffet, una gran alabanza, unos cuantos testimonios breves, luego el orador especial daba su testimonio haciendo un llamamiento al altar para salvación, el bautismo del Espíritu Santo, y sanidad. Yo seguí este formato en cada reunión.

El martes por la noche en Sandpoint, Idaho, hubo un ambiente de ministerio calmo. Dos hombres fueron salvos, una pareja fue bautizada con el Espíritu Santo, y Dios quitó los dolores de cabeza, cuello, espalda y oídos de cinco personas. Cuando leo las siguientes Escrituras, casi puedo imaginarme la historia.

### Lucas 6:17-19

Descendió con ellos y se detuvo en un lugar llano, en compañía de sus discípulos y de una gran multitud de gente de toda Judea, de Jerusalén y de la costa de Tiro y de Sidón que había venido para oírlo y para ser sanados de sus enfermedades; también los que habían sido atormentados por espíritus impuros eran sanados. Toda la gente procuraba tocarlo, porque poder salía de él y sanaba a todos.

### Haciendo lo que Jesús Hizo

• Siempre que se nos pide ir y hablar de las maravillas que Dios está haciendo, debemos pedirle al

Señor que Su unción se manifieste en el lugar de la reunión. Sin la presencia dinámica del Señor, no sucederá mucho.

- Debido a las noticias de que El estaba sanando a los enfermos, las multitudes vinieron a Jesús, esperando que sucedieran grandes cosas. Las sanidades milagrosas son la mejor propaganda para hacer que las multitudes vengan.

- El poder del cual hablamos aquí es la presencia tangible del Señor en manifestación plena. Cuando esto comienza a suceder, hay que moverse rápido y ministrar a cuantas personas sea posible, manteniendo el flujo de revelación del Espíritu Santo.

- Tenga cuidado con las personas que tienen espíritus religiosos y lo presenten diciendo que usted es especial. Evite que otras personas le "inflen el ego" con alabanzas por lo que está sucediendo.

- Responda haciendo que todos alcen sus manos y den gloria y alabanza al Señor Jesucristo por lo que El está haciendo.

La reunión del jueves por la noche en Colville fue una experiencia que nunca olvidaré. Yo había orado que Dios me usara de alguna manera para Sus propósitos. No fui decepcionado. Cuando llegué a la mitad de mi testimonio, el Señor comenzó a interrumpir mis pensamientos con imágenes, palabras, y una fuerte atracción hacia ciertas personas. Al finalizar mi testimonio, el Espíritu Santo trajo a mi mente a cada persona a quien El quería que yo ministrara. Di el paso valiente de obedecer, aún cuando no estaba seguro de lo que sucedería. La primera alusión fue tan fuerte que no me quedó más que obedecer.

## El radar del Espíritu Santo

Al observar al grupo de más o menos ochenta personas, el Espíritu Santo dirigió mi atención a un hombre de mediana edad y me dijo, "El no es salvo. Acércate y pregúntale si quiere aceptar a Cristo". Yo obedecí. El y su esposa dijeron: "ambos queremos". Les tomé de las manos, e hicimos la oración de arrepentimiento ahí mismo en su mesa. Después, con lágrimas en los ojos y sonrisas, gozaron del resto de la reunión. Un jovencito dio su corazón al Señor también.

## El perrito blanco y pequeño

Había un silencio de expectativa, y el temor del Señor cayó sobre todos en el salón; todos tenían sus ojos fijos en mí. Cuando el don de fe se hizo presente, el Espíritu Santo me reveló la imagen de una mujer con un bastón, que tenía un perrito blanco sujeto a una correa. Con la imagen vinieron las palabras: "Yo la sanaré cuando venga para que se ore por ella". Yo repetí esto a los oyentes y una anciana con un bastón se puso de pie; su esposo la ayudó a pasar al frente lentamente. Le costaba estar de pie y me dijo que sufría de angina incurable de la garganta y debilidad del corazón; apenas podía funcionar. Pero ella creyó que Dios la quería sanar. Ambos nos pusimos de acuerdo y mientras colocaba mi mano sobre su hombro, una corriente de poder la atravesó. Inmediatamente levantó las manos, arrojó el bastón al piso y comenzó a caminar de un lado a otro, alabando y magnificando a Dios a toda voz, por haberla sanado instantáneamente.

## Clavícula sanada

Un hombre pasó al frente con su brazo en un cabestrillo. El dijo que se había caído fracturándose la clavícula. No podía levantar el brazo. Le pregunté, "¿Cuándo le sanará Dios?" Y me respondió, "¡Ahora mismo!". Le puse las manos en la clavícula fracturada y le dije, "Estoy de acuerdo. ¡En el nombre de Jesús, reciba su sanidad!". Inmediatamente levantó el brazo, se quitó el cabestrillo, y se fue completamente sano.

## Un nervio dañado es reparado

Un joven se paró frente a mí y me dijo que una enfermedad lo había dejado completamente sordo de su oído derecho. El doctor le había dicho que el nervio parecía haber sufrido daño y no había nada que él pudiera hacer. Al hablar conmigo, el Espíritu Santo creó una imagen en mi mente. Me vi escupiendo en mi dedo, luego poniéndolo en su oído y ordenando que recuperara la audición, entonces hice lo que vi en el Espíritu. El estaba algo sorprendido cuando descubrió que podía oír perfectamente con ambos oídos.

## La niñita en el columpio

Una joven y su esposo vinieron a mí pidiendo oración por su matrimonio. Me dijeron que estaban teniendo mucha dificultad en sus momentos de intimidad. No tenía idea de cómo orar por ellos. Así que les pregunté: "¿Les importaría que ore en mi lenguaje espiritual? A veces el Espíritu Santo me dice cómo orar". Me dijeron que estaba bien. Empecé a orar en lenguas con mis manos sobre sus hombros y el Señor me mostró una imagen de una niñita feliz en un columpio. También vi la figura negra de un adulto que vino por detrás, llevándosela hacia unos arbustos. Escuché las palabras, "Su padrastro la violó. Ordena que el espíritu inmundo se vaya". Yo le repetí esto a la joven y ella comenzó a llorar incontrolablemente mientras le decía lo que el Señor me había revelado. Cuando ordené que el espíritu inmundo se fuera, de inmediato comenzó a sonreír, a regocijarse, y a alabar a Dios porque ese sentir "feo" se apartó de ella. Después vi que salieron de la reunión, contentos, abrazándose y con amplias sonrisas en sus rostros.

El sábado por la noche en una reunión de Hombres de Negocios en Newport, Washington, tres personas dieron su vida a Cristo. Un hombre vino con un dolor severo en los hombros. En una oración él fue sano y lleno con el Espíritu Santo. Se fue alabando a Dios en un lenguaje nuevo. Dos mujeres y un joven también fueron sanos de dolores en sus cuerpos. Todos regresaron a sus hogares alabando a Dios por demostrar Su presencia con señales y prodigios en estas reuniones.

Aunque estas reuniones eran espectaculares, demostraban como Dios podía manifestarse a Sí mismo salvando, sanado y llenando a la gente con el Espíritu Santo. Ahora, al mirar hacia atrás, recuerdo que la intensidad de la presencia de Dios dependía en gran parte del nivel de nuestra intercesión y de la obediencia a lo que veíamos en el Espíritu. Yo pasé de ser una persona sorprendida a una persona a la expectativa de que Dios se moviera de una manera auténtica. Muy similar al relato en Juan 5, la gente reunía a sus amigos y familiares enfermos e iban doquiera estuvieran ocurriendo las sanidades. A final de cuentas ellos descubrían que Jesucristo era la fuente de toda sanidad.

### Juan 5:2-9

Hay en Jerusalén, cerca de la Puerta de las Ovejas, un estanque, llamado en hebreo Betesda, el cual tiene cinco pórticos. En estos yacía una multitud de enfermos, ciegos, cojos y paralíticos, que esperaban el movimiento del agua, porque un ángel descendía de tiempo en tiempo al estanque y agitaba el agua; el que primero descendía al estanque después del movimiento del agua quedaba sano de cualquier enfermedad que tuviera. Había allí un hombre que hacía treinta y ocho años estaba enfermo. Cuando Jesús lo vio acostado y supo que llevaba ya mucho tiempo así, le dijo: "¿Quieres ser sano?" El enfermo le respondió: "Señor, no tengo quien me meta en el estanque cuando se agita el agua; mientras yo voy, otro desciende antes que yo. Jesús le dijo: "Levántate, toma tu camilla y anda". Al instante aquel hombre fue sanado, y tomó su camilla y anduvo. Era sábado aquel día.

### Haciendo lo que Jesús Hizo

- Antes de orar por una persona con una enferme-
  dad crónica, entrevístela para determinar si tiene
  fe que Dios la puede sanar.
- Manténgase sensible a lo que el Espíritu Santo
  quiere que haga. Obedezca a lo que El diga.
- Pregúntele lo que Jesús le preguntó al hombre,
  "¿Quieres ser sano?".
- Escuche cualquier tipo de respuesta que refleje fe.
- Finalmente, pregúntele *cuándo* quiere que Dios
  le sane. Cuando le escuche decir, "ahora", inmediatamente póngase de acuerdo con ella en que
  Dios va a empezar el proceso de sanidad y que
  continuará restaurándole a completa salud de
  acuerdo con el tiempo de Dios.
- A veces Dios sana de inmediato; siempre deje los
  resultados a Dios.

### Sólo haga lo que Dios le diga

A medida que fui descubriendo lo que es auténtico, aprendí una lección muy importante que cada evangelista debería saber. Nunca se adelante al Espíritu Santo durante su ministración pública. Fui invitado a hablar en Aberdeen, Washington en la reunión mensual de ese sector. Yo invité a otro evangelista para que me acompañara. Nos sentíamos orgullosos y muy importantes de que nuestro amigo Larry nos transportara en su avión Cessna desde el Club de Vuelo Boeing. Tal vez ese fue el error que provocó lo que sucedió después. Al comenzar a descubrir lo que es auténtico, Dios estaba por enseñarme la obvia distinción entre ministrar con presunción y operar bajo Su guía.

Justo antes de comenzar a hablar, mi amigo evangelista llamó mi atención hacia un hombre en silla de ruedas. Me dijo,

"Siento que tenemos que ministrarle sanidad a ese hombre y hacerlo que se levante de la silla de ruedas". A mí me pareció que sería algo grandioso que eso sucediera. Así que di la oportunidad de que lo acercaran al frente para que pudiéramos ministrarle. Ambos le ordenamos que se levantara y caminara. El no se podía levantar, así que tratamos de levantarlo para hacer que moviera sus piernas. El se cayó; afortunadamente en la silla de ruedas. Tratamos de salvar la reunión cantando unos cuantos coros más. No sirvió de nada. La reunión había llegado a su fin. Nos fuimos avergonzados, y no aceptamos la ofrenda acostumbrada. No hablamos mucho en el vuelo de regreso.

**Aprendemos cometiendo errores.**

¡Oiga las instrucciones de Dios, no las del hombre! Haga únicamente lo que el Espíritu Santo le diga que haga. Lo que a nosotros nos parece bien, tal vez no lo sea en el tiempo de Dios. Si usted no tiene una revelación directa de lo que debe hacer, pregunte siempre a la persona en la silla de ruedas lo que ella cree que Dios quiere hacer por ella. Luego póngase de acuerdo en oración al nivel de su fe. Si quiere que se le quite un dolor de cabeza, llegue hasta allí solamente. Cuando Dios quiera que le ordenemos que se levante y camine, El nos dirá cómo y cuándo. El Espíritu Santo no honra el fervor religioso que nace de la carne. Jesús nos ilustra esto en el siguiente pasaje cuando les preguntó a los ciegos lo que querían que él hiciera por ellos.

### Mateo 20:29-34

Al salir ellos de Jericó, lo seguía una gran multitud.
Y dos ciegos que estaban sentados junto al camino, cuando oyeron que Jesús pasaba, clamaron, diciendo: "¡Señor, Hijo de David, ten misericordia de nosotros!"
La gente los reprendía para que callaran, pero ellos clamaban más, diciendo: "¡Señor, Hijo de David, ten misericordia de nosotros!" Jesús, deteniéndose, los llamó y les dijo: "¿Qué queréis que os haga?" Ellos

le dijeron: "Señor, que sean abiertos nuestros ojos".
Entonces Jesús, sintiendo compasión, les tocó los ojos,
y en seguida recibieron la vista y lo siguieron.

## Haciendo lo que Jesús Hizo

- El Espíritu Santo inició la sanidad de los ciegos por revelación.
- Note que Jesús les preguntó, "¿Qué queréis que os haga?" Jesús ya sabía lo que el Padre quería hacer, pero El estaba probando la fe de esas personas para ser sanos. Nosotros debemos hacer lo mismo. Habrá ocasiones en que nos parezca obvio lo que se necesite hacer.
- Otras, debemos preguntar lo que creen que Dios quiere hacer por ellos. No debemos tratar de ir más allá de lo que las personas creen que Dios hará por ellas.
- Cristo tocó sus ojos. Cuando sea propio, nosotros también debemos imponer las manos en la parte del cuerpo que necesita sanidad, por supuesto, usando discreción.
- En Lucas 18:35-43, Jesús *habló* la respuesta al problema. "¡Recíbela, tu fe te ha salvado!" Nosotros debemos hacer lo mismo.
- "Sintiendo compasión". Cuando alguien viene de corazón, seriamente buscando su sanidad, nosotros también sentiremos compasión.
- Los hombres recibieron su vista de inmediato. El período de tiempo siempre depende del Señor, no de nosotros. Nosotros siempre oramos confiando que sí va a suceder. No debemos sorprendernos si toma tiempo que la sanidad se manifieste.

## Mi primer viaje misionero

En 1979 Dios causó que un hombre de negocios pagara mi boleto de vuelo a Seúl, Corea. Yo iba a ser parte de un equipo de cuatro hombres representando a la Asociación Internacional Cristiana de Hombres de Negocios Americanos en la Conferencia Asiática Anual de Laicos Cristianos. Mi compañero de cuarto fue un anciano guerrero de oración, Gil Bean, de Seattle. Otros dos evangelistas de California completaban nuestro equipo. Un israelita, Slomo Isaac, de Jerusalén, era uno de los oradores principales. Durante su sermón, el Señor me llamó a las "naciones". Cuando él me miró, yo quedé absorto, sólo pudiéndole oír decir, "¡Tú irás a las naciones del mundo!" Yo escuché la voz del Señor hablando autoritativamente a través de este hombre que nunca había conocido antes. Estaba clavado en mi asiento, pensando qué querría decir con esto. Rápidamente escribí sus palabras en una servilleta que mantengo en mi diario profético hasta la fecha.

Ellos habían hecho arreglos para que cada uno de nosotros predicara. Gil y yo teníamos que ir a dos lugares. El primer domingo por la mañana, era en una iglesia presbiteriana. El segundo domingo, era un servicio en una iglesia pentecostal de unas doscientas personas. ¡Qué contraste! En ambas predicaban a Jesucristo como Salvador, pero la iglesia pentecostal esperaba que Dios se moviera sobrenaturalmente en cada servicio. Yo no lo sabía, aunque había sido anunciado como el predicador oficial de esa mañana.

## Sucedió lo inesperado

Preparé un lindo sermón de tres puntos acerca de la gracia y el amor de Dios. Gil oró que el Espíritu Santo hiciera lo que El quisiera sin importar lo que fuera. Yo hice lo mejor que pude a través de un intérprete coreano, pero se notaba que esperaban algo más. Los miembros estaban sentados en el piso, mientras los pastores estaban sentados en sillas grandes sobre la plataforma. Cuando terminé, ellos se mostraron muy amables y parecía que les había agradado lo que dije; luego, sucedió algo inesperado. El pastor principal hizo un cierto anuncio de invitación para que la gente pasara al frente. Toda la iglesia se puso de pie, y comenzó a avanzar hacia la plataforma.

Gil hizo que me acercara al centro de la plataforma y me dijo al oído, "Me acaban de informar que esta reunión se anunció como servicio de sanidad; se supone que tú y yo estamos aquí para sanar a los enfermos". "¿Qué?" le contesté. Gil me dijo, "¿Trajiste tu aceite?". Le respondí, "Solo tengo esta botellita en mi llavero". "Olvídate del aceite. Ya es muy tarde", me indicó. A lo cual manifesté: "¿Cómo voy a saber por qué orar?" Gil me dijo: "No les puedes entender, y ellos no saben lo que estás orando tampoco. Pero Dios lo sabe. Así que empieza a orar en lenguas y pasa por toda la línea imponiendo tus manos sobre cada uno. Yo comenzaré por este lado; tú empieza por el otro. ¡Manos a la obra!".

### No podíamos orar lo suficientemente rápido

Así no se hacen las cosas en Estados Unidos. Gracias a Dios por los años de experiencia que Gil tenía con los asiáticos. Rápidamente fui hacia la derecha, y Gil a la izquierda. Venían como pajarillos hambrientos, cuando la mamá llega al nido con el alimento. Estaban apretados y empujándose hacia las gradas del altar; de pronto me hallé contra la pared y con la bandera coreana sobre mi rostro. No podíamos orar por ellos lo suficientemente rápido. Cuando lo hacía, caían bajo el poder de Dios, obstaculizando el paso para la siguiente ola de personas que necesitaba sanidad. ¡Fue la reunión de sanidad más extraña que jamás había visto—y se suponía que yo estaba a cargo!".

Traté de usar mi botellita con aceite pero se me acabó como en cinco minutos. A ellos no les importó. Había tal atmósfera de fe que no importaba cómo oráramos, ellos sabían que Dios los iba a sanar. Todo lo que teníamos que hacer era tocarlos o permitir que nos tocaran. Estábamos experimentando lo mismo que Jesús en Marcos 3.

**Marcos 3:9-10**
Entonces dijo a sus discípulos que le tuvieran siempre lista la barca, para evitar que la multitud lo oprimiera, pues, como había sanado a muchos, todos los que tenían plagas se echaban sobre él para tocarlo.

## Haciendo lo que Jesús hizo

- Las multitudes grandes pueden causar problemas. Tenga un plan y utilice a otras personas para controlar el gentío.
- Siempre dé toda la honra y la gloria al Señor por sanar a los enfermos.
- Evite a cualquiera que trate de "inflarle el ego" alabándole por lo que ocurrió.
- La Biblia dice, "En el crisol se prueba la plata, en el horno el oro, y al hombre la boca del que le alaba". (Proverbios 27:21)

### La clave fue la intercesión

Todavía estábamos orando por los enfermos cuando los líderes nos tomaron del brazo, sacándonos por la puerta del costado para llevarnos a almorzar. Fuimos informados en el almuerzo que toda la iglesia había estado orando y ayunando para un derrame del poder milagroso de sanidad en esa reunión. Con razón tuvimos esa grandiosa experiencia. ¡Fue por la oración de intercesión! Esto era algo que los coreanos habían hecho por décadas. En comparación con los americanos, ellos sí sabían cómo quebrar las barreras de incredulidad e invitar la presencia y el favor de Dios. Nosotros fuimos participantes de su recompensa por casualidad. El precio ya se había pagado—de rodillas.

## Embajadores de Cristo Internacional

EN 1979, EL SEÑOR me dio la visión de lo que Sonja y yo estamos haciendo ahora. Durante un tiempo de oración intensiva, el Señor me hizo ver una brillante puesta de sol al oeste de Seattle, Washington. En los rayos del sol, yo vi las palabras, "Embajadores de Cristo".

**2 Corintios 5:20**

Así que, somos embajadores en nombre de Cristo, como si Dios rogara por medio de nosotros; os rogamos en el nombre de Cristo: Reconciliaos con Dios.

### Haciendo lo que Jesús Hizo

Somos embajadores de Cristo con autoridad delegada y poder para hacer lo que Jesús hizo. El selló nuestro puesto de embajadores con Su sangre.

### Un hacedor de Timoteos

Cuando quedé absorto con la visión, el Señor dijo, "Ustedes entrenarán a embajadores para Mí, y ellos irán a todo el mundo. Prepárense para la tarea". Esa visión fue confirmada una y otra vez en las reuniones y conferencias de los Hombres de Negocios. La misma palabra profética se hizo común en nuestra vida. "Ustedes serán hacedores de Timoteos; afectarán a las naciones. Ustedes han sido llamados a preparar a los santos para la obra del ministerio; harán esto juntos, como equipo". Continuamos regocijándonos y dando gracias al Señor por todas esas palabras de confirmación a través de muchos años. Hoy, sabemos con seguridad que estamos en el centro de la voluntad de Dios. Y queremos mantenernos allí.

Sonja y yo contábamos con grados de licenciatura en ciencias de administración de empresas. Pero cuando recibimos la visión inicial, ninguno de los dos contábamos con una educación teológica formal. Leímos todos los libros que podíamos hallar acerca del poder sobrenatural de Dios. Yo me matriculé en un curso bíblico por correspondencia, ganando un diploma en algo más de un año. En los años siguientes, asistí a cada seminario ministerial cristiano, seminario eclesiástico, conferencia, cruzada y función de los Hombres de Negocios en el área de Seattle. La sanidad de los enfermos generalmente era parte de estas conferencias. Después Sonja y yo asistimos al seminario en Regent College en Vancouver, B.C., Canadá, como nos aconsejó el Dr. Larry Sheton, quien era decano jubilado de la escuela de Religión Seattle Pacific University. A la vez, comenzamos a activar ministrando en nuestra iglesia local. Sonja enseñaba la clase de los creyentes nuevos, y yo me convertí en miembro del equipo pastoral enseñando varias clases; todas haciendo referencia a la capacitación de los creyentes para el ministerio. Ambos estábamos ocupados semanalmente en el ministerio de oración del altar de nuestra iglesia.

Comenzamos a ministrar en otras iglesias en el área de Seattle y eventualmente por todo el noroeste de los Estados Unidos. Participamos en grandes eventos evangelísticos que tomaban lugar en el área. Con frecuencia, dirigíamos los equipos de oración y ministración para estos ministerios visitantes. La sanidad era el enfoque principal del ministerio en la mayoría de estas reuniones. Continuamos atestiguando milagro tras milagro. Ya no nos sorprendía cuando Dios sanaba a los enfermos. Estábamos experimentando el movimiento genuino de Dios y esperábamos que El continuara sanando a los enfermos. La gente que venía para recibir sanidad tenía una gran expectativa al igual que el centurión en el pasaje siguiente:

### Lucas 7:1-10

Después que terminó todas sus palabras al pueblo que lo oía, entró en Capernaum. Y el siervo de un centurión, a quien este quería mucho, estaba enfermo y a punto de morir. Cuando el centurión oyó hablar de Jesús, le envió unos ancianos de los judíos, rogándole que viniera y sanara a su siervo. Ellos se acercaron a Jesús y le rogaron con solicitud, diciéndole: "Es digno de que le concedas esto, porque ama a nuestra nación y nos edificó una sinagoga". Jesús fue con ellos. Pero cuando ya no estaba lejos de la casa, el centurión envió a él unos amigos, diciéndole: "Señor, no te molestes, pues no soy digno de que entres bajo mi techo, por lo que ni aun me tuve por digno de ir a ti; pero di la palabra y mi siervo será sanado, pues también yo soy hombre puesto bajo autoridad, y tengo soldados bajo mis órdenes, y digo a este: "Ve", y va; y al otro: "Ven", y viene; y a mi siervo: "Haz esto", y lo hace. Al oír esto, Jesús se maravilló de él y, volviéndose, dijo a la gente que lo seguía: "Os digo que ni aun en Israel he hallado tanta fe". Y al regresar a casa los que habían sido enviados, hallaron sano al siervo que había estado enfermo.

## Haciendo lo que Jesús Hizo

- Siempre que nos encontremos con alguien que tiene fe en Jesucristo como su Sanador, se hace mucho más fácil convenir con la persona para que reciba su sanidad. Sus ojos están en Cristo y no en nosotros.
- Si hacemos únicamente lo que vemos hacer al Padre (igual que Jesús), entonces veremos la manifestación de lo que El quiere hacer. Solamente hay que decir la palabra y será hecho.
- Si el Padre nos dice, "Ve, ven, haz esto, o haz aquello..." y le obedecemos, ¡entonces Sus órdenes serán respaldadas por el poder y la autoridad de Dios mismo! Usted puede estar seguro que las palabras y las órdenes serán cumplidas. Esto es operar en gran fe. Usted estará operando en el don de fe que viene por obedecer lo que el Padre le está diciendo a través del Espíritu Santo.

## La experiencia nos convenció

A mediados de la década de los años ochenta, nuestra fe en la sanidad de Dios era firme. Fuimos testigos de tantas sanidades auténticas que ya no podíamos negar la verdad fundamental de que Dios está dispuesto a sanar a los que vienen a El con fe. Para entonces ya podíamos discernir la diferencia entre lo genuino y lo falso. Pero para que fuera auténtico, animábamos a los que estaban convencidos de que su sanidad estaba "en proceso", a que fueran a recibir confirmación de la comunidad médica. Cuando regresaban con su buen reporte, todos nos regocijábamos en su milagro auténtico. Esto se ilustra en Lucas 17.

### Lucas 17:12-19

Al entrar en una aldea, le salieron al encuentro diez hombres leprosos, los cuales se pararon de lejos y alzaron la voz, diciendo: "¡Jesús, Maestro, ten misericordia de nosotros!" Cuando él los vio, les dijo: "Id, mostraos a los sacerdotes". Y aconteció que, mientras iban, quedaron limpios. Entonces uno de ellos, viendo que había sido sanado, volvió glorificando a Dios a gran voz, y se postró rostro en tierra a sus pies dándole gracias. Este era samaritano. Jesús le preguntó: "¿No son diez los que han quedado limpios? Y los nueve, ¿dónde están? ¿No hubo quien volviera y diera gloria a Dios sino este extranjero?" Y le dijo: "Levántate, vete; tu fe te ha salvado".

### Haciendo lo que Jesús Hizo

• Las personas con enfermedades incurables no son diferentes para Dios de las que sólo tienen un dolor de cabeza; todas las sanidades son fáciles para Dios.

- La clave es su fe en Jesús como su Sanador. Los leprosos demostraron fe al clamar a Jesús para recibir sanidad. Ellos le pidieron con insistencia, que los sanara.
- Al obedecer lo que Jesús les ordenó, de "ir", ellos fueron limpios mientras iban. Se necesita obediencia estricta a lo que el Espíritu Santo revela.
- Uno regresó dando gracias y glorificando a Dios. A causa de esto, él fue sanado cien por ciento (no sólo limpiado).
- Jesús le dijo al que regresó: "Tu fe te ha sanado". Dar gracias a Dios continuamente completa la sanidad que está en proceso.

## Dios recibe la honra

Fue un proceso de diez años pasar de los encuentros sorpresivos a las manifestaciones auténticas del poder sanador divino. Observamos toda clase de sanidades. Algunas eran dudosas y otras eran obvias. Algunas eran de rutina y otras espectaculares. Sin importar quien ministrara o cómo orara, aprendimos una verdad vital: Siempre debemos tener presente que la gloria y la honra pertenecen a nuestro gran Dios. Nosotros no recibimos ningún crédito por la participación que hayamos tenido en las sanidades. Es posible que haya sido el resultado de intercesiones largas y ayunos. Sin embargo, la razón fundamental para la sanidad se debe a que un Dios compasivo está dispuesto a sanar a todos los que confían en Su Palabra, Su misericordia, y Su gracia.

## Fuimos a pescar

Hace unos años, un amigo de nuestra iglesia, que es piloto, mencionó que podíamos arrendar una avioneta y volar a un lago remoto en British Columbia para pescar. A mí (John) me encanta la pesca con mosca y persuadí a mi amigo teólogo, el Dr. Larry Shelton, a compartir los gastos y venir con nosotros. Subimos nuestro equipaje al Cessna 170RG e iniciamos nuestra jornada de Snohomish, Washington, rumbo a un remoto albergue para pescadores en Bear Lake, al norte de B.C. Canadá. Una vez en el aire, Larry le recordó al piloto que se mantuviera a unos cinco mil pies de altura porque sufría de congestión cardíaca. Si ascendía a una altitud mayor le podría causar dificultades respiratorias, poniendo presión indebida a su corazón debilitado. Fue de gran aliento localizar finalmente el lago después de haber volado por una hora sin ver ninguna carretera o señal de civilización. Volamos alrededor del albergue dos veces, dando por hecho que sabían quiénes éramos. Se suponía que nos debían recoger en la pista de aterrizaje.

Aterrizamos en la pista de grava junto a unos rieles de ferrocarril abandonados, a unas dos millas del albergue. Esperamos y esperamos. Finalmente, decidimos cargar todo nuestro equipaje y equipo de pesca y seguir los rieles en dirección al albergue. Habíamos caminado como media milla cuando Larry de repente dejó caer su equipaje, se sentó en una bolsa, asfixiado, y dijo, "No puedo ir más lejos; continúen ustedes y luego regresen a buscarme". El no lo mencionó, pero sabíamos que era su corazón. Acordamos ir a buscar ayuda y regresar por él.

El encargado de mantenimiento del albergue nos encontró. Venía con dos muchachos canadienses, todos en un vehículo para todo terreno. Regresamos en busca de Larry y proseguimos rumbo al albergue. La pareja encargada del lugar dijo: "¿Por qué no nos llamaron por radio cuando llegaron?" El piloto respondió: "Nos dijeron que voláramos bajo, y que ustedes vendrían por nosotros". Ellos respondieron: "Cada avioneta que pasa vuela bajo. ¿Por qué no nos llamaron por radio?" El piloto se disculpó con todos y expresó que estábamos muy agradecidos de haber llegado por fin. Larry exclamó: "Especialmente yo. Ya no podía dar un paso más; estoy muy cansado".

## Hubo que pedir un helicóptero

Dos días después Larry sufrió un ataque al corazón. Sucedió temprano por la mañana cuando estábamos preparándonos para hacer una expedición a un río remoto y pescar. Larry no bajó a desayunar. Fui a su habitación y lo vi tendido sobre su cama, muy débil y pálido. El dijo: "John, es mi corazón; hoy no voy a ir a pescar. Es más, si no me recupero, no sé si voy a vivir o no". Estábamos a cientos de millas de cualquier lugar. Si lo poníamos otra vez en la avioneta, con seguridad esto lo mataría. Usando la radio del albergue, el encargado llamó al hospital más cercano que estaba a 150 millas de distancia. Cuando el doctor supo cuales eran los síntomas, dijo: "Tienen que traerlo de inmediato. Está sufriendo un ataque cardíaco". Un helicóptero de una compañía maderera, era el único medio de transporte que logramos conseguir que viniera en el lapso de una hora; ya estaba en camino.

Larry no parecía estar bien. De repente, el Espíritu Santo dijo: "John, tú sabes lo que hay que hacer. ¡Ora por él!" Puse mis manos sobre Larry ordenando que se fuera el espíritu de muerte, que su corazón empezara a normalizarse y que la sanidad y la salud regresaran a su cuerpo. Hasta oré que Dios le diera un corazón nuevo. El era mi amigo. Yo no iba a quedarme de pie viéndolo morir. Su esposa, Vangie, iba a preguntar qué habíamos hecho para salvarlo. Ella no hubiera pensando nada bueno de nosotros si por lo menos no hubiéramos orado por él antes de morir. Dije un fuerte "amén" y luego esperamos. El helicóptero llegó en cuarenta y cinco minutos. No me acuerdo si fue el Espíritu Santo o si fue mi idea, pero fotografié todo el evento. Le tomé fotos a Larry en la cama, cuando los hombres lo llevaban hacia una colina, cuando lo levantaron al helicóptero en una silla y cuando se lo llevaron; hasta tomé una de él al despegar, en la que se veía muy débil. Mi razón era de poder explicarle a Vangie la historia completa en caso de que sucediera lo peor.

**¡Toma el camino corto!**

El hospital más cercano estaba a 150 millas de distancia. El piloto le preguntó a Larry si quería ir derecho y sobre las montañas con altitudes que sobrepasaban de 10,000 pies de altura o si quería dar la vuelta a las montañas lo cual tomaría cuarenta y cinco minutos más. Larry dijo: "Asciendan y vayan sobre las montañas. No sé cuánto tiempo me queda". Llegaron a salvo y Larry fue llevado en una camilla directamente a la sala de emergencia tres horas después de su ataque al corazón. Dio la casualidad que el doctor de turno era un especialista del corazón. Trabajaron rápidamente estabilizándole el corazón en unas dos horas. Después el doctor dijo con calma: "Larry, el daño de tu corazón fue muy severo; de ninguna manera hubieras sobrevivido tanto tiempo. Cualquier otra persona en tus circunstancias, hubiera muerto en el camino. Tú eres un hombre con mucha suerte". Larry le contestó: "Es que tengo un amigo cristiano que oró por mí. ¡Por eso sobreviví!" ¡Dios le dio un nuevo corazón tres años después, cuando recibió un trasplante de corazón!

**Sanando a los sordos y mudos**

Tal vez se nos haga difícil al principio el ministrar a los sordos, mudos, o sordomudos. Nosotros descubrimos que la razón de algunos de estos casos es espiritual en vez de física. La clave consiste en dejar que el Espíritu Santo nos revele cuál es. Cuando hay un espíritu involucrado, hemos aprendido a orar de modo similar al de Cristo en el pasaje siguiente.

### Marcos 7:32-37

Le trajeron un sordo y tartamudo, y le rogaron que pusiera la mano sobre él. Entonces, apartándolo de la gente, le metió los dedos en los oídos, escupió y tocó su lengua. Luego, levantando los ojos al cielo, gimió y le dijo: "¡Efata!" (que quiere decir: "Sé abierto"). Al momento fueron abiertos sus oídos, se desató la ligadura de su lengua y hablaba bien. Y les mandó que no lo dijeran a nadie; pero, cuanto más les mandaba, tanto más y más lo divulgaban. Y en gran manera se maravillaban, diciendo: "Bien lo ha hecho todo; hace a los sordos oir y a los mudos hablar".

ᥱᎧᥱ

## Haciendo lo que Jesús Hizo

- Cuando el Espíritu Santo está dirigiéndonos, nos puede indicar que hagamos algo que parezca extraño. Siempre haga lo que *El* le diga que haga, no importa lo extraño que sea.
- Esto puede involucrar algo raro, como poner los dedos en los oídos de una persona, escupir, o tocarle la lengua.
- Siempre hable al área de problema y ordene que sea sano. ¡Hágalo como Jesús lo hizo!
- Hable al espíritu sordo y mudo, y diga algo como: "¡Sé abierto, en el nombre de Jesús!" Usted tendrá éxito, cuando obedezca al Espíritu Santo.

ᥐᎩᥐ

### Un niño sordomudo es sanado

Tuve el privilegio (John) de estar seis semanas con el Dr. A. L. Gill en Malasia en 1988. Le ayudé a conducir cinco cruzadas de sanidad durante este viaje. El primer y gran milagro sucedió en la ciudad de Duantan, similar al de Marcos 7:32–37 citado arriba. El y yo entrenamos a equipos de sanidad por un período de tres días antes de cada cruzada. Al llegar la noche del segundo y tercer día de entrenamiento, se repartieron invitaciones por toda la ciudad animando al público a venir y ser sanado.

Uno de los equipos de sanidad, compuesto por dos señoras chinas, fue seleccionado para orar por un niño de ocho años que era sordomudo. Su madre lo trajo al frente para que las damas oraran por él. El Espíritu evidentemente las guió, porque pusieron sus dedos en sus oídos y tocaron su lengua con los dedos. Luego mandaron que los oídos de este niño fueran abiertos y su lengua desatada. En un lapso de minutos él pudo oír y hablar. Una de las primeras palabras que pudo decir fue "Jesús" en chino. Su madre quedó maravillada y dio su vida a Jesucristo esa noche. Es un principio bíblico ministrar "de dos en dos" como se cita en Marcos 6.

### Marcos 6:7-8 12-13

Y recorría las aldeas de alrededor, enseñando. Después llamó a los doce y comenzó a enviarlos de dos en dos, y les dio autoridad sobre los espíritus impuros. Les mandó que no llevaran nada para el camino, sino solamente bastón. Ni bolsa, ni pan, ni dinero en el cinto...Y, saliendo, predicaban que los hombres se arrepintieran. Y echaban fuera muchos demonios, ungían con aceite a muchos enfermos y los sanaban.

### Haciendo lo que Jesús Hizo

- Jesús quiere que ministremos de dos en dos. Cuando trabaja con alguien que ministra y cree como usted, es mucho mejor.
- Donde dos o más están de acuerdo, hay más poder para ministrar. Mientras uno está orando, el otro está oyendo al Espíritu Santo.
- Nosotros ya tenemos autoridad sobre todos los espíritus, ¡así que úsela! No vamos con nuestro propio poder o autoridad. Vamos en el nombre de Jesús como nuestra autoridad.
- Viaje con poco. Dios suplirá todas nuestras necesidades conforme a lo que necesitemos.

- Note el orden de los eventos: Predicar, echar fuera demonios, ungir con aceite, y luego sanar los enfermos.

- Siempre lleve una botellita de aceite; es bíblico, y nos da un punto de contacto para que la gente pueda ejercitar su fe y sea sana.

## Los milagros se multiplican

El viaje a Malasia me llevó a un nivel de autenticidad absoluta del poder sanador de Dios. Sólo éramos dos, pero lo que sucedió fue mucho. Tal vez para el lector sea difícil comprender totalmente lo que voy a relatar. Fui testigo visual, de un movimiento divino fenomenal, con doce rollos fotográficos y entrevistas personales con los que fueron sanados en un período de seis semanas. Cada una de las reuniones contaba con un promedio de cuatrocientos en asistencia. Documenté más de 130 sanidades milagrosas, 190 conversiones genuinas, y 740 personas que recibieron el bautismo del Espíritu Santo. Personalmente fui testigo de cuatro liberaciones de personas poseídas por demonios, volviendo a sus cabales. Yo documenté todo esto con fotos y un registro de la gente que testificó de haber sido completamente sana y libre por el poder de Jesucristo.

### Olvídate de los números

Jesús dijo que nosotros haríamos cosas mayores que las que El hizo. Nosotros experimentamos esto personalmente en Malasia. Ambos, a veces trabajando por separado, observamos milagros simultáneos. El liderazgo de la Iglesia y los equipos de sanidad entrenados, entraban en acción orando por los enfermos. A estas alturas, los milagros se multiplicaban por todo el auditorio; estábamos experimentando las "obras mayores" y no nos habíamos dado cuenta. Traté de mantener una lista de todo, yendo de un equipo de sanidad a otro, vigilando la oración por los enfermos, tomando fotos. Estaba inundado de gozo y maravillado al notar lo que estaba sucediendo. Era testigo de las manifestaciones auténticas de un Dios que ama sanar a los enfermos. De repente en medio de los milagros, vino un pensamiento: "¡Olvídate de los números! ¡Mejor gózate haciendo lo que Jesús hizo!".

**Perdí la cuenta**

Más o menos a la quinta semana empecé a perder la cuenta. Luego trate de retomarla mientras revisaba las grabaciones, las fotos, y mi diario. Entonces me escuché decir, "Esta noche fue algo increíble. Vimos la salvación de veinte personas, a muchas más que fueron bautizadas en el Espíritu Santo y a muchísima gente recibiendo toda clase de milagros de sanidad. ¡Gloria a Dios!".

Hoy, de vez en cuando me hallo haciendo lo mismo que hacía antes, cuando trataba de mantener un registro de quién recibió qué. Pero el Espíritu Santo me recuerda gentilmente que ese es Su asunto. El me dice: "John, olvídate de los números y tú sigue haciendo lo que Jesús hizo. Yo estoy manteniendo la cuenta. Ya repasaremos todo cuando la trompeta final haya sonado".

## *El Libro de los Hechos no se ha Acabado de Escribir*

LAS SIGUIENTES HISTORIAS representan lo que continúa sucediendo en y alrededor de nuestro ministerio. Nunca dejamos de sorprendernos y emocionarnos completamente cuando Dios decide intervenir y sanar a alguien. Con frecuencia deseamos que más pastores y líderes cristianos puedan ver lo que nosotros vemos, especialmente aquí, en Estados Unidos. En nuestra gran emoción, a veces les compartimos un testimonio no solicitado acerca de un milagro increíble que sucediera hace unos días. Ellos se quedan observándonos con la mirada en blanco, con una débil sonrisa, queriendo creerlo, pero dando la impresión de que tal vez exageramos un poco la historia. A veces nos hacen sentir algo culpables por compartir las grandes cosas que el Señor está haciendo. ¡Amigo creyente, el libro de los Hechos no se ha acabado de escribir! ¡Las sanidades y los milagros son más numerosos hoy que en el tiempo del libro de los Hechos! Esperamos que las siguientes historias le ayuden a edificar su fe.

## Motociclista recibe sanidad

Recientemente dirigimos un taller respecto a cómo escuchar la voz de Dios y sanar a los enfermos. Un motociclista asistió a dicho taller y respondió a la invitación de recibir oración para ser sano. Nos dijo que todo su cuerpo estaba adolorido debido a que había sido golpeado y parcialmente atropellado por un camión cuando iba en su moto Harley. También nos expresó que no podía respirar bien debido a sus costillas fracturadas y un historial de fumador empedernido. Cuando le preguntamos de qué quería que Dios le sanara primero, el dijo: "¡De todo, hoy!". Al oír ese tipo de respuesta, oramos inmediatamente. John le puso las manos en el pecho y demandó que se manifestara la sanidad en el nombre de Jesucristo. Luego John le dijo: "Respire profundamente". El lo hizo. Para su sorpresa, podía respirar más profundamente que antes y no había dolor en su cuerpo. De inmediato, comenzó a decirle a todo mundo que Dios lo había sanado y a testificar a cualquiera que lo escuchara. Nosotros llamamos al pastor de esa iglesia un mes después y le preguntamos cómo seguía el motociclista. El pastor confirmó que el hombre todavía estaba sano y que continuaba testificando a quien quisiera escucharlo.

## ¡Ejecutivo de negocios empieza a gritar!

Un día (Sonja) estaba sentada en mi oficina cuando uno de los ejecutivos vino a mi puerta cojeando. Lo miré y supe que estaba sufriendo de un dolor muy grande. Me dijo: "Sonja, siento punzadas en la espalda, voy a ver al doctor". Yo le expresé que lo lamentaba y le pregunté si necesitaba que alguien lo llevara a su cita de emergencia. El me agradeció el gesto pero me dijo que estaba seguro que él podía hacerlo y giró para salir. En ese momento sintió otra punzada y comenzó a gritar a causa del dolor insoportable.

Todas las oficinas de los vicepresidentes estaban en ese corredor, y el frente de cada una tenía paredes de vidrio. Al escuchar los gritos de mi colega, los ojos de todos, en el área fuera de mi oficina, estaban fijos en él.

### ¡Qué impresionante!

Yo salté y corrí hacia él porque parecía que se iba a desmayar. Cuando lo alcancé le dije que yo no sabía hacer otra cosa más que orar. El gritó: "¡Lo que sea, lo que sea!" Le puse las manos en su espalda y demandé que los músculos se relajaran y que el dolor se fuera, en el nombre de Jesús. Y luego le expresé: "El otro día, usted me había preguntado acerca de hablar en lenguas, y así es como voy a orar". Y otra vez me dijo: "¡Lo que sea, lo que sea!". Intercedí por unos minutos en mi lenguaje espiritual, y luego comenzó a enderezarse ¡el dolor se había ido! Se dio vuelta lentamente y con sus ojos grandes como platos expresó: "¡Es impresionante!" ¡Yo le respondí que yo servía a un Dios impresionante! Cuando miré alrededor de mi oficina, vi muchas miradas curiosas y sonrisas al ver mi marca de "Primeros Auxilios".

Este compañero de trabajo, su esposa y su hijita empezaron a asistir a una iglesia pequeña de la comunidad cerca del área donde vivían. El pastor aparentemente no predicaba un mensaje claro de salvación, pero al pasar los meses, tuve el privilegio de confirmar la salvación de este hombre mientras él me hacía preguntas. ¡Qué gozo!

Un día él entró de prisa a mi oficina preguntándome si tenía un minuto. Claro que lo tenía, y comenzó a relatar lo que había ocurrido la noche anterior cuando su hija había sufrido de una fiebre tan alta que la envolvieron en una sábana, llevándola de prisa a la sala de emergencia del hospital. (Ahora, acuérdese que él no había recibido ningún entrenamiento sobre sanidad divina—su única experiencia había sido aquel día en mi oficina). Me dijo que tomó a su pequeñita en sus brazos y le dijo que él pensaba que Jesús la quería sanar. Ella había estado aprendiendo acerca de Jesús en la Escuela Dominical y con una fe de niña se puso de acuerdo con su papá. El dijo que él gritó: "¡Fiebre, sal fuera de ella!". Entonces recordó que yo había dicho: "¡En el nombre de Jesús!" Así que lo añadió a su oración ferviente. Sus ojos brillaban con lágrimas de gozo cuando me dijo que la fiebre se había ido y ella fue sana; todo era normal esa mañana.

El cristianismo verdadero que expresa el poder de Dios en nuestra vida diaria capta la atención de la gente. Debería ser la norma ver sanidades dondequiera que se necesiten y que sean hechas de una manera que la gente sea atraída a la salvación y los "dones de sanidad" en su propia vida.

## Una mujer es sanada de cáncer uterino

Un domingo llegó una señora a pedirnos oración después del servicio. Se le había diagnosticado que tenía cáncer uterino y al día siguiente debía ir a su cita preoperatoria. Ella estaba aterrorizada con todo el asunto. Nosotros hicimos una oración sencilla y echamos fuera el cáncer en el nombre de Jesús y ordenamos que el útero fuera sano. Ella se veía un poco aliviada y se fue sintiéndose algo mejor.

Un par de meses después vino apresuradamente a nosotros para darnos la noticia maravillosa de que había sido sana. ¡No había señas del cáncer y no hubo necesidad de ninguna operación! Nos regocijamos con ella.

## ¿Por qué no todos sanan?

Ese domingo, cuando fuimos a almorzar, estábamos muy contentos por las buenas noticias de nuestra amiga, pero también comentamos una vez más que la sanidad es un misterio. Como compartimos en el capítulo uno, no tenemos todas las respuestas. Nosotros únicamente sabemos que debemos orar y dejarle los resultados a Dios.

Recientemente, una querida amiga nuestra falleció de cáncer. Habíamos contendido por su sanidad junto con su esposo por más de cuatro años. Sin embargo, ella partió con Jesús. A la mañana siguiente yo le pregunté al Señor acerca de su muerte y escribí los pensamientos siguientes en mi diario: "Sonja, nuestra amiga, Nina, peleó la buena batalla, ha sido recibida donde toda respuesta ha sido contestada, toda duda borrada. Ahora todo, sí todo, tiene perfecto sentido para ella. A ustedes que todavía están en esta dimensión, les toca confiar en Mi fidelidad y saber que un día también tendrá perfecto sentido para ustedes".

### Sanidades de gracia y la soberanía de Dios

Dios es soberano. El puede elegir sanar a alguien milagrosamente sin ninguna participación humana. Nosotros le llamamos "sanidad de gracia". Tal vez, la persona enferma miró a Dios, hizo una oración sencilla, ¡y de repente fue sana!". Nosotros quisiéramos que Dios lo hiciera más a menudo. De ser así, este libro no sería necesario. La verdad es que, el Señor ha provisto un medio para que Su Cuerpo, trabajando junto al Espíritu Santo, facilite la sanidad de aquellos que vienen a El en fe. El no solamente puede sanarnos, El está dispuesto. Nosotros contendemos en oración de acuerdo con nuestro mejor entendimiento y la guía que recibimos, y dejamos el resto en las manos de un Dios de gracia y amor.

### Cuando no son sanados

Dios en Su infinita sabiduría tiene la respuesta para quienes no reciben sanidad. Esto sigue siendo un misterio para cualquier ministro sincero que predica a Jesucristo como Sanador. Hemos aprendido por experiencia que no todos son sanos. Muchos lo son, pero no todos. Tenemos que darle el derecho a Aquel que desde el principio dijo a la nación de Israel y a nosotros también:

### Éxodo 15:25-26

...Allí les dio estatutos y ordenanzas, y allí los probó. Les dijo: "Si escuchas atentamente la voz de Jehová, tu

Dios, y haces lo recto delante de sus ojos, das oído a sus mandamientos y guardas todos sus estatutos, ninguna enfermedad de las que envié sobre los egipcios traeré sobre ti, porque yo soy Jehová, tu sanador".

Cuando examinamos cuidadosamente el Pacto Antiguo, vemos que a veces había condiciones rodeando al Dios que sana. Jesucristo inauguró el Pacto Nuevo con mejores promesas, una de las cuales es sanidad. El es el mismo Dios soberano de ambos pactos. Debemos confiar en Su misericordia y no en nuestro deseo, esfuerzo o fórmulas de fe. La Biblia dice:

**Romanos 9:14-16**
¿Qué, pues, diremos? ¿Que hay injusticia en Dios? ¡De ninguna manera!, pues a Moisés dice: "Tendré misericordia del que yo tenga misericordia y me compadeceré del que yo me compadezca". Así que no depende del que quiere, ni del que corre, sino de Dios que tiene misericordia...

No incluir este principio bíblico en nuestra discusión tocante a la sanidad divina, es ignorar la soberanía de un Dios amoroso que en última instancia, decide quién recibe sanidad y quién no. Nosotros oramos por los enfermos, no porque El garantiza la sanidad; nosotros oramos porque ¡El ha declarado que está dispuesto! El resultado final depende de El.

### Sanidad de una mujer ciega

Estábamos con la tribu Lahu en el norte de Tailandia, enseñando acerca del Dios que sana. Después de la predicación, una anciana ciega fue guiada hasta el frente para ser ministrada. Uno de nuestros miembros del equipo era Steven Darrow, quien era dueño de una gran compañía de computación en el Noroeste. El y su esposa, Dorinda, habían pasado por nuestro entrenamiento y estaban henchidos de fe. Steven y un misionero de Australia empezaron a orar por la anciana. Muy pronto, al recuperar la vista, y muy sorprendida, ella comenzó a mirar a su alrededor. Este milagro admirable causó un gran trastorno en la aldea. Dos días después, un doctor hechicero se presentó en la reunión. El había escuchado de las cosas sorprendentes que estaban sucediendo. (Su historia se relata en el capítulo 6). ¡Lo emocionante de todo esto fue ver a un ejecutivo corporativo sanando a los enfermos! Todos somos llamados a hacer lo que Jesús hizo.

### Una mujer paralítica de nacimiento camina

Cuando llegó a Tailandia, Dorinda, la esposa de Steven, era algo tímida en la ministración a los enfermos. Sin embargo, el don de fe vino sobre ella ¡y ella dejó atrás el temor! Una dama fue traída para ser ministrada, había nacido coja y sus piernas colgaban sin ninguna fuerza, hasta se doblaban hacia atrás cuando la querían colocar de pie. Dorinda y otra participante del equipo, Kathy Knox, prácticamente corrieron hacia la mujer, recibiéndola de quienes la estaban sosteniendo en pie, y comenzaron a ministrarle. El don de fe sobre Dorinda se expresó con órdenes en el nombre de Jesús para la manifestación de fuerzas y sanidad sobre las piernas de la mujer. ¡Se necesitaba un milagro creativo, y ellas estaban creyéndolo!

Para sorpresa de la gente de esa aldea, la mujer empezó a recibir fuerzas, sus piernas se estiraron hacia el frente, y comenzó a dar pasos con la ayuda de otras personas. Pronto Dorinda se ubicó a unos pasos enfrente de la mujer, llamándola para que caminara hacia ella, como un bebé aprendiendo a caminar. Ella dio unos pasos hacia Dorinda. Fue una sanidad tremenda para la mujer y una experiencia inolvidable para todos nosotros.

### Indígenas de Norte América
### aprenden a sanar a los enfermos

Recientemente fuimos invitados a ayudar al Dr. A. L. Gill en una cruzada de sanidad en la Reservación India Rose Bud en Mission, South Dakota. Pasamos varias noches enseñando a los cristianos cómo sanar a los enfermos. Practicaron el uno con el otro durante las sesiones de enseñanza, y los que necesitaban sanidad fueron sanados. Eso estimuló la fe en otros, y ellos estuvieron listos para ministrar en la primera noche de la cruzada.

Después de predicar, la gente pasó al frente para recibir sanidad y John tenía a todos nuestros equipos de dos personas listos. Fue emocionante ver a quienes nunca antes habían orado por los enfermos, hasta que los entrenamos, hacerlo con grandes resultados.

## Ranchero recibe sanidad de una ruptura muscular

Un hombre mayor de edad, ranchero, vino para pedir sanidad. El doctor le había diagnosticado una ruptura en un músculo del hombro. El estaba tan adolorido que no podía trabajar. Después de orar, recuperó el movimiento completo de su hombro, y estaba sumamente feliz.

La noche siguiente yo (Sonia) estaba saludando a toda la gente mientras llegaba. Reconocí al ranchero, y le pregunté cómo estaba de su hombro. ¡Dijo que había trabajado todo el día y que estaba perfectamente bien! Entonces le pregunté si estaba dispuesto a decirle a la gente lo que había sucedido.

## Nunca he hecho tal cosa

Vi el terror en sus ojos de sólo pensar en subir a la plataforma y de usar un micrófono para testificar de su sanidad milagrosa. "No, señora. Nunca he hecho tal cosa. ¡Yo no puedo!" Le expliqué que era posible que su testimonio ayudara a otros para creer que también podían ser sanos. El era un hombre muy humilde que obviamente amaba al Señor, así que finalmente lo persuadí.

La noche siguiente, antes de predicar, hubo varias personas que testificaron de las sanidades que habían recibido. Cuando llegó el turno del ranchero anciano, él dijo: "Yo sé que ustedes han visto cuando la gente es sana en la televisión, y se preguntan si será verdad o no. Bueno, anoche fui sanado de mi hombro—yo tenía una ruptura en un músculo. ¡Créanme! ¡Les estoy diciendo la verdad, yo fui sanado, se los aseguro!". La audiencia irrumpió en aplausos. Todos conocían a este hombre humilde quien testificaba del poder de sanidad de Dios que había recibido por manos de sus propios vecinos, los cuales eran parte de los equipos de sanidad.

### Niña sanada de eczema sangrante

Nosotros somos instructores de los grupos de hogar en nuestra iglesia, y a veces visitamos a los otros grupos que supervisamos. Recientemente supimos de una sanidad tremenda que sucedió a través de la oración en una de estas reuniones.

Una madre soltera, con tres hijos, tenía una hermosa niña de dos años cubierta con ulceras sangrantes de eczema. No respondía favorablemente a ningún medicamento, y tenía confundidos a los doctores. Mientras tanto, la condición seguía empeorando. Nosotros cuidadosamente hicimos una oración sencilla y ordenamos que la sanidad se manifestara en su cuerpecito. Su sanidad comenzó en esa misma hora; en el transcurso de los días siguientes fue completamente sana y no ha vuelto a sufrir de ello. ¡Jesús es nuestro Sanador!

### ¡Sí, usted puede sanar a los enfermos!

Esperamos que al leer estos relatos, su fe haya sido estimulada para sanar a los enfermos al igual que las personas de quienes le hemos hablado. Es posible que necesite algo de práctica con gente que sabe cuánto desea usarle el Señor. Aprender a sanar a los enfermos requiere revelación progresiva de lo que Jesús prometió a cada uno de Sus seguidores. Quienes se han sometido al bautismo del Espíritu Santo, simplemente necesitan comenzar a dejar fluir los dones de sanidad cuando el momento sea oportuno.

### Son "dones", no "don"

Cuando el creyente recibe el don del Espíritu Santo, los "dones" (plural) de sanidad quedan inmediatamente a la disposición para ministrar a los que necesitan ser sanos. Hay otros dones que también están a la disposición de quienes los necesiten. Con un poco de entrenamiento, los creyentes pueden comenzar a operar en cualquiera de los dones que el Espíritu Santo considere necesario para cada ocasión. Cuando un creyente decide dar un paso de fe y comenzar a orar por los enfermos, el Espíritu Santo está allí para completar el ministerio. El Espíritu Santo distribuye los dones de sanidad cuando y donde Su soberanía lo requiere. Esta es una promesa que hallamos en 1 Corintios 12.

**1 Corintios 12:7, 9, 11**
Pero a cada uno le es dada la manifestación del Espíritu para el bien de todos...a otro, *dones de sanidades* por el mismo Espíritu...Pero todas estas cosas las hace uno y el mismo Espíritu, repartiendo a cada uno en particular como él quiere.

## Haciendo lo que Jesús Hizo

- Cuando el Espíritu Santo indica que El está dispuesto a sanar a la gente, los dones de sanidad ya están siendo distribuidos.
- Note que los dones de sanidad no son "un gran don" para personas especiales.
- Los dones de sanidad están a la disposición de quien desee creer, dé pasos de fe y comience a orar por los enfermos.

No hay ministros "especiales" con información "privilegiada", aunque algunos evangelistas con mucha publicidad quisieran que usted creyera lo contrario. Las Escrituras están abiertas para que cualquier creyente lea y crea lo que prometen. Jesús promete que cada cristiano puede orar por los enfermos, creyendo en Dios para recibir sanidad. Al concluir este capítulo y avanzar a lo que significa escuchar la voz Dios, nuestra oración es que usted salga de la duda y la timidez y haga lo que Jesús dijo que usted puede hacer. El lo promete. Así que El le ayudará a hacerlo.

---

### Hay que Practicar

- Santiago 1:22 dice que PONGAMOS POR OBRA lo que hemos aprendido (leído).
- Considere hacer lo que se recomienda en este capítulo refiriéndose al Apéndice B, "Hay que practicar" en la página _____.
- Complete la tarea para la Técnica Ministerial titulada, "Cómo Sanar a los Enfermos".

# 4 Escuchando la Voz de Dios

Jesucristo dijo que Sus discípulos oirían Su voz. El creyente bautizado con el Espíritu Santo está en relación directa con el Espíritu Santo y es candidato para escuchar la voz de Dios directamente. En este capítulo, examinaremos las referencias Bíblicas y relatos de personas que han escuchado y obedecido a la voz de Dios. Nosotros aprenderemos cómo escuchar a Dios y cómo hacer lo que él dice.

O ír lo que Dios dice es una experiencia asombrosa. El sabe cómo captar nuestra atención. El nos sorprende. Nos habla en maneras tan inesperadas, tan espontáneas, que podemos atribuir la voz a El. Aunque parece completamente irracional, a la manera de pensar moderna, y aunque es extremadamente difícil comprobarlo, muy dentro de nosotros sabemos que estamos escuchando la voz del Espíritu Santo. Cuando nacimos en el Espíritu, se nos dieron "oídos para oír". Ahora podemos escuchar lo que el Espíritu le está diciendo a la iglesia. Los cristianos continuamos oyendo a Dios en una infinidad de formas; la voz de Dios se escucha ya sea directa o indirectamente. El habla a través de Su Palabra, a través de sermones, por medio de otros cristianos, profecía, libros, tratados, grabaciones, música cristiana y hasta en formas de medios múltiples de comunicación.

Pero hemos dedicado este capítulo a escuchar a Dios en una manera personal. Nos concentraremos en escuchar personalmente la voz del Espíritu Santo. Jesús dijo:

**Juan 10:27**
Mis ovejas oyen mi voz y yo las conozco, y me siguen.

**Juan 18:37**
"...todo aquel que es de la verdad, oye mi voz.

**Juan 10:16**
Tengo, además, otras ovejas que no son de este redil, a esas también debo atraer y oirán mi voz, y habrá un rebaño y un pastor.

## Haciendo lo que Jesús Hizo
Dios nos está hablando. Oír Su voz es un privilegio para los que creen. No importa qué tanto nos tome; debemos descubrir cómo escuchar la voz de Dios con claridad y luego obedecer lo que nos diga que hagamos.

**Debemos escuchar Su voz y hacer lo que nos diga que hagamos**

El factor más importante para hacer lo que Jesús hizo es escuchar Su voz y hacer lo que El nos diga. Si usted es un ministro buscando la clave para un ministerio fructífero, ésta es. La forma más efectiva para suplir las necesidades de los que están a nuestro alrededor es que Dios nos diga cual es la *verdadera* necesidad y que nos revele la solución. Así lo hizo Jesús. Cómo dijimos en la introducción, Juan 5:19-20 es fundamental para este libro. Nosotros creemos que el secreto del perfecto ministerio sanador y libertador de Jesús fue porque hizo todo por medio de revelación.

**Juan 5:19-20**
De cierto, de cierto os digo: No puede el Hijo hacer nada por sí mismo, sino lo que ve hacer al Padre. Todo lo que el Padre hace, también lo hace el Hijo igualmente, porque el Padre ama al Hijo y le muestra todas las cosas que él hace; y mayores obras que éstas le mostrará, de modo que vosotros os admiréis.

Dios siempre sabe cual es la raíz de los problemas de todos y cómo llegaron en esa situación. Ya sea un problema físico, emocional o espiritual, Dios conoce todo acerca de todos y tiene la solución para cada necesidad. Cuando le buscamos con un corazón sincero, implorando recibir una respuesta, Dios no sólo escucha, sino que nos revela la solución.

**Salmo 142:5-6**
Clamé a ti, Jehová; dije: "¡Tú eres mi esperanza y mi porción en la tierra de los vivientes! Escucha mi clamor, porque estoy muy afligido…"

**Jeremías 42:6**
Sea bueno, sea malo, a la voz de Jehová, nuestro Dios…obedeceremos…

Necesitamos escuchar a Dios sin importar lo que pudiera decirnos. Nosotros recibiremos Sus palabras de cualquier forma que El quiera entregarlas. Al igual que el joven Samuel, diremos, "Habla, que tu siervo escucha" (vea 1 Samuel 3:10). Las respuestas vendrán para los que han pagado el precio y se han disciplinado a oír a Dios. Sin embargo, para la mayoría de los creyentes, es muy difícil escuchar a Dios personalmente. La intención de este capítulo es de ayudar a quienes deseen escuchar a Dios directamente.

## John aprende a escuchar la voz de Dios

### Me parecían un poco "raros"

La primera vez que yo (John) escuché decir a un cristiano, "Dios me habla", pensé que estaba loco. Después de todo, yo tenía un bachillerato en Administración de Empresas. Si lo podía comprobar científicamente, bien, pero que no tratara de convencerme de algo que no entendiera. Para mí, sólo pensar que uno pudiera oír la voz de un Dios invisible directamente, me resultaba incomprensible. Yo era un creyente nuevo y quería todo lo que Dios tenía para mí. Pero todo esto era muy nuevo y yo era un escéptico por naturaleza, especialmente ante quienes decían tener un diálogo con Dios. Me parecían algo "raros". Yo quería que Dios me hablara a mí en un encuentro auténtico—de una manera que yo supiera que fuera verdadero y no alguna experiencia falsa.

Así que oré, *"Señor, quiero que me hables tal como les hablas a estos cristianos. Yo soy una de Tus ovejas. Yo quiero escuchar Tu voz. Así que, háblame"*. No hubo respuesta. No importaba lo atento que estuviera, sólo había silencio. Después de meses, supuse que esas personas eran los ungidos de Dios. Tal vez eran súper–espirituales para poder tener el privilegio de escuchar a Dios directamente. Pero después me di cuenta que cada cristiano podía escuchar a Dios. Sencillamente había que aprender cómo. Necesitábamos incorporar algunas disciplinas personales a nuestra vida para permitirnos oír Su voz. Yo descubriría cómo escuchar, obedeciendo las Escrituras que nos dirigieran a una relación personal y profunda con Dios. Aunque tomara años aprender, yo tenía el resto de mi vida para practicarlo. Busqué líderes cristianos que habían caminado la jornada exitosamente. Tal vez ellos podrían dirigirme a donde yo pudiera escuchar. Relataré mi historia desde la perspectiva de un cristiano nuevo (yo) y cómo percibía las cosas.

### Fue una experiencia sorprendente

La primera reunión de la Asociación Internacional de Hombres Cristianos de Negocios del Evangelio Completo a la que asistí fue un almuerzo cerca del centro de Seattle. Una experiencia sorprendente. Pidieron que cualquier persona que estuviera de visita por primera vez se pusiera de pie y dijera su nombre. Eso fue fácil. Después vino lo inesperado. Después de darles mi nombre y lo que hacía en mi negocio, me preguntaron que cuánto tiempo hacía que conocía al Señor. Les dije: "como una semana". Me sorprendí al ver que todos comenzaron a aplaudir. Sonreí cortésmente y me senté preguntándome en qué me había metido. Luego empezaron no sólo a cantar cantos que desconocía, sino que alzaron sus manos, cantando con los ojos cerrados. Después de esto, parecían estar murmurando y cantando suavemente unas palabras al unísono hasta que un hombre que estaba junto a mí comenzó a hablar como una ardilla. Con una voz estridente y con la velocidad de una ametralladora, habló palabras extrañas que no tenían sentido. Todos mantuvieron sus manos alzadas y escuchaban. Luego hubo un silencio; raro.

## Así ha dicho el Señor

De repente, del otro lado del salón un hombre judío fornido dijo: "Así ha dicho el Señor". El resto del mensaje habló directamente a mi corazón. Hasta ese momento yo quería salir de allí. Sin embargo, podía entender esas palabras y me hicieron sentir bien. Decidí que quería quedarme y escuchar más. Era como que realmente estuviera hablando en nombre de Dios. Yo no entendía el protocolo para una reunión de ese tipo, pero sabía que este hombre, de alguna manera, había oído a Dios y estaba compartiendo lo que había escuchado. Después fuimos presentados. Su nombre era Larry Alhadeff. Parecía una buena persona, muy simpático, y nada raro. Bueno, eso fue hasta que él y los demás hombres me abrazaron vigorosamente. Eso fue muy difícil para mí; había sido enseñado a no acercarme a hombres de este tipo.

Salí de ese almuerzo y regresé a trabajar muy entusiasmado. No entendía lo que había ocurrido. Lo que sabía con certeza era que Larry había escuchado la voz de Dios y espontáneamente la había trasmitido a nosotros. Dentro de mí había sido bendecido, aunque no entendía todo lo ocurrido. Yo quería regresar a sus reuniones e indagar qué más sabían acerca de Dios y especialmente cómo yo podría escuchar la voz de Dios. Después supe que había tenido un encuentro con los dones espirituales de hablar en lenguas y su compañero, el don de interpretación de lenguas, descrito por Pablo en 1 Corintios 12. Esto dio inicio a mi jornada hacia un Dios sobrenatural que habla a Sus hijos.

### I Corintios 12:7-11
Pero a cada uno le es dada la manifestación del Espíritu para el bien de todos. A uno es dada por el Espíritu palabra de sabiduría; a otro, palabra de conocimiento según el mismo Espíritu, a otro, fe por el mismo Espíritu; a otro, dones de sanidades por el mismo Espíritu. A otro, el hacer milagros; a otro profecía; a otro, discernimiento de espíritus; a otro diversos géneros de lenguas, y a otro, interpretación de lenguas. Pero todas estas cosas las hace uno y el mismo Espíritu, repartiendo a cada uno en particular como él quiere.

## Haciendo lo que Jesús Hizo
El Espíritu Santo distribuye dones sobrenaturales cada vez que los cristianos se reúnen. Nosotros debemos mantenernos "receptivos" y "dispuestos" para recibir o dar palabras que sean instadas por el Espíritu Santo.

## La escuela de prueba y error
Comencé a crecer en mi comprensión de la Biblia. Yo leía y meditaba en ella y luego observaba, escuchaba, y trataba de

aplicarla a mi vida. Experimentaba con las cosas que Jesús dijo que podíamos hacer. Algo maravilloso estaba sucediendo; estaba siendo guiado gradualmente a un entendimiento más profundo de cómo Dios habla a Su pueblo. Primero, observé a otros escuchando la voz de Dios. Segundo, comparé lo que yo estaba viendo con los pasajes de la Biblia; parecían ser lo mismo. Luego traté de escuchar a Dios por mí mismo. Cuando traté de hacer lo que yo veía que los demás hombre hacían, no me daba buen resultado. Al principio las palabras que yo pensaba que venían de Dios resultaban ser mis propios pensamientos. La mayoría de las "revelaciones" terminaron en frustración y desaliento. Yo estaba aprendiendo por medio de prueba y error.

Uno de mis primeros maestros de la Biblia me dijo que debería mantener un diario de lo que pensaba que Dios me estaba diciendo. Así que me senté, oré, y le pedí a Dios que llenara mi mente con Sus pensamientos. Por fe, empecé a anotar párrafo por párrafo lo que venía a mi mente. Yo pensé: "¡Vaya, esto es tremendo!". Invité a mi casa a un amigo del grupo de hombres de negocios a quien conocía por mucho tiempo, el Pastor Harley Goodwin, para que examinara mi trabajo. El repasó la gran cantidad de páginas de mis "revelaciones extraordinarias". El me había bautizado en agua el año anterior y por lo tanto yo respetaba su opinión espiritual.

## La mitad es Dios y la otra mitad, tú

Después de leer mi diario, él sonrió y me dijo, "Hermano John, parte de esto suena muy bien. Pero, la mitad es Dios y la otra mitad, tú. Si estuviera en tu lugar, lo tiraría a la basura. Lo que pasa es que tu naturaleza humana está compitiendo con tu naturaleza espiritual. Si no conoces bien la Biblia, entonces anotas cosas que piensas que dice y lo que quieres oír. El resultado es una mezcla de lo que *tú* quieres que Dios diga con partes de lo que Su Palabra ya dice; esto es peligroso. Permite que Su Palabra renueve tu mente a lo que El ya ha establecido como verdad y obedece lo que la Palabra ya dice". Entonces me deshice de todo eso y empecé a leer la Biblia en serio.

Poco a poco noté la diferencia entre actuar con emoción religiosa y operar bajo la persuasión delicada del Espíritu Santo. Al tropezar en el proceso, estaba aprendiendo lecciones valiosas. Un modo de precaución en el aprendizaje, es dar palabras inspiradas que pensamos que vienen de Dios en la presencia de líderes maduros. Si sus palabras se prestan a la crítica constructiva de líderes maduros, aprenderá correctamente lo que es y no es del Señor. El mismo Espíritu Santo está sobre todos. Al permitir el testimonio positivo de una mayoría presente, se llega a un acuerdo, y se confirma la autenticidad del contenido. Esto tal vez lo tenga que hacer una y otra vez. Se necesita tiempo para aprender a escuchar a Dios. Es importante que contemos con otros cristianos maduros para que nos corrijan, nos critiquen, y nos guíen en el proceso. Esto también nos da la oportunidad de juzgarnos a nosotros mismos: "¿Estoy dispuesto a aprender y a someterme a la autoridad?".

## ¿Cómo se Profetiza?

Durante mis primeros años, en los que asistí a toda clase de reuniones de la Asociación, noté que varios de los hombres se levantaban espontáneamente a dar palabras inspiradas por Dios a todos los reunidos. A veces esas palabras eran para todo el grupo, otras veces para individuos. Le pregunté al presidente de ese sector cómo podría aprender a hacerlo. Su respuesta me dejó confundido al principio. Me dijo: "Hermano, usted no puede dar lo que no tiene". Le pregunté qué quería decir con eso. El sabiamente me respondió, "Usted no puede hablar de parte de Dios a menos que El pueda sacar algo de usted. Usted debe pasar bastante tiempo renovando su mente con la Palabra de Dios". Entonces le dije: "Yo quiero eso". Y me respondió: "La mejor manera de poder dar una palabra de ánimo es conocer la Biblia al derecho y al revés, lo cual viene con años de meditación y memorización de la Palabra de Dios". Eso me sonaba como mucho trabajo. Eso fue lo que el pastor me dijo.

Debiera haber una manera más fácil. Las Escrituras dicen que la meditación es la clave.

### Salmo 119:15-16

En tus mandamientos meditaré; consideraré tus caminos. Me regocijaré en tus estatutos; no me olvidaré de tus palabras.

## Haciendo lo que Jesús Hizo

La meditación y memorización de la Palabra de Dios son una manera segura de almacenar una reserva de la cual el Espíritu Santo pueda sacar algo. El Señor usa Su Palabra implantada en nuestro corazón para sacar frases que expresan el plan de Dios para nuestra vida.

### Dick Mills

Un profeta de California vino a nuestra ciudad; su nombre era Dick Mills. El era un orador frecuente en las reuniones importantes de la Asociación de Hombres de Negocios. Yo lo vi ministrar. Nunca antes había visto a un profeta y para mí, él era sorprendente. Fijaba los ojos en ciertos individuos, luego apuntando hacia ellos les decía: "¿Cómo te llamas? El Señor tiene una palabra para ti". Entonces repetía su nombre y espontáneamente citaba una serie de Escrituras del Antiguo y del Nuevo Testamento. Otra persona lo seguía tomando notas de las Escrituras en una libretita y luego se las daba a cada persona. Después las buscábamos y nos maravillábamos de las confirmaciones de esas palabras a nuestra vida personal.

### Biblia ambulante

Dick conocía la Palabra de Dios tan bien que era literalmente una Biblia ambulante. El se dedicó a memorizar cientos y cientos de versículos y dependía totalmente del Espíritu Santo para recordárselos mientras ponía su vista en ciertos individuos. El conocía la importancia de fijar los ojos en la gente antes de darles lo que Dios le había dado para que dijera. Vamos a volver a visitar esta verdad ministerial oculta después. Vemos el antecedente bíblico en Hechos 3.

### Hechos 3:4-6
Pedro, con Juan, fijando en él los ojos, le dijo: "Míranos". Entonces él los miró atento, esperando recibir de ellos algo. Pero Pedro dijo: "No tengo plata ni oro, pero lo que tengo te doy: en el nombre de Jesucristo de Nazaret, levántate y anda".

## Haciendo lo que Jesús Hizo
Si nos concentramos en la necesidad de la persona, esto nos puede abrir el camino para oír la voz de Dios; hacerlo requiere práctica. El Señor desea suplir nuestras necesidades, y puede usar a los creyentes maduros para confirmar Sus intenciones.

### Joven, levántate
Dick miró hacia mí, apuntó y me dijo: "Joven, levántate, dame tu mano. El Señor tiene una palabra para ti". Yo me puse de pie, le dije que me llamaba John, y tomé su mano. El dijo: "John, esta es la Palabra de Dios para ti:

### Josué 1:9
Mira que te mando que te esfuerces y seas valiente; no temas ni desmayes, porque Jehová, tu Dios, estará contigo dondequiera que vayas.

### Génesis 28:15
Pues yo estoy contigo, te guardaré dondequiera que

vayas y volveré a traerte a esta tierra, porque no te dejaré hasta que haya hecho lo que te he dicho.

### Éxodo 4:12

Ahora, pues, ve, que yo estaré en tu boca y te enseñaré lo que has de hablar."

## Haciendo lo que Jesús Hizo

Este es un enfoque prudente para darle guía a la gente. Jesús usará a personas como ésta para confirmar lo que el Señor puede estar hablando a su corazón. Las Escrituras son el mejor punto de partida para guiar a otros.

Concluyó con una pequeña exhortación acerca de cómo Dios me iba a usar en un ministerio futuro; escribí estos versos en mi primera Biblia y los he vuelto a copiar a través de los años.

### Una palabra de confirmación

En el curso de seis meses, otro profeta pasó por nuestra ciudad. Su nombre era Dick Joyce y él tenía un ministerio similar. Igual que Mills, él apuntó hacia mí y me pidió que me pusiera de pie. Luego espontáneamente me dio unas Escrituras que me exhortaban de casi la misma manera que Dick Mills lo había hecho anteriormente. El dijo, "Yo veo un hombre llamado a servir al Señor. La Palabra para ti es ésta:

### Isaías 42:18-19

Sordos, oíd, y vosotros, ciegos, mirad para ver. ¿Quién es ciego, sino mi siervo? ¿Quién es tan sordo como mi mensajero que envié? ¿Quién es tan ciego como mi escogido, tan ciego como el siervo de Jehová?

### Filipenses 3:13

Hermanos, yo mismo no pretendo haberlo ya alcanzado; pero una cosa hago: olvidando ciertamente lo que queda atrás y extendiéndome a lo que está delante, prosigo a la meta, al premio del supremo llamamiento de Dios en Cristo Jesús.

### Ezequiel 12:25, 28

Porque yo, Jehová, hablaré, y se cumplirá la palabra que yo hable; no se tardará más, sino que en vuestros días, casa rebelde, hablaré palabra y la cumpliré, dice Jehová, el Señor...Diles por tanto: "Así ha dicho Jehová, el Señor: No se tardará más ninguna de mis palabras, sino que la palabra que yo hable se cumplirá, dice Jehová, el Señor".

### Lucas 21:15

Porque yo os daré palabra y sabiduría, la cual no podrán resistir ni contradecir todos los que se opongan.

### Colosenses 4:3

Orad también al mismo tiempo por nosotros, para que el Señor nos abra puerta para la palabra, a fin de dar a conocer el misterio de Cristo, por el cual también estoy preso...".

### Haciendo lo que Jesús Hizo

Una de las formas en que el Señor confirma Sus intenciones para nosotros es dándonos Escrituras similares o que concuerdan, por medio de dos o más cristianos maduros que no se conocen entre sí. El Señor hace esto para asegurarnos que El está hablándonos personalmente.

En aquel entonces yo no comprendía el significado de estos dos encuentros proféticos. El plan de Dios para mi vida apenas comenzaba a desarrollarse.

## Sed llenos de la Palabra

PARA ENTONCES, YA había comprendido que estos dos hombres habían oído a Dios. Había demasiada evidencia indiscutible. La presencia del Espíritu Santo acompañaba sus actividades. Parecía haber una atmósfera de fe muy inusual y un sentir de expectativa mientras estos hombres exponían lo que Dios les iba dando. Luego lo comprendí. Ellos estaban llenos de la Palabra de Dios; habían pasado años memorizando miles de Escrituras. ¡Con razón eran ungidos! La Palabra de Dios había renovado su mente. Era como que realmente estuvieran hablando de parte de Dios porque pensaban como la Palabra de Dios. Esta revelación me impactó como un relámpago. Esta podía ser mi respuesta. Me puse a meditar en lo que ocurriría si yo memorizara las Escrituras. Ciertamente, no me haría mal. De todos modos no conocía muy bien la Biblia.

### Combinando negocio y placer

Yo representaba a una gran compañía manufacturera de sobres en Portland, Oregón. Mi territorio de ventas incluía a los condados del norte de Seattle hasta la frontera canadiense. Había asistido a muchos seminarios de negocios para aguzar mis técnicas mercantiles y de ventas. Un principio que se nos recordó fue el de cómo adquirir nuevas técnicas personales de ventas. El orador nos dijo que si uno practicaba la técnica por veintiún días se haría parte de la vida de uno, y por lo tanto mejoraría su presentación. Yo decidí aplicar este mismo principio a la memorización de las Escrituras. Seleccioné mis Escrituras favoritas del Nuevo y del Antiguo Testamento. Entonces repetí cada una, siete veces en una grabadora. Yo hacía esto hasta llenar una cinta de noventa minutos. Luego comenzaba una nueva grabación. Estaba atesorando la Palabra de Dios en mi corazón.

### Salmo 119:10-11
... No me dejes desviar de tus mandamientos. En mi corazón he guardado tus dichos...

## Haciendo lo que Jesús Hizo
La Palabra de Dios está saturada de la presencia del Espíritu Santo. Nunca pasará. Es eterna, está viva. Cuando memorizamos Su Palabra, estamos reemplazando el razonamiento humano con las verdades eternas que cambiarán nuestro modo de pensar al modo de pensar de Dios.

### Me escuché a mí mismo
Mientras manejaba de ida y vuelta al trabajo y entre citas, yo no escuchaba nada más que las Escrituras. Al final de los veintiún días, estaba admirado de lo fácil que era hablar la serie completa de Escrituras en voz alta mientras la iba escuchando. Después de escuchar sólo unas cuantas palabras, podía terminar perfectamente el resto de la Escritura. Lo más sorprendente fue cuando al final de sólo seis meses, ya había memorizado 130 pasajes claves de la Biblia. Yo creo que fui guiado por el Espíritu Santo a hacer esto. Los pasajes que escogí para memorizar eran promesas eternas referentes a la salvación, vida eterna, el poder del Espíritu Santo, sanidad, liberación, y lo que Jesús dijo que podíamos hacer. Todavía puedo recordar de la mayoría de esos versículos, palabra por palabra.

Luego empezó a suceder algo maravilloso. Lo que yo pedí, se me concedió. Cuando la gente pedía oración o estaba preocupada por su condición, de repente me venía un versículo de la Palabra que supliría su necesidad. El Espíritu Santo me hacía recordar grandes porciones Bíblicas que podían resolver los problemas de la gente. Sucedía con tanta naturalidad que me sentí confiado de que el Señor estaba hablando a través de mí. El estaba usando el depósito de Su Palabra en mi espíritu para bendecir a otros. Fue extremadamente gratificante para mí. El Señor estaba usándome de una manera que nunca imaginé que fuera posible. Por fin estaba oyendo la voz de Dios de un modo seguro y confiable. Estaba siendo usado como un eco de la Palabra de Dios escrita cuando y donde se necesitaba.

## Escuché la Voz del Espíritu Santo

NUNCA OLVIDARÉ la primera vez que di una palabra "inspirada" de parte del Espíritu Santo en una reunión pública. Sucedió en un almuerzo de los Hombres de Negocios en el restaurante Galilean en el norte de Seattle. Durante la adoración, uno de los líderes dio un mensaje público en lenguas. El maestro de ceremonias nos dijo que esperáramos una interpretación propia del mensaje. Necesitábamos guardar el orden y saber lo que Dios estaba diciéndonos. Esperamos y esperamos. Mientras tanto, yo estaba gozando de la presencia del Señor al otro lado del salón. Parecía que el Señor estaba causando una explosión de palabras acompañadas de imágenes en mi mente. Era maravilloso. Yo estaba teniendo mi propia fiesta con el Espíritu Santo.

### 1 Corintios 14:27
Si alguien habla en lengua extraña, que sean dos o a lo más tres, y por turno: y que uno interprete.

### Haciendo lo que Jesús Hizo
Es mejor dejar que el Espíritu Santo use más de una persona cuando los dones de lenguas e

interpretación de lenguas se manifiestan juntos
en una reunión pública.

**"¿Qué hago?"**

El hombre que estaba de pie junto a mí recibió una palabra de conocimiento y yo tenía la interpretación al mensaje en lenguas. El me codeó con firmeza y me dijo, "Hermano, usted tiene la interpretación. ¡Comuníquela!". Abrí mis ojos y le dije: "¿Qué hago?" Me dijo: "Simplemente diga lo que está oyendo y viendo en el Espíritu". Se acabó mi fiesta. Con palabras titubeantes le dije al grupo lo que había acabado de ver y oír. Deben haber sido inspiradas porque todos irrumpieron en un aplauso espontáneo hacia el Señor de señores. Por primera vez, yo había escuchado la voz del Señor en un lugar público y tuve el privilegio de ser portador del mensaje que El quería darnos. El Espíritu Santo había creado una atmósfera que trajo edificación a todos los que se habían congregado.

> **1 Corintios 14:26**
> Entonces, hermanos, ¿qué podemos decir? Cuando os reunís, cada uno de vosotros tiene salmo, tiene doctrina, tiene lengua, tiene revelación, tiene interpretación. Hágase todo para edificación.

### Haciendo lo que Jesús Hizo

Dios – Espíritu Santo, está presente cuando los creyentes se reúnen. Todos deben venir expectantes y listos para contribuir con algo del Señor que edifique y haga crecer a los que se han congregado.

## Siendo sensibles al Espíritu Santo

Entre más memoricé la Palabra, más me usaba Dios para dar palabras de ánimo a otros. Con el correr de los meses y los años, noté una sensibilidad creciente hacia el ministerio del Espíritu Santo. Esto ocurrió mientras oraba por ciertas personas; era como que supiera cosas de su vida y cómo orar por sus situaciones. Entraba en acción cuando los miraba a los ojos o les ponía mi mano en sus hombros. Tomó mucho tiempo de prueba y fracaso para obtener maestría en cooperar con el Espíritu Santo en esta manera, pero continué haciéndolo. A veces oía correctamente, a veces no. Cuando titubeaba y desobedecía la guía delicada, de inmediato sabía que había contristado al Espíritu Santo. El sutilmente nos deja saber cuando titubeamos y empezamos a dudar de Su guía. Si continuamos dudando por mucho tiempo, la unción disminuye y nos deja sintiéndonos miserables.

## El método seguro

Yo he aprendido a disculparme cuando fallo en hacer lo que Dios quería que hiciera. Los cristianos son prontos en perdonar cuando se está tratando de obedecer la voz de Dios. Yo recomiendo el "método seguro" a cualquiera que no esté seguro de estar oyendo correctamente. Puede decir algo así como: "Hermano, perdóneme, puede que me equivoque, pero quiero decirle lo que "creo" estar oyendo decir al Señor… ¿Está bien?" Cuando tomamos tal postura en este tipo de ministerio, la gente casi siempre le dirá, "Hágalo". Después que les dé la palabra, pregúnteles, "¿Tiene sentido lo que le dije? ¿Se aplica a su situación?" Yo les permito responderme honestamente. Y estoy listo para disculparme si fallé en escuchar bien a Dios. Pero hemos descubierto que el 95 por ciento del tiempo Dios nos está guiando. Tenemos que disculparnos menos cada vez y aprendemos a hacerlo correctamente.

Las ocasiones en que fallaba eran cada vez menos. Estaba obteniendo más confianza al ministrar conforme pensaba que estaba siendo guiado. Eventualmente, decidí dar por hecho que estaba siendo guiado por la voz de Dios, ya fuera que sintiera una guía sutil de una voz interna, o la firme y poderosa voz del Espíritu Santo, yo declaré que actuaría de acuerdo con lo que pensaba que estaba manifestándose en mi mente. Al mismo tiempo, siempre me mantuve dispuesto a una crítica constructiva de aquellos a quienes ministraba. Yo quería obedecer la exhortación de Pablo en Efesios 6.

### Efesios 6:18
...con toda oración y súplica en el Espíritu....

## Haciendo lo que Jesús Hizo
Jesús dijo que los creyentes hablarían en lenguas. Pablo dice que cuando hablamos en lenguas estamos orando en el Espíritu. Orar en lenguas permite que el Espíritu Santo active nuestra mente para escuchar una respuesta de Dios.

### Orando en lenguas
Efesios 6:18 es la vía principal para escuchar a Dios. No es una opción. Orar en lenguas es una necesidad y se debe buscar agresivamente. Entre más oramos en el Espíritu, más escucharemos de parte de Dios. Al unir la memorización de las Escrituras con orar en lenguas, mantendremos un canal abierto para escuchar la voz de Dios diariamente. Es parte de permanecer en Cristo. Permanecer quiere decir que estamos tan cerca del Señor que oraremos sin egoísmo.

### Juan 15:7
"Si permanecéis en mí y mis palabras permanecen en vosotros, pedid todo lo que queráis y os será hecho.

### Haciendo lo que Jesús Hizo
Jesús desea que oremos usando Sus palabras al pedirle algo. Si oramos en el Espíritu, esto nos permitirá orar con Sus palabras

que están permaneciendo en nuestra naturaleza espiritual. Cuando lo hacemos, estamos orando Sus palabras y pidiendo conforme a Su voluntad. De esta manera, El hará todo lo que le pidamos.

## Orando en el Espíritu en Todo Tiempo

APRENDÍ UNA VERDAD vital de un número de líderes en el movimiento carismático durante los años setenta y los ochenta. Todos estaban de acuerdo en una cosa. Todavía escucho sus enseñanzas: "La manera en que escuchamos al Espíritu Santo es orando en el Espíritu en todo tiempo. Si usted no está orando en lenguas constantemente, entonces se está perdiendo lo mejor de Dios". Ellos nos desafiaban a orar en lenguas el mayor tiempo posible. Me acuerdo lo que sucedía cuando yo pasaba más de media hora orando de esta manera. Ocurría algo dentro de mí. Era como que lo profundo de mi ser era nutrido a más no poder. Sentía una euforia espiritual. Sentía que estaba conectado con el Espíritu Santo de una manera que no hubiera sido posible de otro modo.

### 1 Corintios 14:2, 4
El que habla en lenguas no habla a los hombres, sino a Dios, pues nadie lo entiende, aunque por el Espíritu habla misterios…El que habla en lengua extraña, a sí mismo se edifica; pero el que profetiza, edifica a la iglesia.

### Haciendo lo que Jesús Hizo
Pablo exhorta enérgicamente a los creyentes que oren en lenguas constantemente. Entre más lo hacemos, más misterios divinos empezarán a fluir de nuestra naturaleza espiritual, lo cual nos edificará, dándonos más energía para el ministerio.

## Deténgase y escuche

Los creyentes que estén dispuestos a pagar el precio de pasar un tiempo de calidad orando en lenguas heredarán una promesa poco conocida en 1 Corintios 14. Siempre que oro en el Espíritu por largos períodos y luego me detengo de repente y escucho, puedo oír palabras de alabanza y adoración al Señor en mi mente. Palabras inteligibles emitidas por el Espíritu en mi mente, las cuales concuerdan con lo que acabo de orar en lenguas. Me imagino que esto es casi siempre la interpretación de las palabras misteriosas que he estado orando.

### 1 Corintios 14:13-14

Por lo tanto, el que habla en lengua extraña, pida en oración poder interpretarla. Si yo oro en lengua desconocida, mi espíritu ora, pero mi entendimiento queda sin fruto.

## Haciendo lo que Jesús Hizo

- El apóstol Pablo revela una profunda verdad acerca de orar en lenguas. El dice que cualquiera que habla en lenguas debe orar para que también pueda interpretar lo que está diciendo.
- Orar en lenguas es una operación sobrenatural generada de nuestra naturaleza espiritual no de nuestra mente.
- Pablo nos exhorta a que permitamos que el Espíritu Santo interprete lo que hemos estado orando para que nuestra mente pueda entender lo que se dijo.
- Siempre que estamos solos deberíamos practicar esta manera de orar.

## Adoración personal

El contexto de 1 Corintios 14 está casi exclusivamente relacionado con reuniones públicas del cuerpo de la iglesia. ¿Pero cómo es que uno aprende a expresar estos dones cuando llegan a la iglesia? ¿Les podemos sugerir que los practiquen en su propia casa? Si no aprendemos a edificarnos a nosotros mismos, ¿cómo es posible que podamos aprender a edificar a la iglesia? Hay que tratar de aplicar los principios de hablar en lenguas y de interpretación de lenguas en la seguridad de nuestro propio hogar, a solas.

## Una manera de orar emocionante

El versículo que leímos nos dice que podemos esperar recibir la interpretación de lo que hemos estado orando en un lenguaje desconocido. Dice: "...pida en oración poder interpretarla". Yo descubrí esto a solas con Dios, orando por largos períodos en el Espíritu. Yo le preguntaba: "Señor, ¿qué estoy diciendo?" Las palabras se manifestaban en mi mente. Así que, yo se las repetía al Señor. Las palabras eran casi siempre de alabanza, exaltación y magnificación del Señor. Parecían ser palabras que necesitaban ser dichas al Señor. Esto se convirtió en un ejercicio regular que reforzó mi fe y confianza de que estaba en lo correcto. Eventualmente llegué a la conclusión de que estaba oyendo lo que el Espíritu Santo estaba diciendo. El me animó a expresar estas palabras al Padre. Era como que el Espíritu Santo me estuviera dando el tipo de palabras que fueran de más bendición y magnificación al Padre que las que yo hubiera pensado.

## Prudencia

También descubrí que cuando continué ejercitando la fe y expresaba las palabras que se estaban manifestando en mi mente, ocasionalmente el mensaje era tocante a cosas que el Señor quería que yo hiciera. La comunicación era personal y se aplicaba a mi situación. Existe un peligro al aceptar las palabras que vienen a nosotros de esta manera, como si fueran de Dios.

En nuestro deseo de escuchar a Dios debemos poner a prueba las palabras que estamos oyendo, especialmente si se aplican a nosotros. Yo aprendí rápidamente a escribir lo que pensaba que el Espíritu Santo estaba diciendo. Cuando escribía siempre oraba, "Señor, si esto viene de Ti, por favor confírmalo de la manera que Tú quieras". Nunca ponía en acción lo que había escuchado hasta no recibir confirmaciones múltiples. Una buena indicación de que estamos oyendo la voz del Espíritu Santo es cuando escuchamos el mismo mensaje o vemos las mismas imágenes en nuestros pensamientos y sueños una y otra vez. Este es especialmente el caso cuando oramos en lenguas durante prolongados lapsos de tiempo.

### Cuando recibimos confirmación

Tan pronto como Dios confirmaba lo que me había dicho, aprendí a obedecer rápidamente lo que me había pedido que hiciera. Con muy pocas excepciones, la guía que sentía era realmente del Señor. Cuando El multiplica Sus confirmaciones, usted puede estar más seguro de que el mensaje vino de El.

### Salmo 119:105-106

Lámpara es a mis pies tu palabra y lumbrera a mi camino. Juré y ratifiqué...

### 1 Pedro 5:10

Pero el Dios de toda gracia, que nos llamó a su gloria eterna en Jesucristo, después que hayáis padecido un poco de tiempo, él mismo os perfeccione, afirme, fortalezca y establezca.

## Haciendo lo que Jesús Hizo
Cuando Jesús quiere que usted haga algo, el
Espíritu Santo causará que se manifiesten múltiples

confirmaciones, dándole la seguridad de que viene de El. La mayoría de las confirmaciones serán sorpresas espontáneas. Esta es una clave principal de que la confirmación es del Señor.

## Cómo Actúa en Nuestra Vida Diaria

ESCUCHAR LA VOZ de Dios nos puede dar una gran ventaja para que nuestra vida diaria se mantenga en curso. Sería maravilloso si pudiéramos escuchar Su voz hora tras hora como Cristo lo hacía. Pero así no es como opera en la mayoría de los cristianos. Hasta el pastor más espiritual, más maduro y santo que conozcamos no oye la voz de Dios como Jesús lo hacía. No es así, pero queremos que así sea. Todos debemos estar trabajando para ese fin. Si cada líder cristiano fuera completamente sincero, tendría que admitir que está muy lejos de oír la voz del Padre como Jesús lo hacía. Saber que esto es posible, nos da una fuerza que nos impulsa a buscar una relación más cercana y personal con el Padre Celestial. Los siguientes son ejemplos de la vida real de cómo escuchamos la voz de Dios e intentamos obedecer.

### Debemos ser deliberados

Aprender a escuchar la voz de Dios requiere de acciones deliberadas. Yo (Sonja) soy una persona de la Palabra, y por estar a diario en la Palabra por casi cuarenta años, el Espíritu Santo como Maestro me ha enseñado muchos principios espirituales sorprendentes. He aprendido de la Palabra lo que le agrada a Dios y cómo puedo demostrarle que le amo. Aprender a escuchar la voz de Dios a través de Su Palabra no es sólo emocionante, sino que puede moldear cada acción en nuestra vida. Las siguientes Escrituras me han guiado a través de los años.

**Hebreos 4:12**
La palabra de Dios es viva, eficaz y más cortante que
toda espada de dos filos: penetra hasta partir el alma
y el espíritu, las coyunturas y los tuétanos, y discierne
los pensamientos y las intenciones del corazón.

**1 Samuel 15:22**
Mejor es obedecer que sacrificar...

**Juan 14:15**
Si me amáis, guardad mis mandamientos.

## Haciendo lo que Jesús Hizo

La Palabra de Dios es viva, activa y sobrenatural.
Dios aclara en Su Palabra que debemos
demostrarle que le amamos por medio de
nuestra obediencia. Por lo tanto, debemos
conocer Su Palabra para que podamos vivir una
vida agradable a El. Su Palabra también le permite
hablarnos claramente.

### Renovando nuestra mente

A través de los años El ha tratado con mis (Sonja) comportamientos pecaminosos y carnales a través de Su Palabra. Ella es como un reflector que brilla sobre ciertos pasajes iluminándolos y me da conocimiento personal, convicción y entendimiento. Esta es la naturaleza sobrenatural de la Biblia revelada por el Espíritu Santo.

En muchas ocasiones ha habido una lucha feroz entre mi naturaleza carnal (mente, emociones y voluntad) y mi espíritu. Una de las áreas de batalla espiritual mayor ha sido la justificación propia. ¡Qué raciocinio tan pestilente! Yo siempre quiero tener la razón, que mi punto de vista prevalezca siempre. El siguiente incidente revela cómo he batallado en esta área.

## Ejecutivo Corporativo necesita escuchar la voz de Dios

Yo estaba trabajando como directora ejecutiva en una corporación electrónica, y disfrutaba mucho mi trabajo. Cuando la compañía creció, la junta directiva y los ejecutivos, acordaron que era tiempo de contratar a un nuevo jefe ejecutivo para llevar a la compañía al siguiente nivel. En esta reorganización, fueron empleados cuatro ejecutivos nuevos. En mi posición yo tenía que tratar diariamente con cada una de estas personas.

Como siempre había tenido excelentes relaciones en el trabajo con los predecesores, ingenuamente pensé que ocurriría lo mismo con los ejecutivos nuevos. ¡Qué sorpresa me llevé! Desde el primer día ese "círculo íntimo" comenzó a dejarme afuera. Como yo dependía de la información vigente de parte de ellos para hacer mi trabajo, me hallaba en aprietos. Con el correr de las semanas, la situación pasó de mal a peor. Nada de lo que hice o dije cambió las cosas. Era obvio: no sólo no les caía bien, sino que me querían fuera de allí.

Estaba orando fervientemente por las circunstancias en deterioro en que me hallaba, y no obtenía respuestas, ninguna razón. Me di cuenta de que el trabajo que amaba se había convertido en algo cada vez más miserable, al punto de sentirme sin ánimo de ir a trabajar. Todo llegó a un estado crítico un viernes por la tarde; no se me había entregado la información que necesitaba para una junta con la mesa directiva. Esto causaría que mi informe se atrasara. Me dijeron con todo descaro que no me podrían dar la información hasta después de la reunión. ¡Eso fue el colmo!

### ¡Lanzaba fuego con mis ojos!

¡Me enojé tanto que parecía que lanzaba fuego con mis ojos! Temblando de ira, de alguna manera pude decir algo así como, "¡No puedo creer que carezcan de ética profesional!" Entonces me dirigí a mi oficina y cerré la puerta con todas mis fuerzas. Todas las paredes de la oficina temblaron con la fuerza de mi furia. Aferré mi portafolio y mi bolso, abrí la puerta, salí azotando la puerta nuevamente. Para entonces, tenía la atención de todos. Gracias a Dios que nadie dijo ni una palabra al marchar hacia mi auto e irme por el fin de semana.

Muy pocas veces en mi vida he estado tan fuera de control. Fue horrendo. Ya habíamos planeado un viaje de fin de semana a un pueblecito bávaro al este de Washington. Expresé todo mi enojo, frustración, justificación propia y naturaleza carnal fuera de control a mi pobre esposo, John. Era claro que contaba con tres opciones:

1. Podría renunciar y dejar la compañía que yo había ayudado a formar además de las opciones lucrativas de capital, bonos, programas, etc.
2. Podría quedarme a pelear con ellos en sus términos. Después de todo, yo me reportaba directamente con el presidente y personalmente conocía a todos los directores de la junta. Yo podría causar bastante angustia a mis "enemigos" y alimentar el demonio de la justificación propia.
3. Podría quedarme, y a través de la gracia de Dios, ser quien era—sin responder de la misma manera que ellos.

Ya cuando por fin me pude calmar hasta poder escuchar, abrí la Biblia y fui dirigida a:

### 1 Corintios 13:4-7

El amor es sufrido, es benigno; el amor no tiene envidia; el amor no es jactancioso, no se envanece, no hace nada indebido, no busca lo suyo, no se irrita, no guarda rencor; no se goza de la injusticia, sino que se goza de la verdad. Todo lo sufre, todo lo cree, todo lo espera, todo lo soporta.

## Haciendo lo que Jesús Hizo

Este párrafo es uno de los pasajes más poderosos
en toda la Biblia. Jesús, mi perfecto ejemplo,
exhibió este tipo de amor. ¡Cuánto necesitamos
de El y Su amor!

### El habló a través de Su Palabra una vez más

¡Yo había sido grosera, buscando lo mío, fácilmente irritada y estaba tomando nota de cada ofensa pequeña! Estaba siendo demasiado sensible al trato que estaba recibiendo. Ese tipo de amor del cual hablaba el Apóstol Pablo sólo podría venir de parte de Dios. Se lo pedí, y El inmediatamente ablandó mi corazón. El habló a través de Su Palabra una vez más. Me sentí guiada a comprar un regalito pequeño pero expresivo para la dama con quien había sido tan grosera el viernes.

Me porté como yo misma el lunes en la mañana cuando entré a la oficina, puse el hermoso regalito sobre el escritorio de la dama y le saludé con un feliz "¡Buenos días!". Créamelo, se quedó con la boca abierta mientras yo proseguí hacia mi oficina. Obviamente, ella estaba lista para una buena pelea, pero mis acciones la desarmaron por completo.

### Le puse un alto a mi horrenda justificación propia

Todo comenzó a cambiar ese mismo día. Le puse un alto a mi horrenda justificación propia y determiné que si el Señor quería permitir que continuaran tratándome mal, El tenía cosas que sacar o añadir a mi carácter, y que yo declararía: "Bástame, tu gracia".

Dos meses después, uno de los ejecutivos asomó la cabeza en mi oficina y me preguntó si podía conversar conmigo por unos minutos. Cuando le dije: "Claro que sí", de veras pensé: "¿y ahora qué?". Este hombre había sido bastante tosco en su comunicación conmigo.

**El pensaba que yo era una farsante**

Fui a su oficina, me senté al otro lado de su escritorio, y me crucé de brazos. Me agradeció por venir, y dijo que necesitaba explicarme algo antes de discutir el asunto que tenía en mente. Asentí con la cabeza, y el comenzó a decirme que yo no le había caído bien desde el momento que me había visto. El creía que yo era una farsante— nadie podía ser tan amable y considerada día tras día. Sin embargo, había llegado a la conclusión de que yo era quien parecía ser y que él había estado equivocado. Entonces se acercó sonriendo y me dijo algo increíble: "Es más, Sonja, ¡usted me cae muy bien!".

Estupefacta y muda, me quedé sentada, completamente maravillada mientras él se refería al asunto que quería tratar conmigo. Tenía que ver con una situación seria referente a uno de sus empleados, y él quería mi consejo en cuanto a cómo tratarla. Juntos pudimos buscar una excelente solución la cual resultó en algo bueno para ambos—tanto para el empleado como para la compañía.

El resto de mi tiempo en esa compañía fue agradable. Todos nos hicimos amigos y buenos compañeros de trabajo. ¡Sí, podemos escuchar la voz de Dios a través de Su Palabra y por Su Espíritu Santo para enfrentar cada una de las experiencias diarias de la vida! La siguiente historia relata una forma más dramática en la que el Señor puede hablar.

## ¡John, Te he Llamado a Predicar el Evangelio!

### Isaías 6:8

Después oí la voz del Señor, que decía: "¿A quién enviaré y quién irá por nosotros?". Entonces respondí yo: "Heme aquí, envíame a mí".

**Haciendo lo que Jesús Hizo**
Uno de los más significativos llamados para

cualquier hombre o mujer es el de ser llamados a predicar el Evangelio. Cuando escuchemos la voz de Dios, llamándonos personalmente a proclamar el Evangelio completo, nuestra respuesta debe ser: "¡Sí, Señor, heme aquí, envíame a mí!"

## Jack-in-the –Box

Fue un mediodía el 3 de noviembre, 1975. Yo (John) acababa de recibir mi almuerzo en la ventanilla del Jack–in–the–Box en el centro de Seattle, Washington. Decidí ahorrar tiempo y comer dentro de mi auto porque tenía un día muy ocupado haciendo muchas visitas de ventas. Me estacioné cerca de donde está el micrófono para hacer los pedidos, y desenvolví la hamburguesa más jugosa que había en el menú. Al ponerla en mi boca, de repente la voz de Dios llenó mi auto. Me dijo: "¡John Decker, Yo te llamo a predicar el Evangelio!". Sorprendido, solté la hamburguesa; los tomates, la lechuga y la cebolla cayeron en la servilleta sobre mi regazo. Luego me dijo otra vez: "¡John Decker, Yo te llamo a predicar el Evangelio!". Estupefacto, con mis ojos bien abiertos, y sin tomar un respiro más, miré a la estatua de plástico de Jack-in-the-Box donde está el micrófono para ordenar comida. La voz no venía de ese micrófono. ¡El que hablaba era el Rey de reyes y Señor de señores! Lentamente, coloqué el resto de mi hamburguesa en la cajita.

### Pida una confirmación

Un pastor me aconsejó una vez que siempre pidiera varias confirmaciones si pensaba que el Señor me estaba hablando acerca de un cambio importante en mi vida; este era uno. Le dije: "Señor, si eres Tú el que habla, esto es muy serio. ¡Yo quiero que me confirmes lo que creo que me estás diciendo, tres veces!". Pensé que si lo hacía difícil para Dios, entonces sabría con certeza que era Él. Apenas terminé mi pregunta cuando oí que me dijo: "¡Maneja al parque que está en la cima de la colina y te lo confirmaré!" La voz era tan clara, tan fuerte, tan espontánea que encendí el motor de mi auto y manejé hacia el parque. Al llegar allí apagué el motor, y pensé: "Bien, ¿y ahora qué?" Otra vez, igual que antes, Sus palabras retumbaron fuertemente en mi cabeza. Me dijo: "Lee en Hebreos, capítulo 3". Rápido, a tientas y tembloroso busqué mi Biblia entre mis cajas de mercancía en el asiento de atrás y la encontré. Busqué Hebreos 3, y mis ojos de inmediato estaban fijos sobre:

### Hebreos 3:7-8

. . . dice el Espíritu Santo: "Si oís hoy su voz, no endurezcáis vuestros corazones como en la provocación, en el día de la tentación en el desierto...".

## Haciendo lo que Jesús Hizo
Sentí una sacudida en el hombre interior con las palabras, "John, ¡Yo te estoy hablando!". Esta es una de las maneras en que usted sabrá que Dios le está hablando.

Yo sabía que el Espíritu Santo me estaba personalizando este pasaje. Le dije: "Bien, esa es una confirmación". Luego me dijo: "¡Da vuelta a la página!" Y lo hice. ¡Allí estaba otra vez, no sólo una sino dos veces!

### Hebreos 3:15

. . .si oís hoy su voz, no endurezcáis vuestros corazones como en la provocación.

### Hebreos 4:7

. . .si oís su voz, no endurezcáis vuestros corazones.

᠕

## Haciendo lo que Jesús Hizo
Cuando el Espíritu Santo habla, El puede repetir el mismo pasaje una y otra vez hasta que aceptemos que es de Dios.

ᢎ

Le dije: "Bien, eso fue dos veces". Luego me asusté cuando de repente oí que me tocaron la ventana del lado del pasajero de mi auto. Me di vuelta sorprendido y vi el rostro de mi compañero de oración sonriéndome. Me indicó con un gesto que le abriera la puerta. No podía creer lo que estaba pasando. Se sentó y me dijo: "Dios me dijo que manejara hasta aquí, que te encontrara, y te dijera que El está llamándote para hacer algo muy importante".

### Le dije, "Muy bien, Señor, ya son tres"

Cuando le conté lo que me estaba sucediendo y que él era la tercera confirmación que Dios había orquestado para hacerme creer que era El, comenzamos a orar y a llorar juntos. Con las manos alzadas, sentados en el asiento de mi auto, alabamos a Dios y nos regocijamos que el Señor claramente me había llamado a predicar el Evangelio de un modo tan convincente que yo sabía con certeza que era El. Este encuentro vivo con Dios, era sólo el comienzo de una serie de eventos que me colocaron dentro del ministerio de equipar a otros. Las siguientes Escrituras nos enseñan que Pedro tuvo un encuentro vivo con el Señor donde El le indicó algo tres veces.

### Hechos 10:13-20

Y le vino una voz: "Levántate, Pedro, mata y come". Entonces Pedro dijo: "Señor, no; porque ninguna cosa común o impura he comido jamás". Volvió la voz a él la Segunda vez: "Lo que Dios limpió, no lo llames tú común". Esto ocurrió tres veces; y aquel lienzo volvió a ser recogido en el cielo. Mientras Pedro estaba perplejo dentro de sí sobre lo que significaría la visión que había visto, los hombres que habían sido enviados por Cornelio, habiendo preguntado por la casa de Simón, llegaron a la puerta. Llamaron y preguntaron si allí se hospedaba un tal Simón que tenía por sobrenombre Pedro. Y mientras Pedro pensaba en la visión, le dijo el Espíritu: "Tres hombres te buscan. Levántate, pues, desciende y no dudes de ir con ellos, porque yo los he enviado".

### Haciendo lo que Jesús Hizo

- Esta es una de las mejores Escrituras en el Nuevo Testamento en cuanto a cómo el Espíritu Santo puede hablar al creyente hoy.
- También podemos esperar que el Espíritu Santo ordene las circunstancias para que coincidan con Sus mandatos tal como lo hizo en el pasaje que leímos. El lo hace para crear un estímulo que nos convenza que es el Señor quien nos está hablando.
- Luego simplemente debemos obedecer a lo que hemos escuchado. Tome tiempo para meditar en los detalles en Hechos, Capítulo 10.

### Más confirmaciones

Sólo unos cuantos meses después, al terminar mi mensaje en el sector de la Asociación en Tacoma, un hombre que nunca había visto antes apareció frente a mí. Me tomó de la mano y mirándome a los ojos profundamente dijo, "El Señor te dice que seas más valiente que nunca. No debes esperar más tiempo. Tú predicarás el Evangelio con el gran poder del

Espíritu Santo. ¡El poder del Dios Todopoderoso estará contigo y tus palabras!". Cerré mis ojos por un momento y comencé a dar gracias a Dios. Cuando los abrí, ya no lo vi más. Salí a buscarlo pero fue en vano. Los otros hombres no sabían quién era ni de dónde vino. Este fue el inicio de una serie de confirmaciones similares durante los dos años siguientes, los cuales me convencieron firmemente que debía rendir mi vida para predicar el Evangelio. Finalmente lo hice en la primavera de 1977. Empecé a comprender el modo misterioso en que el Espíritu Santo trabaja. Vi que en Hechos 13 el Espíritu Santo habló lo concerniente a Bernabé y Saulo.

### Hechos 13:1-3

Había entonces en la iglesia que estaba en Antioquia, profetas y maestros: Bernabé, Simón el que se llamaba Níger, Lucio de Cirene, Manaén el que se había criado junto con Herodes el tetrarca, y Saulo. Ministrando estos al Señor y ayunando, dijo el Espíritu Santo: "Apartadme a Bernabé y a Saulo para la obra a que los he llamado". Entonces, habiendo ayunado y orado, les impusieron las manos y los despidieron.

### Haciendo lo que Jesús Hizo

Cuando tomamos en serio el hecho de escuchar la voz de Dios, El nos premiará si lo buscamos con diligencia. Las formas Bíblicas de crear una atmósfera donde podamos escuchar al Espíritu Santo son ayunando, orando, y ministrando ante el Señor. En este caso, el Espíritu Santo confirmó claramente el llamado de Bernabé y Saulo para ser apóstoles a los gentiles. Lo mismo puede y debiera suceder con nosotros.

## Cómo aprendí a Escuchar la Voz de Dios Tomando Notas en un Diario

YO (SONJA) FRECUENTEMENTE les pregunto a los pastores y líderes en nuestros entrenamientos, si oyen la voz del Señor regularmente. Y casi sin excepción, todos levantan la mano afirmativamente. Luego les pregunto si se acuerdan de un día para otro lo que El les ha dicho. Eso les provoca una mirada curiosa. Después les pregunto si están de acuerdo en que el Señor nos está hablando, pero debido a que no somos disciplinados en tomar notas en un diario de lo que El nos dice, no podemos recordar lo que nos dijo ayer. Sus pensamientos se mezclan con los nuestros, y luego el mensaje ya no es claro.

Aparte de leer Su Palabra, la forma más importante de escuchar y conocer Su voz es por medio de anotar lo que le escuchamos decir. Yo he estado tomando notas por casi cuarenta años. Cada mañana leo mi Biblia y luego escribo mi adoración (simplemente exclamando lo digno que Dios es), mis pensamientos, y muchas veces mis oraciones. Luego, me disciplino a escuchar Su voz, y diligentemente tomo notas de lo que estoy oyendo y las impresiones que esté recibiendo.

### Señor, ¿eres Tú?

Me acuerdo que cuando comencé, el me dijo algo qué iba a suceder. Casi no lo podía creer. Es más, puse una estrella grande en el margen con una nota que decía, "Señor, ¿realmente eres Tú? ¡Me parece extraordinario!" ¡Ahora piense en lo maravillada que quedé cuando sucedió tiempo después! Me acuerdo de haber pensado: "¡Sí eras Tú! ¡Eras Tú, Señor! ¡Aunque lo había dudado, sí era Tu voz!"

A través de los años, esto ha sucedido una y otra vez. Este es mi tiempo de conexión vital con la magnífica Trinidad—el Padre Divino, el Señor Jesucristo y el precioso Espíritu Santo.

## Su voz se puede escuchar alrededor del mundo

En uno de nuestros viajes misioneros, a los campos de refugiados en el norte de Tailandia, John estaba usando un cinturón para guardar dinero que contenía todo el dinero efectivo para los gastos del equipo. Una tarde, extremadamente calurosa, veníamos de regreso a nuestro hotel y John se quitó el cinturón con el dinero adentro. Lo puso en el asiento posterior del vehículo directamente detrás de él. Cuando regresamos al hotel y nos tendimos sobre la cama, Su voz inmediatamente me llamó la atención. ¡John no tenía su cinturón con el dinero! Lo había dejado en el vehículo, y por la gracia de Dios, estaba donde lo había puesto.

## El era adicto a la pornografía

Un domingo por la mañana llegamos temprano a una iglesia en California donde íbamos a predicar. Los pastores nos presentaron al equipo de alabanza, y hablamos de cómo queríamos cerrar el servicio. Un joven del equipo era como un hijo para los pastores, y a John y a mí nos simpatizó inmediatamente. El era simpático, con mucha personalidad y talento.

Hubo una tremenda respuesta ante el llamado al altar—la gente aceptó a Jesús como su Salvador, muchos fueron sanados, y otro grupo fue bautizado con el Espíritu Santo. En medio de todo este hermoso ministerio, mis ojos se fijaron en este joven. A nivel humano, nos había simpatizado de inmediato, así que yo me quedé sorprendida cuando pude discernir que él era adicto a la pornografía y estaba viviendo una vida de engaño. Lo consideré por un momento, luego me acerqué a John y le compartí lo que había escuchado. El no había discernido eso, así que pensé que tal vez no había oído bien.

Pasaron unos minutos, y supe que tenía que decir algo. El joven se dirigió a la pastora que estaba de pie junto a mí y le estaba hablando como un hijo con su madre. Respiré profundamente, haciendo una oración breve, y luego le pregunté si le podía hacer una pregunta. "Claro", me dijo, sin imaginar nunca lo que iba a exponer. "¿Eres un adicto a la pornografía?", le pregunté. Me miró como alguien que acababa de recibir un golpe con una viga. Se le fue todo el color de la cara, y comenzó a llorar. "¡Sí, es cierto, y me siento enfermo por ello!".

### ¡El tenía relaciones sexuales con dos jovencitas!

Inmediatamente me acerqué a John y le dije que lo que yo había oído era verdad; le pedí que viniera para ayudarme a ministrar a este joven. John fue en busca del pastor asistente para que le ayudara a ser una persona a quien el joven pudiera rendir cuentas después de habernos ido. Era una historia horrible. ¡El había comenzado con la pornografía, lo cual se convirtió en adicción, y actualmente estaba teniendo relaciones sexuales con dos de las jovencitas de la congregación! ¡Era algo increíble! Qué telaraña de engaño había permitido este joven a Satanás. John trató con los espíritus inmundos y mentirosos y puso toda la responsabilidad en orden. Entonces compartimos con los pastores, los cuales también habían sido engañados y estaban destrozados a causa de esta revelación.

Tristemente, tiempo después, cuando volvimos a preguntar acerca de la situación, nos dijeron que el joven se había ido de la iglesia. Aparentemente, todavía estaba luchando pero no había podido resistir las tentaciones. Sabemos que a veces los hombres necesitan un programa fuerte y un grupo de apoyo para quebrar este tipo de esclavitud. Encontramos este tipo de conducta deplorable en más y más iglesias. ¡Cómo necesitamos los dones de discernimiento de espíritus y palabras de sabiduría y conocimiento para que podamos desenmascarar al enemigo y ayudar a la gente con lo que necesita! ¡Oh, que un respeto santo por la casa de Dios cayera sobre nosotros!

### Estrategias sobrenaturales

Recientemente, el Señor nos retó a ambos a entrar en una fresca y muy seria fase de nuestra batalla espiritual e intercesión. El nos indicó que si cada día dedicábamos bastante tiempo a orar en y con el Espíritu Santo, Él nos daría vislumbres de eventos futuros. No nos dijo que seríamos profetas, pero que podríamos dirigir nuestras energías para estar lo más cerca posible de la voluntad de Dios. El Señor también nos indicó que si pagábamos el precio de entrar en una relación íntima con Él, nos revelaría las estrategias del enemigo antes de que sucedan. Podríamos evitar tragedias potenciales y estar en la voluntad de Dios. Él dijo que tendríamos que adherirnos a los intercesores verdaderamente comprometidos para que esto se transforme en una realidad.

## Pagando el precio

Los verdaderos intercesores pagan un precio enorme para estar en contacto con el Señor. No es barato ni esporádico. Es una misión seria, casi siempre de por vida. Pasar horas ante el Señor clamando por otros, por algunos que hasta son enemigos de la cruz, es un oficio que nadie agradece. La alternativa no es atractiva. Estaríamos en un curso de vida confortable, y recibiríamos una bendición ocasional por la gracia de Dios. Nos acordamos de las Escrituras que nos dicen que la obediencia es mejor que sacrificios. Así que hemos escogido la intercesión como el mejor curso de acción. Estamos pasando más y más tiempo en rogativas al Señor, ejercitando nuestros lenguajes espirituales, y prestando atención para oír Su respuesta. Las recompensas valen la pena.

## Recién hemos comenzado

Estamos comenzando a oír de cosas increíbles que afectarán nuestro futuro y el futuro de aquellos afiliados con nuestro ministerio. Nuestros cuadernos con notas se están llenando y nuestros espíritus se regocijan por lo que el Señor continúa revelando. Ambos estamos en la edad de los sesenta al escribir este libro. Recibimos más y más de energía con cada año que pasa. Hemos aprendido una verdad que nos mantiene activos: oír la voz de Dios es la clave para un ministerio productivo. El conoce el fin desde el principio. El sabe donde estaremos cada uno de nosotros en cinco o diez años. Si rendimos todo lo que somos y lo que seremos en Sus manos, será fácil que nos dirija exactamente hacia lo que El quiere que hagamos. Es fácil que nos ponga precisamente en Su voluntad cuando le recordamos constantemente que allí es donde queremos estar.

### Hay que Practicar

- Santiago 1:22 nos dice que PONGAMOS POR OBRA lo que hemos oído (leído).
- Considere hacer lo que se recomienda en este capítulo refiriéndose al Apéndice B de la sección "Hay que Practicar", en la página ____.
- Complete la tarea para la Técnica Ministerial titulada, "Oyendo la Voz de Dios".

# 5

## *Sanando a los Enfermos por Revelación*

Jesús sanó a los enfermos haciendo lo que El veía que el Padre le revelaba a través del Espíritu Santo. Nosotros aprenderemos como hacer lo mismo en este capítulo. Cuando seguimos la dirección del Espíritu Santo y obedecemos lo que El nos está revelando en cuanto a orar por los enfermos, la sanidad se manifestará y ocurrirán milagros.

JESÚS SÓLO HIZO lo que El veía que el Padre hacía. Es razonable creer que Jesús actuó perfectamente por el conocimiento de la revelación emanada del Padre. Por lo tanto podemos concluir que aunque El fue movido a compasión, sanaba a los que el Padre seleccionaba. A veces era toda una multitud. Otras veces "muchos" eran sanados. En ocasiones, solamente una persona recibía sanidad. Con esto podemos comenzar a comprender la razón por la que todos por los cuales El oraba, sanaban. Sucedió debido a que en la infinita sabiduría y omnisciencia de Dios, El tiene misericordia y compasión de quien El escoja. Las únicas personas por las cuales Jesús oró, fue por los que el Padre le revelaba a través del Espíritu Santo.

### Juan 5:19-20

Respondió entonces Jesús y les dijo: "De cierto, de cierto os digo: No puede el Hijo hacer nada por sí mismo, sino lo que ve hacer al Padre. Todo lo que el Padre hace, también lo hace el Hijo igualmente, porque el Padre ama al Hijo y le muestra todas las cosas que él hace; y mayores obras que éstas le mostrará, de modo que vosotros os admiréis.

## Haciendo lo que Jesús Hizo

Aprender a sanar a los enfermos dependiendo de la guía del Espíritu Santo es una técnica difícil de dominar. Sin embargo, así era como Jesús conducía Su ministerio de sanidad. El quiere que aprendamos a hacerlo como El lo hacía. Está a la disposición de cada creyente lleno del Espíritu Santo alrededor del mundo. Cada día, más creyentes están descubriendo el deseo del Espíritu Santo de ayudar a guiarles hacia quienes serán sanos.

### Siempre que Dios comienza a revelar, también empieza a sanar

Nosotros hemos usado esta frase para explicar una forma más segura de ministrar sanidad a otros. Siempre que recibimos una palabra o imagen de parte de Dios tocante a una situación a nuestro alrededor, Dios está iniciando el ministerio. Si actuamos bajo estas impresiones, es casi seguro que la gente recibirá lo que Dios está revelando; esto es especialmente evidente con relación a la sanidad. Nosotros creemos firmemente que esta es la clave para el ministerio sobrenatural. Siempre debemos orar por los que piden sanidad. Sin embargo, sin la guía del Espíritu Santo, no nos sorprende ver que nuestras oraciones no manifiestan resultados visibles. Siempre debemos estar a la expectativa, porque Dios está dispuesto a sanar. Cuando estamos operando bajo una palabra o revelación auténtica del Espíritu Santo, la sanidad se manifestará casi siempre.

## Deténgase y escuche

La sanidad de enfermedades crónicas, dolor severo, o enfermedades que amenazan a muerte deben ser confirmadas por un completo y cuidadoso examen médico. Queremos que nuestro testimonio esté basado en hechos y no en emociones. Cuándo y cómo Dios quiera sanar está bien. Pero, cada ministro debe aprender esta verdad: Siempre que Dios empiece a revelarnos algo acerca de la gente a nuestro alrededor, detengámonos y escuchemos. Luego actuemos en lo que nos está siendo revelado y ministremos de acuerdo con ello. Todos son bendecidos y Dios recibe toda la gloria.

### Mateo 10:19-20

. . . Pero cuando os entreguen, no os preocupéis por cómo o qué hablaréis, porque en aquella hora os será dado lo que habéis de hablar, pues no sois vosotros los que habláis, sino el Espíritu de vuestro Padre que habla en vosotros.

## Haciendo lo que Jesús Hizo

Jesús nos revela cómo ministrar. Nos dice que debemos estar tan relacionados con el Espíritu Santo de manera que El nos dé lo que hemos de hablar. Debemos depender del Espíritu del Padre hablando a través de nosotros a quienes tienen una necesidad. Esta es la forma en que Jesús quiere que respondamos cuando nos hallamos frente a personas que están pidiendo que Dios las sane. Sólo haga lo que oiga del Padre.

## Obedezca a la Palabra y al Espíritu

La Palabra de Dios nos autoriza a sanar a los enfermos. El Espíritu Santo nos dice cuándo y en quién se manifestará la sanidad. La Palabra nos dice que podemos, el Espíritu Santo nos dice cuándo.

## Dios inicia la ministración

Cuando Dios comienza a revelarnos palabras específicas, pensamientos, imágenes, o símbolos que conciernen a las personas que estamos ministrando, debemos observar cuidadosamente lo que nos está siendo revelado. Sólo toma unos segundos, detenerse, observar, y escuchar. Cuando procedemos con la revelación y actuamos basados en lo que estamos discerniendo, la sanidad ocurrirá en segundos. Lo único que Dios requiere es obediencia estricta a lo que El nos está revelando, porque no somos nosotros los que estamos iniciando la ministración, sino Dios. Rápidamente, todos dan toda la alabanza a Dios por iniciar y completar la sanidad. A continuación, en 1 Corintios 12 vemos que el Espíritu Santo es quien manifiesta estos dones sobrenaturales a través del pueblo de Dios para el bien de todos.

### 1 Corintios 12:7-10

Pero a cada uno le es dada la manifestación del Espíritu para el bien de todos. A uno es dada por el Espíritu palabra de sabiduría; a otro, palabra de conocimiento según el mismo Espíritu; a otro, fe por el mismo Espíritu; y a otro, dones de sanidades por el mismo Espíritu. A otro, el hacer milagros; a otro, profecía; a otro, discernimiento de espíritus; a otro, diversos géneros de lenguas, y a otro, interpretación de lenguas.

ﺭ

## Haciendo lo que Jesús Hizo

• Jesús quiere que Sus ministros operen por revelación, tal como El lo hizo.

- Cuando el Espíritu Santo viene sobre los creyentes, El imparte varios dones. Tres de los cuales nos permiten ministrar a otros por medio de "ver y oír" lo que se necesita hacer, de acuerdo con la perspectiva de Dios.

- Estos se llaman dones de revelación porque el Espíritu Santo es quien revela la sabiduría, el conocimiento y la actividad espiritual que nos son ocultos.

- Cuando ministramos a otros, debemos actuar basándonos en lo que se nos revela, y así estaremos ministrando de acuerdo con la perfecta voluntad de Dios. Examinaremos cómo distinguir los espíritus en el capítulo siguiente.

## La dama con la blusa azul

Recientemente, mientras ministraba un taller de pastores de los Centros de Entrenamiento Ministerial en Abidjan, Costa de Marfil, (John) recibí una palabra de conocimiento. El Espíritu Santo quería acentuar lo que estaba enseñando acerca de ministrar por revelación dándoles un ejemplo en vivo a todos los pastores y líderes. El Espíritu Santo gentilmente interrumpió mi enseñanza diciéndome: "John, yo quiero sanar a alguien". Dejé de lado lo que estaba haciendo, cerré mis ojos, y esperé recibir más palabras del Señor. Le dije a mi intérprete que les dijera a los pastores: "El Señor quiere sanar a alguien. Esperemos en El". Con mis ojos cerrados, en mi mente comencé a ver una dama vestida con una blusa azul. Tuve que dar por hecho que se hallaba en la multitud de pastores. Luego vi que la dama se masajeaba la espalda como si le doliera; eso era. Ya no me hacían falta palabras ni imágenes. He aprendido que cuando sucede esto, no necesito tratar de analizar la palabra de conocimiento sino que en seguida actúo en fe basándome en lo que estoy recibiendo. Dije: "Hay una dama con un dolor severo en la espalda y Dios quiere sanarla. Usted tiene puesta una blusa azul. ¡Cuando pase al frente, Dios la sanará instantáneamente!".

**Ella pasó sonriendo**

También he aprendido a ser intrépido cuando recibo una revelación ya que es el Señor quien está iniciando el milagro, no yo. La espera entre el momento en que usted expresa lo que piensa que el Señor está diciendo y cuando la gente finalmente responde parece ser una eternidad. En este caso, se demoró como unos treinta segundos en ponerse de pie y pasar al frente. Con gran alivio y una vez más lleno de fe, le puse una mano en el hombro y dije: "¡Ordeno que se vaya este dolor de espalda! ¡En el nombre de Jesucristo, amén!". Luego le dije al intérprete: "¡Dígale que se incline completamente porque el dolor ha desaparecido!". Como no hablo francés, la animé sonriéndole e inclinándome yo mismo unas cuantas veces para darle una idea de lo que estaba diciendo. Ella lo hizo y luego se enderezó sonriendo. Dijo que el dolor se había ido completamente. Y lo demostró doblándose hacia el frente y hacia atrás, arriba y abajo. Luego, se acercó a nosotros durante el refrigerio y nos dio las gracias una y otra vez. Ella había sufrido ese dolor insoportable por mucho tiempo. Le tomamos una foto para nuestro boletín y le prometimos una copia.

## *Definiendo la Palabra de Sabiduría*

La palabra de sabiduría es una revelación de Dios, quien revela Su plan y el mejor curso de acción para una situación. Esta sabiduría es comunicada directamente de Dios al hombre, a través del Espíritu, revelando cómo proceder en Su voluntad. Provee plenitud, restauración, paz y/o fuerzas para vencer en tiempos de incertidumbre, prueba, persecución o peligro.

### Revelará el futuro

La palabra de sabiduría y la palabra de conocimiento son muy similares. La palabra de sabiduría revelará cuál es la voluntad de

Dios concerniente a lo que debe o puede ocurrir. Revelará lo que deberá suceder a futuro, en unos cuantos minutos, días, o meses. Nosotros tenemos que obedecer simplemente lo que hemos visto o hemos oído del Espíritu Santo. La sabiduría infinita de Dios se revela en la forma de lo que El desea que se lleve a cabo. Cuando oímos o vemos correctamente lo que está por suceder, simplemente actuamos basados en lo que hemos oído o visto. Eso fue lo que Jesús hizo. Nosotros estamos trabajando con el Espíritu de verdad (Espíritu Santo) el cual nos dirá lo que vendrá.

### Juan 16:13-14

Pero cuando venga el Espíritu de verdad, él os guiará a toda la verdad, porque no hablará por su propia cuenta, sino que hablará todo lo que oiga y os hará saber las cosas que habrán de venir. El me glorificará, porque tomará de lo mío y os lo hará saber.

ঽৣৣ

### Haciendo lo que Jesús Hizo

- Justo antes o durante la oración por otros, el Espíritu Santo comenzará a revelar, en la forma de figuras o palabras en su mente, lo que usted debe decir o hacer.
- El le está revelando lo que "ha de venir". Cuando obedecemos y procedemos de acuerdo con lo que se nos está "dando a conocer" a través del Espíritu Santo, experimentaremos un milagro.
- Esto implica pruebas y fracasos, además de horas de práctica para aprender a cooperar con el Espíritu Santo de esta manera.

ৼৡ

### Lo que es visto y oído

Nosotros veremos imágenes en nuestra mente de lo que debiera suceder. Escucharemos instrucciones de cómo debemos proceder con las personas frente a nosotros. Se nos da a conocer la voluntad de Dios con anticipación; lo que Dios desea que suceda. Tal vez no lo entendamos al momento; nuestra misión es obedecer por fe y confiar completamente que Dios sabe lo que está haciendo. La palabra de sabiduría muy a menudo se manifestará con palabra de conocimiento. Ambos dones funcionan juntos. Dios nos revelará el problema radical y luego nos dará la solución, todo en una palabra. Esto es emocionante. El ministro parecerá estar en suspenso por un momento, en dependencia total en la voluntad de Dios mientras recibe revelación. Dios está dando todas las señales; nosotros simplemente actuamos con base en Sus señales y traemos Su voluntad para ser hecha en el ambiente natural.

## La dama con el pañuelo blanco

Mientras enseñaba en un entrenamiento intensivo en Malawi, África Central, (John) recibí una palabra de sabiduría. Durante la oración antes del servicio del domingo, el Espíritu Santo comenzó a revelarme que tenía que predicar sobre sanidad. Yo había preparado un buen sermón, pero el Señor tenía uno mejor en mente. Mientras oraba, vi a una dama con el cabello sujeto sobre su cabeza con un pañuelo blanco. La vi una y otra vez. Y dije, "Señor ¿qué estoy viendo?" Todo lo que escuché fue: "Yo voy a sanarla". El Señor casi nunca me da más información de la que necesito. Entré al servicio buscando por todos lados a la dama con el pañuelo blanco; no se encontraba allí. Di inicio a la predicación sobre la sanidad divina y estaba más o menos a la mitad del mensaje cuando comencé a pensar: "Bueno, Señor, parece que esta vez no te escuché bien". Luego se abrió la puerta y entró otro grupo de gente. ¡Allí estaba la dama! Prediqué otros diez minutos y luego escuché: "John, llámala, que venga al frente".

A través del intérprete dije: "Hay una dama con un pañuelo blanco y Dios quiere sanarla". La gente comenzó a mirar hacia todos lados buscándola. Yo la vi discutiendo con otra señora. La mujer con el pañuelo blanco sacudía su cabeza como diciendo que no. Yo pensé: "Oh no, Señor, ¿es ella?". Luego el Espíritu me dio el resto de la palabra de sabiduría; he aprendido a proceder con lo que me es dado, aunque sea sólo una parte de lo que me ha sido revelado. El me dijo: "Sí, es ella. Tiene dolor en los ovarios y está atemorizada. Yo la voy a sanar".

## Nuevos ovarios

¡Ahora sí sabía lo que tenía que hacer! La miré con valentía, apunté hacia ella y le repetí lo que el Señor me acababa de revelar. Ella quedó admirada, titubeó por un momento, pero luego se levantó y pasó hacia el frente. Luego, le pedí a Sonja que pusiera su mano sobre el abdomen de esta mujer y oré. Como el Señor siempre sana lo que revela, yo oré osadamente: "En el nombre de Jesucristo, yo ordeno nuevos ovarios para esta mujer. Satanás, tú no la puedes tener. ¡Te ordeno que la sueltes, ya! ¡Dolor, vete de ella, ya! ¡En el nombre de Jesucristo, amén!". Le dije al intérprete que le dijera que había sido sana y que fuera a ver al doctor para obtener un reporte de su sanidad. Ella dijo que el dolor se había ido y que iba a ir al doctor para recibir un diagnóstico. Ella regresó al final de la semana y les anunció a todos que el doctor le había dicho que ya no tenía problema en los ovarios y que estaba completamente sana.

## Jesús es nuestro ejemplo perfecto

Jesús procedió perfectamente usando palabras de sabiduría como un ejemplo para nosotros. El hizo estas cosas como un hombre, lleno del poder del Espíritu Santo. El estaba demostrando cómo operar en lo sobrenatural dependiendo totalmente del Espíritu Santo y dijo que nosotros haríamos las mismas obras que El hizo. En los cuatro Evangelios hay ejemplos hermosos de cómo Jesús operó bajo la revelación del Padre. A continuación observaremos dos ejemplos en cuanto a "ver" hacia el futuro con palabras de sabiduría.

### Juan 11:1-4

Estaba enfermo uno llamado Lázaro, de Betania, la aldea de María y Marta, su hermana. (María, cuyo

hermano Lázaro estaba enfermo, fue la que ungió al
Señor con perfume y le secó los pies con sus cabe-
llos). Enviaron, pues, las hermanas a decir a Jesús:
"Señor, el que amas está enfermo". Jesús, al oírlo,
dijo: "Esta enfermedad no es para muerte, sino para
la gloria de Dios, para que el Hijo de Dios sea glorificado por ella".

**Mateo 26:33-34**
Respondiendo Pedro, le dijo: "Aunque todos se es-
candalicen de ti, yo nunca me escandalizaré". Jesús
le dijo: "De cierto te digo que esta noche, antes que
el gallo cante, me negarás tres veces".

## Haciendo lo que Jesús Hizo
- En estos dos ejemplos Jesús está enseñándonos
  cómo cooperar con lo que el Padre está reve-
  lando a través del Espíritu Santo.
- El repitió lo que escuchaba y veía del Padre.
- Nosotros debemos hacer lo mismo cuando el
  Espíritu comienza a revelarnos palabras de sa-
  biduría y conocimiento.
- Nosotros repetimos o hacemos lo que oímos y
  vemos hacer al Padre a través del Espíritu Santo.

### La dama de la Isla South Whidbey
Cuando yo (John) comencé a operar bajo revelación, fue una
experiencia atemorizadora. Dar un paso así en público requiere
de mucha valentía. Me acuerdo de una cena de los Hombres
de Negocios en 1977, en la cual yo era el orador. Mientras
predicaba, el Espíritu Santo me indicó que llamara a una dama
para que recibiera sanidad; esto era nuevo para mí. Yo pensaba que había escuchado al Espíritu Santo diciéndome: "Ella

necesita sanidad. Llámala". Continué contando mi historia, no queriendo hacer el ridículo. Pero cada vez que miraba hacia ella, sentía el impulso que me hacía querer llamarla. Yo había visto a otros expertos oradores y evangelistas haciendo esto en reuniones y en la televisión. Ahora Dios me estaba probando para ver si yo sería obediente.

**Puede ser que esté equivocado, pero...**

En fe, salí totalmente de mi zona de seguridad y le dije, "Puede ser que esté equivocado, pero hermana yo creo que usted necesita sanidad, ¿sí?". Los siguientes cinco segundos de silencio me parecieron una eternidad mientras todos esperaban su respuesta. Con una mirada sorprendida me dijo: "Así es". Con un alivio increíble, mi fe volvió a mí. Bajé de la plataforma, le puse mis manos, y le dije: "¡Sé sana en el nombre de Jesucristo!". Cualquiera haya sido el mal, le tomó sólo un momento el estirarse y doblarse para que ella exclamara: "¡Ya se fue! ¡El dolor ya se fue!"

**Dios sabe todo acerca de todos**

Dios cambió el curso de esa reunión y la gente comenzó a pasar al frente para ser sana. Otras sanidades han de haber tomado lugar allí; ya ni me acuerdo, pero lo que nunca olvidaré será la dama de la Isla de South Whidbey. El evento me enseñó algo nuevo. Que el Espíritu Santo siempre sabe todo acerca de todos. El escogió esta reunión para activar la palabra de sabiduría y conocimiento a través de un vaso que estaba muy temeroso de hacerlo. Aprendí una gran lección. ¡Siempre que El comienza a revelar que alguien necesita sanidad, El sana! Cuando le entregamos nuestro plan a El y obedecemos Su voz, los milagros comienzan a suceder.

**Felipe recibió una palabra de sabiduría**

El Espíritu Santo habló directamente a Felipe y le dijo Su plan con anticipación. El debía tomar el camino que conducía a

Gaza. Cuando llegó a cierto punto, el Espíritu Santo le dio otra palabra de sabiduría para que se acercara al carro del eunuco. Su obediencia fue premiada sobrenaturalmente.

### Hechos 8:26-29

Un ángel del Señor habló a Felipe, diciendo: "Levántate y ve hacia el sur por el camino que desciende de Jerusalén a Gaza, el cual es desierto". Entonces él se levantó y fue. Y sucedió que un etíope, eunuco, funcionario de Candace, reina de los etíopes, el cual estaba sobre todos sus tesoros y había venido a Jerusalén para adorar, volvía sentado en su carro, leyendo al profeta Isaías. El Espíritu dijo a Felipe: "Acércate y júntate a ese carro".

## Haciendo lo que Jesús Hizo

- Nosotros podemos esperar que el Espíritu Santo nos hable exactamente como lo hizo con Felipe.
- La voz del Espíritu Santo será firme y directa cuando usted esté ministrando a otros. La clave es *esperar* que El nos hable.
- Hacemos esto pidiendo dirección y revelación orando constantemente en lenguas y pidiendo dirección antes y durante la ministración a otros.
- Ore: "Señor, ¿qué quieres que haga ahora? Señor, ¿qué tienes para esta persona? Señor, ¿Cómo quieres que ore por esta persona?".
- Haga solamente lo que Jesús hizo.

### Pablo recibió una palabra de sabiduría

En tiempos de ministerio intenso o aún en angustia, la palabra de sabiduría siempre es una revelación bienvenida del Espíritu Santo. Pablo recibió una información anticipada de que nadie iba a morir debido a la tormenta que estaba azotando el barco en que se hallaba.

**Hechos 27:21-25**
Entonces Pablo, como hacía ya mucho que no comíamos, puesto en pie en medio de ellos, dijo: "habría sido por cierto conveniente haberme oído, y no zarpar de Creta tan sólo para recibir este perjuicio y pérdida. Pero ahora os exhorto a tener buen ánimo, pues no habrá ninguna pérdida de vida entre vosotros, sino solamente de la nave, pues esta noche ha estado conmigo el ángel del Dios de quien soy y a quien sirvo, y me ha dicho: Pablo, no temas; es necesario que comparezcas ante César; además, Dios te ha concedido todos los que navegan contigo". Por tanto, tened buen ánimo, porque yo confío en Dios que será así como se me ha dicho...".

## Haciendo lo que Jesús Hizo

- Tal vez no recibamos la visita de un ángel, pero el Espíritu Santo siempre está con nosotros para darnos conocimiento e información concerniente a los resultados de la situación presente.
- El sabe el final desde el principio y nos revelará lo que necesitamos saber para ministrar sanidad y consolación a los que Dios coloca frente a nosotros.

### Las revelaciones no necesitan ser dramáticas

Nuestra palabra de sabiduría tal vez no sea tan dramática como la de Jesús, Felipe o Pablo. Pero, podemos recibir conocimiento de antemano que nos mostrará el camino hacia la perfecta voluntad de Dios. Sencillamente esperamos que la manifestación venga en el tiempo y a la discreción del Espíritu

Santo. Este don es muy necesario cuando estamos ministrando a la gente y no tenemos idea de lo que necesitamos hacer por ellos. Manteniendo nuestra mente fija en lo que el cielo quiere, habrá ocasiones en que el cielo responderá.

## ¡La Mejor Amiga Recibe el Mejor Regalo!

Mi (Sonja) mejor amiga se llama Janie Gibson. Ella ha sido mi mejor amiga desde que estábamos en la secundaria en 1952 (¡De eso hace más de cincuenta años!) Aunque no vivimos en la misma ciudad desde que fuimos al colegio, permanecemos siendo amigas íntimas. ¿Se imagina haber intercambiado cincuenta tarjetas de cumpleaños y cincuenta regalos de Navidad? Por toda mi casa tengo cosas hermosas que me recuerdan diariamente de ella. Recientemente decidimos regalarnos únicamente "artículos de consumo" (artículos para escribir, etc.) de aquí en adelante.

### Era como si supiera que era la ocasión perfecta

En l970, Janie y su esposo estaban visitando nuestra ciudad, y yo estaba preocupada de que todavía no conocieran al Señor. Ambos habían ido a la iglesia en su niñez pero nunca habían entendido la necesidad de un Salvador personal. Sentí que estaban abiertos mientras les compartí la hermosa experiencia que había tenido recientemente con el bautismo del Espíritu Santo. Era como si supiera que era el tiempo perfecto.

### Luego vino el bautismo del Espíritu Santo

Los invité a nuestro estudio bíblico hogareño. Janie quería venir, pero Glynn tenía sus dudas. Después de una persuasión gentil, por fin accedió a acompañar a Janie. No puedo recordar exactamente de qué se habló o estudió, pero al concluir la reunión, les preguntamos si querían invitar a Cristo a su corazón y recibirlo como su Salvador personal. Ellos respondieron de todo corazón, y fue un tiempo de gozo para todos nosotros. Después tuve el privilegio de guiarlos a ellos y a otra pareja en el bautismo del Espíritu Santo. Fue maravilloso poder compartir algo más en común dentro de nuestra amistad.

Desde entonces, hemos atravesado juntas por experiencias muy difíciles en la vida. Una tenía que ver con su pequeño nieto, Brittain, quien desarrolló la enfermedad llamada Kawasaki y estuvo en una condición crítica en el Hospital de Niños en Seattle por cuatro meses. Recuerdo haber entrado a su cuarto con sus padres, Brian y Kim Gibson, declarando sanidad sobre su cuerpecito hinchado y agonizante. Continué declarando, "Brittain, un día te veré jugando básquetbol".

**Un espíritu de muerte**

A medianoche, recibí una llamada del padre de Brittain, Brian, mi ahijado. Los doctores habían dicho que Brittain no viviría hasta el amanecer y Brian sentía un espíritu de muerte en el cuarto. Desesperado me dijo: "¿Sonja, qué hago? ¡No estoy dispuesto a dejarlo que muera!". Oré silenciosamente y luego le di instrucciones de que todos salieran del cuarto excepto su abuela, Janie. Luego le expliqué su autoridad espiritual como jefe de familia y le dije que ejercitara su autoridad sometiéndose a Dios en oración. Luego debía hablarle directamente al espíritu de muerte en el nombre de Jesucristo y ordenarle que se fuera. El colgó el teléfono e hizo lo que le dije. Aunque Brian tenía un conocimiento limitado en cuanto a este nivel de batalla espiritual, él actuó con fe y valor total, ¡y el espíritu de muerte se fue! El pequeño Brittain tuvo una cobertura mundial de oración lo cual resultó en su sanidad total. ¡Mientras se escribe este libro él tiene siete años de edad y juega básquetbol!

## *Definiendo la Palabra de Sabiduría*

LA PALABRA DE SABIDURÍA es una revelación divina originada en Dios acerca de situaciones ya sea pasadas o presentes de las cuales Dios nos quiere prevenir. Este conocimiento es comunicado directamente de Dios al hombre, a través del Espíritu

Santo, para traer claridad, plenitud, o restauración a la vida de los presentes.

## Las palabras vienen espontáneamente

El don de palabra de conocimiento viene en forma de palabras directamente de Dios y nos es dado por medio del Espíritu Santo; éstas se manifiestan espontáneamente en el espíritu de nuestra mente. A veces son sutiles; otras veces vienen con fuerza, dependiendo de la urgencia de la situación. La palabra de conocimiento es comunicada directamente por el Espíritu Santo. Debido a que es espontánea y tiene que ver con la situación de ministerio presente, podemos asumir que viene de parte de Dios. Debemos actuar basándonos en lo que las palabras nos revelan.

## Dios nos revela el pasado y el presente

Dios ve todo y sabe todo. Una palabra de conocimiento revela los acontecimientos necesarios para tener éxito en decidir cual es el ministerio para esa situación. Podemos usar una analogía imaginándonos una gran sinfonía: Dios es el director, nosotros somos los músicos hábiles con todos nuestros instrumentos. Todos tenemos que tocar nuestra parte, pero esperamos Sus señas y tiempos para dejar fluir nuestros dones y talentos. Cuando el tiempo es perfecto, El nos da una señal en la forma de palabras que caben perfectamente en la melodía del ministerio. Las siguientes Escrituras nos ilustran cómo Pedro operaba por medio de palabras de sabiduría dadas por el Espíritu Santo.

### Hechos 8:18-24

Cuando vio Simón que por la imposición de manos de los apóstoles se daba el Espíritu Santo, les ofreció dinero, diciendo: "Dadme también a mí este poder, para que cualquiera a quien yo imponga las manos reciba el Espíritu Santo". Entonces Pedro le dijo:

"Tu dinero perezca contigo, porque has pensado que el don de Dios se obtiene con dinero. No tienes tú parte ni suerte en este asunto, porque tu corazón no es recto delante de Dios. Arrepiéntete, pues, de esta tu maldad y ruega a Dios, si quizás te sea perdonado el pensamiento de tu corazón, porque en hiel de amargura y en prisión de maldad veo que estás". Respondiendo entonces Simón, dijo: "Rogad vosotros por mí al Señor, para que nada de esto que habéis dicho venga sobre mí".

## Haciendo lo que Jesús Hizo

- Tal como le sucedió a Pedro, habrá ocasiones en que "veremos" imágenes o escucharemos decir al Espíritu Santo, "Esa persona está en hiel de amargura y prisión de maldad. Haz que se arrepienta de su maldad".

- Nosotros tenemos que responder inmediatamente a la revelación diciéndole a la persona lo que el Señor ha revelado, instándole a que haga lo que el Señor le haya dicho que haga.

### Aplíquelo a la situación

La información concierne a ciertos factores que deben conocerse para que podamos entender claramente lo que se debe hacer. Por ejemplo, podemos estar orando por alguien para que sea sano y nada parece resultar. De repente escuchamos las palabras: "El no ha perdonado a su hermano". De inmediato y con valentía debemos aplicar esta información. Lo hacemos con táctica y sabiduría. Podríamos decir algo como: "Yo estoy percibiendo que usted no ha perdonado a su hermano, ¿es así?". Su respuesta confirmará si oyó correctamente o no. Nuestras oraciones tomarán un curso diferente desde ese momento en adelante.

## La experiencia en Yelm

La reunión más fenomenal en cuanto a operar por revelación fue en Yelm, Washington, a mediados de la década de los años 80 en una reunión de cena de los Hombres de Negocios. Mientras comíamos pollo frito, la voz del Señor se manifestó fuertemente en mi mente (John). El dijo: "Sal y ve detrás del edificio. Quiero decirte lo que pasará esta noche". El pollo estaba rico, pero escuchar a Dios fue aún mejor. Me levanté de la cena y salí. Estaba completamente oscuro, y aún más detrás del edificio. Fui a tientas hacia donde se me había dicho que fuera y observé unas luces a la distancia. Oré en lenguas por unos momentos y luego dije, "Señor, ¿qué me quieres decir?". Con mis ojos fijos en la oscuridad de la noche, escuche la voz del Señor diciéndome: "Quiero hacer muchas cosas esta noche. Si me obedeces sin titubear, Yo revelaré Mi gloria. Tú debes depender totalmente de mí y obedecer mi voz en todo lo que ocurra". Le dije: "¡Sí, haré lo que digas!".

## La agenda de Dios puede ser específica

Regresé a la cena y me senté. Cuando empecé a comer un poco más de pollo, miré a los que estaban en el salón. Cuando miraba a ciertas personas, la voz del Señor declaraba palabras en mi mente para ellas. Cosas como: "Esa persona me necesita. Ella me entregará su vida esta noche. Voy a sanar de la espalda a aquel hombre cuando le impongas las manos. Esa pareja tiene serios problemas matrimoniales. Serán libertados a través de la palabra profética que Yo le daré a aquel hombre allá. Esa dama tiene un trastorno alimenticio y Yo la libertaré a través de la oración profética. Esa pareja por allá no Me conoce. Llámalos al frente y Yo los voy a salvar".

## Dios hace todo

Era como que hubiera tenido audífonos y estuviera oyendo la voz del Señor claramente. Yo le había dicho "sí" al Señor, pero esto era más de lo que yo esperaba. El don de fe vino sobre mí tan pronto como el presidente del sector nos presentó a mi esposa Sonja y a mí. Caminé hacia el púlpito. Di inicio compartiendo mi testimonio. Y al llegar a la mitad de la predicación, el Señor me interrumpió diciéndome: "Comienza a llamar a los que te dije. ¡Ahora!". Lo hice con confianza plena, uno por uno apuntando a los que Él previamente me había indicado. Yo les expresé lo que el Señor me había hablado de ellos anticipadamente. Sin excepción, cada uno recibió lo que el Espíritu Santo me había dicho. Las parejas recibieron salvación, muchos fueron sanos, la señora con el trastorno alimenticio fue liberada, y muchas otras personas fueron bautizadas con el Espíritu Santo. Dios inició todo y me usó en el proceso.

### Note el fruto de la palabra

Siempre podemos evaluar si nuestro ministerio de oración es productivo por medio del fruto que resulta. Nos sorprende ver cuántas veces ha sido el Espíritu Santo el que ha dado una palabra de sabiduría. Nuestra humanidad se resistirá a proceder con información que parece venir de la nada. Al adquirir mayor experiencia, damos una mirada al pasado viendo que en verdad Dios nos estaba guiando más de lo que pensábamos. A veces tendremos que esperar semanas o meses para que nos lleguen los reportes de alguna vez que tuvimos que actuar inseguros de la palabra de conocimiento. Esta es una razón más por la que simplemente debemos obedecer a lo que pensamos que estamos oyendo y creer que Dios vendrá a nuestro rescate. Es mejor que nos atrevamos y creer en Dios por lo imposible, que quedarnos en nuestra zona segura y evitar ser avergonzados.

### Jesús vio su fe

El siguiente relato de una sanidad nos demuestra cómo Jesús "vio" la fe de unos hombres por revelación y luego sanó al paralítico. Jesús también "percibió en Su espíritu" lo que los escribas estaban pensando.

## Marcos 2:2-12

. . .Inmediatamente se juntaron muchos, de manera que ya no cabían ni aun a la puerta; y les predicaba la palabra. Entonces vinieron a él unos trayendo a un paralítico, que era cargado por cuatro. Y como no podían acercarse a él a causa de la multitud, quitaron parte del techo de donde él estaba y, a través de la abertura, bajaron la camilla en que yacía el paralítico. Al ver Jesús la fe de ellos, dijo al paralítico: "Hijo, tus pecados te son perdonados". Estaban allí sentados algunos de los escribas, los cuales pensaban para sí: "¿Por qué habla este de ese modo? Blasfemias dice. ¿Quién puede perdonar pecados, sino sólo Dios?". Y conociendo luego Jesús en su espíritu que pensaban de esa manera dentro de sí mismos, les preguntó: "¿Por qué pensáis así? ¿Qué es más fácil, decir al paralítico: 'Tus pecados te son perdonados' o decirle: 'Levántate, toma tu camilla y anda?'. Pues para que sepáis que el Hijo del hombre tiene potestad en la tierra para perdonar pecados dijo al paralítico: "A ti te digo: Levántate, toma tu camilla y vete a tu casa". Entonces él se levantó y, tomando su camilla, salió delante de todos, de manera que todos se asombraron y glorificaron a Dios, diciendo: "Nunca hemos visto tal cosa".

### ✑

## Haciendo lo que Jesús Hizo

- Jesús nos da un ejemplo de cómo depender del Espíritu Santo. Jesús respondió a la revelación de la fe de los amigos del paralítico. Nosotros podemos "ver" la fe de alguien sólo a través del don de la palabra de sabiduría.

- El Espíritu Santo nos tiene que decir cuando la persona está lista para ser sana. Jesús "vio" su fe y sanó al paralítico hablando palabras de autoridad: "Levántate, toma tu camilla y vete a tu casa". La sanidad fue instantánea. Nosotros debemos hacer lo mismo.

- El Espíritu Santo también reveló las ideas negativas en el corazón de los líderes religiosos. Jesús nos enseñó cómo depender del Espíritu Santo para que nos revele lo que está sucediendo y cómo tratar con ello.
- La sanidad y el perdón eran cosas imposibles para los fariseos.
- La mentalidad de los fariseos era que AMBAS cosas eran imposibles. El Espíritu Santo guió a Jesús a hacer AMBAS cosas para indicar que Dios puede perdonar pecados y sanar a los enfermos. Nosotros debemos permitirle hacer lo mismo a través de nosotros.

### Hágalo como Jesús lo hizo

Cuando predique y enseñe como Jesús lo hizo en el pasaje anterior, el poder de Dios se manifestará. Cuando suceda, habrá poder disponible para sanar y liberar. Aun cuando haya gente incrédula y crítica, el poder de Dios estará presente para hacer milagros. Jesús ignoró a este tipo de personas, nosotros también debemos hacerlo. Actúe según la unción y fluya con lo que el Espíritu Santo le esté indicando. Cuando vea la fe en las personas, actúe dentro de lo que están esperando. Jesús se puso de acuerdo con lo que los hombres estaban esperando que sucediera ¡una sanidad! Así que, ministre a los que demuestren fe. Pase por alto a los que no estén operando en fe. Dios desea llevar a cabo Sus obras a través de nosotros, causando asombro y reverencia en las personas que abran sus ojos para recibir a Cristo como Señor y Sanador. El Espíritu Santo señala directamente a Jesucristo.

Nosotros debemos tener cuidado de glorificar a Dios cuando sucedan las señales y milagros.

## Haciendo Cosas Sobrenaturales

Hubo un hombre llamado, John Wimber, quien usó la frase "Doing the Stuff" (Haciendo las Cosas) en 1985 en su libro, *Power Evangelism* (Evangelismo de Poder). Poco tiempo después de haber aceptado a Cristo, él le hizo una pregunta a su pastor al concluir el servicio: "¿Y cuándo vamos a hacer todas esas cosas?". El se estaba refiriendo a los milagros y las sanidades de las cuales había leído en la Biblia. Nunca obtuvo una respuesta satisfactoria.

Sonja y yo recientemente enseñamos en un seminario de todo un día acerca de "Hacer las Cosas Sobrenaturales", en una Conferencia de la Iglesia Cuadrangular del distrito oeste llevada a cabo en el centro de California. Uno de los pastores había querido ir, pero no pudo, así que nos invitó para tener el seminario en su iglesia en Carson City, Nevada. El seminario estaba compuesto pore cuatro áreas que parecen ser ignoradas en muchas iglesias: 1) Cómo dirigir a otros creyentes al bautismo en el Espíritu Santo; 2) Cómo sanar a los enfermos; 3) Cómo ministrar por conocimiento revelado; y 4) Cómo liberar a las personas de la esclavitud demoníaca. Las sesiones de la mañana dieron como resultado que quince líderes recibieran el bautismo del Espíritu Santo y muchos otros fueran sanados de todo tipo de enfermedades. Las sesiones de la tarde fueron aun más emocionantes, mientras el Espíritu Santo comenzaba a dar palabras de conocimiento y sabiduría fluyendo con libertad entre los reunidos.

## Nosotros no somos especiales

Durante nuestra enseñanza de cómo dar libertad a los dones de revelación, el Señor empezó a darnos (a Sonja y a mí) palabras de conocimiento y sabiduría acerca de sanidades específicas que el Señor quería hacer. Cada vez que sucedía, Sonja y yo les decíamos: "Nosotros no somos especiales. Líderes, todos ustedes pueden hacerlo; sólo requiere un poco de atrevimiento y estar dispuestos a equivocarse unas cuantas veces mientras aprenden cómo moverse en el Espíritu Santo". Entonces los colocábamos en grupos de diez líderes para que practicaran cómo ministrar palabras de conocimiento y sabiduría entre ellos.

Durante la sesión principal de la tarde, Dios hizo cosas maravillosas. John anunció que había una dama que necesitaba sanidad en la parte inferior frontal de su pierna. El Espíritu Santo dijo específicamente cual era la pierna y dónde estaba localizada la herida. Una señora cerca del frente se puso de pie con mucha seguridad y dijo: "¡Esa soy yo! He tenido una horrible infección en ese hueso". Luego apuntó a su pierna derecha y comenzó a enrollarse el pantalón. Exclamó: "¡Dios mío, ya no está! ¡La herida negra ha desaparecido!". Esa úlcera había estado allí por mucho tiempo, pero Dios la había hecho desaparecer. Este fue un milagro notable a la vista de todos. Le tomamos una foto para nuestro boletín, demostrando que ahora su piel estaba normal y sin ninguna cicatriz.

Nosotros tratamos de hacer que la audiencia también participe cuando el Espíritu Santo comienza a revelar cosas. Una de las maneras en que lo hacemos, es declarando lo que el Espíritu Santo nos está indicando qué quiere hacer. Si es algún tipo de sanidad, le decimos a la persona que tiene ese problema que se ponga de pie y pase al frente. Luego les pedimos a quienes nunca han orado por los enfermos, que pasen y se coloquen frente a los que necesitan sanidad. Porque el Señor siempre sana lo que revela, y tanto los que oran como los que reciben sanidad quedan admirados cuando Dios sana a todos. Esta es una de las mejores maneras de demostrar que Dios está a cargo y no la persona que está ministrando.

## Sufriendo de dolor por treinta años

Uno de esos casos fue un anciano vestido con ropa tipo vaquero. El Señor reveló que había gente adolorida, comenzando en su espalda y hacia las piernas. Como unas cinco personas, incluyendo un anciano, respondieron. Yo (John) llamé al frente a cinco creyentes que nunca habían experimentado la sanidad divina a través de sus manos. Sonja los puso en parejas, dirigiéndoles en una oración de fe, y vimos cómo Dios los sanó. El dolor se fue instantáneamente menos el del anciano. Cuando les pedimos a todos que se sentaran, le pregunté que por cuánto tiempo había tenido este dolor en la espalda y las piernas. El respondió: "¡Por treinta años!". Le pregunté cuántas veces habían orado por él. Y me dijo: "Ya perdí la cuenta. Tal vez unas cien veces". Su modo de responder me indicó que él no tenía mucha fe.

De repente el Espíritu Santo me dijo, "La enfermedad, es un espíritu de enfermedad". Sin titubear le dije: "El Señor me ha revelado que estamos tratando con un espíritu de enfermedad; lo voy a desatar para que sea sano". Le impusimos las manos en su espalda, y le ordenamos al espíritu de enfermedad que se fuera en el nombre de Jesús. Le dije: "Dígame cuando se haya ido el dolor". El me dijo: "¡Se está yendo!" Le dije: "Amén. Y continuará hasta que se haya ido completamente". En la siguiente media hora se seguía examinando la espalda y las piernas y anunciando el porcentaje de dolor que se estaba yendo. Finalmente dijo: "Ya se fue un 99 por ciento. Yo creo que lo que me queda es un poco de entumecimiento por haber estado tanto tiempo sin poder inclinarme". Con eso, todos le dimos un aplauso fuerte y largo al Señor por lo que El había hecho en Carson City.

## Lo que es revelado es sanado

A la gente aquí en el oeste le gusta enfocarse en los enfermos y dolientes que no parecen recibir su sanidad. Los dones de revelación, especialmente la palabra de conocimiento, cambia todo esto. Cuando los dones de revelación están funcionando, las estadísticas de sanidad van de cincuenta a cien por ciento. Siempre que una verdadera palabra de conocimiento es parte del ministerio de sanidad en una persona, ésta siempre recibe su sanidad. Sucede inmediatamente, en unas horas o días. Se puede decir que cuando Dios comienza a revelar la enfermedad, El inicia la sanidad. Podemos confiar en que el Espíritu Santo hará lo que dice que hará. Cuando El viene sobre nosotros y nos revela una palabra de conocimiento concerniente a la condición física de alguien, la sanidad es inminente. Dios está involucrado directamente. Nosotros simplemente obedecemos y nos hacemos a un lado. La sanidad se manifestará.

### Jesús ministró perfectamente

Jesús es el autor y consumador de nuestra fe. El es el Autor de la palabra de conocimiento y nos enseñó la forma perfecta de ponerla en acción. Jesús dijo que podíamos hacer lo que El había hecho. ¿Cómo lo podemos hacer? Haciendo lo que vemos hacer al Padre. Esto vendrá en la forma de palabras o imágenes en la palabra de sabiduría y conocimiento, tal como sucedió con Jesús.

### Juan 5:19-20

Respondió entonces Jesús y les dijo: "De cierto, de cierto os digo: No puede el Hijo hacer nada por sí mismo, sino lo que ve hacer al Padre. Todo lo que el Padre hace, también lo hace el Hijo igualmente, porque el Padre ama al Hijo y le muestra todas las cosas que él hace; y mayores obras que estas le mostrará, de modo que vosotros os admiréis.

### Haciendo lo que Jesús Hizo

Nosotros debemos llegar al punto de orar: "Señor, yo quiero hacer solamente lo que veo hacer al Padre por el Espíritu Santo. Ayúdame a hacerlo".
Luego podemos orar: "Señor, enséñame cosas mayores que éstas. ¡Quiero hacer lo que Jesús hizo!".

## El Señor conoce la raíz de la enfermedad

Frecuentemente, cuando estamos orando por los enfermos, no estamos seguros de lo que está causando la enfermedad o el dolor. A veces la persona tampoco lo sabe. Puede ser un virus, un desbalance químico, herencia, o aún un espíritu. El Señor siempre lo sabe; así que, debemos esperar que El nos lo revele. Cuando lo hagamos, la sanidad se manifestará siempre. A continuación leemos una historia con la perspectiva combinada de Mateo y Marcos. Note que Jesús ignoró la petición de la gente; que El le impusiera las manos al sordomudo. En cambio, El siguió las instrucciones del Padre y puso Sus dedos en los oídos, escupió y tocó la lengua de la persona.

### Marcos 7:31-37

Volviendo a salir de la región de Tiro, vino por Sidón al Mar de Galilea, pasando por la región de Decápolis. Le trajeron un sordo y tartamudo, y le rogaron que pusiera la mano sobre él. Entonces, apartándolo de la gente, le metió los dedos en los oídos, escupió y tocó su lengua. Luego, levantando los ojos al cielo, gimió y le dijo: "¡Efata!" (que quiere decir: "Sé abierto"). Al momento fueron abiertos sus oídos, se desató la ligadura de su lengua y hablaba bien. Y les mandó que no lo dijeran a nadie; pero, cuanto más les mandaba, tanto más y más lo divulgaban. Y en gran manera se maravillaban, diciendo: "Bien lo ha hecho todo; hace a los sordos oír y a los mudos hablar".

### Mateo 15:29-31

...subió al monte y se sentó allí. Se le acercó mucha gente que traía consigo cojos, ciegos, mudos, mancos y otros muchos enfermos. Los pusieron a los pies de Jesús, y los sanó; de manera que la multitud se maravillaba al ver que los mudos hablaban, los mancos quedaban sanos, los cojos andaban y los ciegos veían. Y glorificaban al Dios de Israel.

## Haciendo lo que Jesús Hizo

* Necesitamos proceder conforme el Espíritu Santo nos guía. Cuando el Espíritu Santo nos está dirigiendo, sólo tenemos que hacer lo que El nos dicta.
* Esto tal vez quiera decir que tengamos que proceder de una forma fuera de lo común. Aquí, vemos que Jesús siguió la guía del Padre poniendo sus dedos en los oídos de la persona, escupiendo y tocando su lengua. Al mismo tiempo, El le dijo, "¡SE ABIERTO!" Nosotros debemos hacer lo mismo, *cuando y como* el Espíritu Santo verdaderamente nos dirija.
* Note que Jesús regresó a Decápolis, una región donde previamente la gente no lo había querido recibir. Ahora, la gente no tenía temor, querían Su ministerio de sanidad. Esto fue porque el endemoniado había sido liberado de espíritus y había propagado el Evangelio de que Jesús era el Cristo (lea Marcos 5:18-20).

## Ejemplos del Ministerio

### La cruzada de sanidad en Chiang Mai

Yo (John) fui el orador principal en una cruzada de sanidad durante las dos noches en Chiang Mai, Tailandia a principios del año 2002. Nuestros ministros asociados, Greg y Karen Fry, también compartieron y ministraron en esta cruzada. La primera noche Dios sanó entre veinticinco y treinta personas de dolores, asma, infecciones, de la vista y de fiebres altas. Hubo tantos milagros que orábamos rápidamente por los que pasaban al frente. Hubo tres ejemplos separados en los que el Espíritu Santo me dijo que había espíritus causando que la gente sufriera de dolores de cabeza severos y dolores crónicos en su cuerpo. Tan pronto como miraba a los ojos a estas personas, el Espíritu Santo me decía firmemente: "el causante es un espíritu de enfermedad". Cuando reprendía a los espíritus para que se fueran, la gente quedaba inmediatamente sana de sus enfermedades.

## Hombres sordos sanados instantáneamente

La segunda noche, esperé que el Espíritu Santo identificara e iniciara el tipo de sanidad que iba a ocurrir. Veinticinco personas fueron sanas en una hora mientras el Espíritu Santo hacía notorios los dolores y enfermedades. Otra vez, los espíritus estaban causando problemas a la gente, mas por la gracia del Espíritu Santo, estas personas fueron sanas después que el espíritu fuera identificado y reprendido para que los soltara. Lo que llamó la atención, esa noche, fue la presencia de dos hombres que estaban entre el 85 y 90 por ciento sordos de ambos oídos. Ellos respondieron a la invitación del Espíritu Santo para venir y ser sanos de su sordera. El primer hombre paso al frente, se quitó sus aparatos auditivos, y dijo que estaba listo para ser sano. Greg y yo comenzamos a orar por él sin ningún éxito. Nos detuvimos y nos preguntábamos qué necesitábamos hacer. Entonces el Espíritu Santo me dijo quedamente: "Es un espíritu de sordera". Yo le sonreí al hombre, y mirándolo fijamente a los ojos, dije: "Espíritu inmundo de sordera, ¡vete!". Su audición fue totalmente restaurada al instante.

## Escupe en tus dedos

El otro hombre sordo estaba cerca y observando al hombre que estaba recibiendo su audición. Tan luego como vio el milagro, él maniobró para ser el siguiente en la fila. Su fe era grande y estaba listo. Yo hice que el intérprete gritara en su oído, "¿Cuánto tiempo has estado sordo?". El dijo: "Veinte años". Miré a Greg y Karen, y acordamos que esto era fácil para el Señor.

El Espíritu Santo me habló firmemente y dijo: "Escupe en tus dedos, ponlos en los oídos del hombre y di: '¡Sé abierto!'".

Obedecí sin titubear. Escupí en mis dos dedos índices, los puse en los oídos del hombre, y fuertemente dije: "¡Sé abierto en el nombre de Jesús!". Le tomó como un minuto comprender que podía oír perfectamente sin sus aparatos auditivos. El también fue sano instantáneamente por el poder de Dios. Comprendí que esto era lo que Jesús había hecho en Mateo 15:29-31 y Marcos 7:31-37. Greg, Karen, y yo regresamos a nuestro hotel alabando a Dios por el increíble movimiento del Espíritu Santo en esas dos noches. Después descubrimos que muchas de esas personas que habían sido salvas ahora pertenecían a la Iglesia Cuadrangular y han hecho a Jesucristo su Salvador. Nosotros habíamos aprendido cómo escuchar a Dios y cómo obedecer a lo que El quería que hiciéramos para que pudiera bendecir a muchos de los suyos.

**El Espíritu Santo habla las palabras que El oye**

La palabra de conocimiento proviene del Padre hablándonos a través de Su Espíritu Santo. Estamos oyendo las palabras que El Espíritu Santo oye del Padre. Estamos oyendo las palabras y viendo las cosas que el Padre quiere que escuchemos y veamos.

### Juan 16:13-14

Pero cuando venga el Espíritu de verdad, él os guiará a toda verdad, porque no hablará por su propia cuenta, sino que hablará todo lo que oiga y os hará saber las cosas que habrán de venir. El me glorificará, porque tomará de lo mío y os lo hará saber.

## Haciendo lo que Jesús Hizo

- Jesús nos está diciendo cómo interactuaba con el Padre a través del Espíritu Santo. El está revelándonos cómo hacer lo que El hizo.

- El esperó escuchar las palabras del Padre, las cuales le fueron dadas por el Espíritu Santo.
- El estaba oyendo palabras que revelaban lo que aún habría de suceder.
- ¡El estaba oyendo la perfecta voluntad de Dios por adelantado!
- Nosotros podemos esperar lo mismo cuando pagamos el precio de servir a Dios con todo nuestro corazón, mente y alma. ¡Podemos hacer lo que Jesús hizo!

### Milagros al sur de Seattle

Hace unos años, Sonja y yo fuimos invitados a enseñar cómo sanar a los enfermos en una iglesia Cuadrangular grande en el sur de Seattle, Washington. Siempre oramos, estudiamos y buscamos al Señor antes de siquiera intentar enseñar sobre lo milagroso. Ponemos nuestro programa ante el Señor y le recordamos a El y a nosotros mismos que El puede hacer lo que El quiera en cada reunión. Nos sentimos confiados y listos cuando manejamos, nos estacionamos y procedemos hacia la oración antes del servicio con los líderes a cargo. Durante el tiempo de oración, noté que la líder del evento estaba muy enferma. Ella casi no viene debido al dolor extraño en su cuerpo y un dolor de cabeza severo. Los demás dijeron: "Hay que orar por ella para que pueda gozar de la reunión". Todos estábamos de acuerdo y comenzamos a orar. Cuando me acerqué a ella, el Espíritu Santo me dijo: "Ahora no, John; Yo la sanaré después". Pensando qué quería decir con esto, me alejé y oré en el Espíritu. Nadie parecía haber notado que yo era el único que no le había impuesto las manos.

### El Espíritu Santo se hizo cargo

Se dio inicio a la reunión con una gran adoración. Noté que había lugar para estar de pie solamente y muchos de los jóvenes estaban sentados en el piso de la plataforma cerca de donde estábamos enseñando. Como siempre, Sonja y yo seguimos cantando y orando en lenguas hasta el momento de enseñar. Hubo una gran unción mientras enseñamos. Luego el Espíritu Santo comenzó a tomar el control. Le escuché decir: "Llama a la líder a la plataforma" y yo obedecí. Luego me dijo: "Pregunta quien quisiera ser usado para sanar e invita al primero que levante la mano para que venga y ore por ella". Yo obedecí. Una jovencita que se hallaba casi al frente y a la derecha rápidamente alzó la mano. Otros le siguieron pero ya era muy tarde. Le dije: "Tú fuiste la primera. Sube, ven acá". Ella subió e hice que pusiera las manos sobre la líder y que repitiera una oración conmigo. Ella hizo exactamente lo que le dije, palabra por palabra. Luego le dije a la jovencita que oró: "Pregúntale qué está pasando".

La nueva recluta dijo: "¿Qué está pasando?" La líder expresó: "¡Dios mío! ¡Dios mío! ¡Se ha ido! El dolor se ha ido y el dolor de cabeza se ha ido también. ¡Estoy sana!" La multitud irrumpió en aplausos espontáneos de alabanza. La fe en ese auditorio se proyectó hasta los cielos. Le pregunté a la recluta: "¿Quién lo hizo?" Usando el micrófono dijo: "¡Cristo!". Después supimos que ella había sido mormona y que apenas había sido salva el domingo anterior. Muchos en la iglesia lo sabían y estaban alabando a Dios y regocijándose que Dios había usado a una cristiana nueva como ella para sanar a una persona enferma. Les dio mucha esperanza a todos el ver que Dios no hace acepción de personas cuando se trata de orar y creer en milagros.

### Prohíba que el dolor permanezca

Oí que el Espíritu Santo decía: "Haz que oren los unos por los otros, y yo los sanaré". Nosotros habíamos planeado orar individualmente por los que necesitaran sanidad, pero el Espíritu Santo cambió el programa. Les di instrucciones de que cualquiera que estuviera sufriendo dolor en su cuerpo se pusiera de pie. Como unas setenta y cinco personas lo hicieron. Les dije: "los que están cerca a estas personas, colóquense de pie y pongan las manos sobre los que tienen dolor y repitan esto conmigo: 'En el nombre de Jesús, dolor yo te mando que dejes este cuerpo. Prohíbo que este dolor permanezca. Lo doy por hecho. ¡En el nombre de Jesucristo, amén!'". Luego les pedí que inspeccionaran sus cuerpos y se sentaran si ya no tenían dolor. Más de tres cuartas partes se sentaron. La multitud aplaudió. Les solicité a los que todavía quedaban de pie que permitieran a los que estaban alrededor de ellos que oraran otra vez. Hicimos esto dos veces más. Después de esto, tres quedaron de pie. Instruí a los tres que permitieran que los demás les ministraran hasta que fueran sanos. Ellos también se fueron a sus casas sintiéndose mejor que cuando vinieron.

## Ejemplos de Palabras de Conocimiento

### Todos pueden participar

Este tipo de reuniones edifican la fe de muchos cristianos que nunca tienen la oportunidad de practicar lo que los maestros les enseñan. El Espíritu Santo nos ha dirigido a Sonja y a mí a usar a cuantos podemos, en la audiencia, para que experimenten personalmente el poder sanador de Dios. Si les animamos a ministrar y orar por los que necesitan sanidad en una atmósfera donde el Espíritu Santo está dirigiendo la reunión, van a suceder múltiples milagros. En vez de que el evangelista sea el centro de atención de la reunión, la gente pone la vista en Jesucristo como la fuente de poder y milagros. Cuando Sonja y yo nos hacemos a un lado y permitimos que el Espíritu Santo trabaje libremente a través de nosotros, es obvio para todos que Jesús quiere usar a quien sea para hacer la obra. De este modo, todos son bendecidos y Dios recibe toda la gloria. Así es como debe ser.

### Pedro transmitió una palabra de conocimiento

Pedro recibió una palabra de conocimiento de parte del Espíritu Santo y la transmitió a Ananías y Safira. Fue confirmada inmediatamente cuando ambos murieron frente a él.

**Hechos 5:1-4**

Pero cierto hombre llamado Ananías, con Safira, su mujer, vendió una heredad, y sustrajo parte del precio, sabiéndolo también su mujer; luego llevó solo el resto y lo puso a los pies de los apóstoles. Pedro le dijo: "Ananías, ¿por qué llenó Satanás tu corazón para que mintieras al Espíritu Santo y sustrajeras del producto de la venta de la heredad? Reteniéndola, ¿no te quedaba a ti?, y vendida, ¿no estaba en tu poder? ¿Por qué pusiste esto en tu corazón? No has mentido a los hombres sino a Dios.

**Mateo 12:32**

Cualquiera que diga alguna palabra contra el Hijo del hombre, será perdonado; pero el que hable contra el Espíritu Santo, no será perdonado, ni en este siglo ni en el venidero.

### Haciendo lo que Jesús Hizo

- Jesús fue el mentor de Pedro. Pedro oyó a Jesús decir que cualquiera que hablara contra el Espíritu Santo no sería perdonado.
- Pedro también había aprendido de Jesús a actuar sobre cualquier cosa que el Espíritu Santo le revelara.
- En este caso, el juicio de Dios fue pronunciado contra un hombre y su esposa quienes habían mentido acerca de haber dado todo a la obra del Señor cuando en realidad habían sustraído para sí una parte del dinero.
- La presencia del Espíritu Santo era tan fuerte que resultó en la muerte de ambos.
- Siempre debemos tener mucho cuidado de no mentirle al Espíritu Santo.

### Ananías comunicó una palabra de conocimiento

Pablo fue rescatado de la ceguera por un discípulo de Damasco llamado Ananías. El Espíritu Santo le expuso a Ananías lo que él no sabía acerca de Pablo. Luego el Espíritu le dijo qué hacer con la palabra de conocimiento, que se la dijera a Pablo.

#### Hechos 9:10-12

Había entonces en Damasco un discípulo llamado Ananías, a quien el Señor dijo en visión: "Ananías". El respondió: "Heme aquí, Señor". El Señor le dijo: "Levántate y ve a la calle que se llama Derecha, y busca en casa de Judas a uno llamado Saulo, de Tarso, porque él ora, y ha visto en visión a un hombre llamado Ananías, que entra y pone las manos sobre él para que recobre la vista".

### Haciendo lo que Jesús Hizo

Siempre que escuchemos al Espíritu Santo llamándonos por nombre y dándonos instrucciones claras de que hagamos algo, debemos obedecerle.

### Pablo sanó a los enfermos por la palabra de conocimiento

Pablo recibió una revelación acerca de un hombre paralítico que tenía suficiente fe para levantarse y ser sano. Pablo obedeció lo que oyó decir al Espíritu Santo, y un milagro de sanidad se hizo manifiesto.

#### Hechos 14:8-10

Cierto hombre de Listra estaba sentado, imposibilitado de los pies, cojo de nacimiento, que jamás había andado. Este oyó hablar a Pablo, el cual, fijando en él sus ojos y *viendo que tenía fe para ser sanado*, dijo a gran voz: "¡Levántate derecho sobre tus pies!". El saltó y anduvo.

### Haciendo lo que Jesús Hizo

- Este es un ejemplo perfecto de la palabra de conocimiento declarada por Pablo, la cual resultó en la sanidad total de un hombre cojo de nacimiento.

- La única manera de poder "ver" a una persona teniendo fe para ser sanada es a través del don de la palabra de conocimiento de parte del Espíritu Santo.

## Milagros en Corea

Recientemente, Sonja y yo fuimos invitados a conducir un curso intensivo de maestros cerca de Seúl, Corea. Sesenta pastores y líderes participaron del entrenamiento de una semana. Durante uno de los talleres de sanidad, una mujer líder se acercó quejándose de una enfermedad crónica y de depresión que la habían afligido por años. Al momento en que ella me miró vino una palabra de conocimiento a mi mente (John). Oí que el Espíritu Santo me decía: "Ella tiene un espíritu de enfermedad. Ordena al espíritu que se vaya y será sana". Yo obedecí. Hablé al espíritu y le dije: "Espíritu de enfermedad, eres atado. ¡Te ordeno que sueltes a esta mujer en el nombre de Jesucristo!".

Antes de que pudiera decir otra cosa, ella cayó al piso, torciéndose y rodando de un lado a otro mientras tosía repetidamente. La dejé allí y fui a orar por otros que estaban en la fila de oración. Eventualmente, regresé al lugar donde había dejado a la mujer; ahora se hallaba tranquila, pero aún sobre el piso, aparentemente libre de lo que la tenía atada. Al día siguiente, regresó con una gran sonrisa en su rostro anunciando que estaba totalmente sana de su enfermedad y totalmente libre de la depresión. Había dormido toda la noche por primera vez en años sin tener que usar las drogas usuales.

## Ella llamó a su hermana

Esta líder estaba tan contenta por lo que Cristo había hecho, que llamó a su hermana budista quien iba a ser operada de la espalda al día siguiente. Su hermana había estado sufriendo de un dolor insoportable por meses y se hallaba desesperada tratando de encontrar alivio. A la primera pausa de la reunión, la mujer nos llevó hacia su hermana que se hallaba acostada en una banca, sin poder sentarse debido al dolor terrible que estaba sufriendo. Cuando fijé la mirada en ella, el Espíritu Santo dijo: "Dile que la amo tanto que la quiero sanar de su espalda. Todo lo que tiene que hacer es reconocer que el Señor Jesucristo es su Sanador". Así que se lo comuniqué a ella a través del intérprete. Ella asintió con su cabeza y dijo, "Sí".

En ese momento ordené a su espalda que sanara en el nombre de Jesús. Y luego le dije, "Ahora levántese. El dolor ya se ha ido". Con una mirada desconcertante, mientras se sentaba paulatinamente para luego ponerse de pie; lentamente comenzó a girar de un lado a otro esperando que le doliera. Después nos miró con una sonrisa y muy segura de sí exclamó: "Ya no hay dolor. ¡Dios me ha sanado!". Una pastora rápidamente dirigió a la hermana en una oración, pidiendo a Jesús que fuera su Señor y Salvador. Yo había obedecido la palabra de sabiduría y conocimiento la cual hizo que esta mujer fuera sana y salva por la gracia y el poder de Dios.

## Contienda por lo mejor

Como ministros, debemos buscar a Dios hasta que podamos ministrar eficazmente en las palabras de sabiduría y conocimiento. Estos dones están a la disposición de cualquier creyente que los desee seriamente. Pueden marcar la diferencia entre la victoria y la derrota. Debemos contender en oración, meditación en la Palabra, y aun ayunando hasta comenzar a oír a Dios. La consagración trae la revelación. Cuando tomamos con seriedad la posibilidad de ministrar siendo guiados por el Espíritu de Dios, comienza un ministerio poderoso. Operar en las palabras de conocimiento y sabiduría, producirá el tipo de resultados que Jesús experimentó.

Acuérdese que Jesús y Su Palabra ya han declarado que podemos sanar a los enfermos. Sólo resta esperar que el Espíritu Santo nos indique a quién y cuándo. Aprender a trabajar en armonía con el Espíritu Santo y Sus dones para sanar a la gente abatida, es el servicio más satisfactorio que podamos hacer por otros seres humanos. No hay cosa mejor. Nos sitúa en el asiento del pasajero y el Espíritu Santo maneja el vehículo. Nos pone en camino a una jornada emocionante de un ministerio incomparable.

El siguiente capítulo es el paso final en aprender cómo cooperar con el Espíritu Santo para liberar a la gente de la esclavitud demoníaca. Jesús no le dio más importancia a la sanidad física que a la espiritual. El trató a ambas con la misma compasión y comprensión. Nosotros aprenderemos cómo hacer lo mismo que hizo El.

### Hay que Practicar

- En Santiago 1:22 se nos dice que hay que PONER POR OBRA lo que hemos aprendido (leído).
- Considere hacer lo que se le recomienda en este capítulo, refiriéndose al Apéndice B, "Hay que Practicar", en la página _____
- Haga la Tarea para la Técnica Ministerial titulada, "Sanando a los Enfermos por Revelación".

# 6 Tratando con los Demonios

El tema de los demonios es a veces complicado y mal entendido. Jesús quiere que Sus seguidores sepan cómo tratar con los demonios y liberar a las personas de la esclavitud que causan. Este capítulo está dividido en dos partes: Los Demonios en Tierras Extranjeras y Liberando a los Cautivos en América.

## *Los Demonios en Tierras Extranjeras*

CUANDO (John) iba entrando al lugar de reunión, dos ujieres llevaban en sus brazos a una mujer poseída por demonios hacia la parte de atrás del auditorio. La llevaban sujeta de ambos brazos mientras ella gritaba, escupía y retorcía su cuerpo incontrolablemente. El servicio de alabanza había comenzado, y aparentemente a los demonios no les agradó que la gente adorara al Señor Jesucristo.

### Sucedió en África

Estábamos en Abidjan, Costa de Marfil, Oeste de África, donde se nos habían asignado diferentes iglesias para que Sonja y yo predicáramos. Acabábamos de finalizar cinco días de enseñanza sobre los principios de un disciplulado efectivo de nuestra *Serie del Embajador,* ante un grupo de más de cien pastores de habla francesa. Cuando entré a la reunión donde me tocaba predicar, vi que los ujieres estaban tratando con una mujer endemoniada. Luego comenté: "Bueno Señor, esto va a ser interesante". El Señor ya me había indicado que predicara sobre el tema de la sanidad; me preguntaba qué más tenía El en mente.

Presenté el Evangelio a esta iglesia nueva de más de cien personas, enfatizando que Jesús quería sanar a la gente de toda clase de enfermedades y dolores. Yo estaba predicando a través de un intérprete, cuando el Espíritu Santo comenzó a revelarme palabras e imágenes de lo que El quería hacer. Yo repetía lo que el Señor me revelaba y comencé a llamar a las personas al frente para orar por ellas. Primero vino una mujer con un dolor severo en su codo izquierdo. Cuando obedecí, oré, y ordené que el dolor y agobio se fueran de ella, y así sucedió. El Espíritu Santo señaló a ocho personas con dolores crónicos de espalda. Y de nuevo, todos fueron sanos en unos minutos. Mientras tres mujeres eran sanas de dolores en los pies, una mujer endemoniada comenzó a gritar con todas sus fuerzas desde la parte posterior de la iglesia. Sus gritos me estaban distrayendo mucho, pero la congregación no parecía darle importancia. Traté de actuar igual que ellos y dar la impresión de que tenía todo bajo control. Pero al mirar hacia atrás, de repente, sentí compasión por la mujer.

### La sangre de Cristo es la clave

Puse un alto al servicio de sanidad e inicié una corta enseñanza acerca de cómo ama Dios a la gente endemoniada, tanto que envió a Su Hijo a liberarlos. También les prediqué que todos los creyentes poseen la autoridad y la investidura de poder para echar fuera demonios. El mensaje parecía apropiado. Les enseñé que la sangre de Jesucristo era la fuente de poder que podía liberar de ligaduras espirituales a todos. Al momento de mencionar la sangre de Jesús, la mujer endemoniada se volvió totalmente loca. Tres personas tuvieron que sujetarla.

Le pregunté al pastor si estaba bien que la trajeran al frente. El hizo una señal a los ujieres y ellos la condujeron hacia el frente y trataron de que se sentara en una silla. Su cuerpo se endureció como una tabla rehusando sentarse. Ella no quería mirarme, flexionando la cabeza de un lado hacia el otro, continuaba gritando, escupiendo y siseándoles a todos. Le dije, en inglés: "¡Mírame!". Cuando lo hizo, vi la mirada fría del demonio a través de sus ojos vacíos. Le dije: "¡Cállate y sal de ella!". Inmediatamente, dejó de gritar tornándose dócil y mansa como una persona normal. No recibí ninguna otra instrucción del Espíritu Santo así que les pedí a los ujieres que la llevaran de regreso a su asiento. He aprendido a detenerme cuando el Espíritu Santo se queda en silencio. Ya no hubo gritos ni distracciones de parte de esa mujer.

## Se fue

El servicio concluyó con más adoración. Luego comencé a orar por una larga fila de personas que estaban enfermas o con dolores. Dios comenzó a sanar a la gente como normalmente lo hace. Aparentemente, la mujer endemoniada se había ido silenciosamente mientras yo oraba por los enfermos. Supe después, por medio de uno de los diáconos, que ella era miembro de la iglesia y que había comenzado a tener estos arrebatos en la iglesia como un mes antes de nuestra visita y progresivamente esto ocurría con mayor falta de control. El no estaba seguro cómo fue que esta mujer soltera había llegado a esa condición, pero sospechaba que se había involucrado en alguna actividad sexual ritualista.

Salí de allí con una idea diferente acerca de la gente bajo el control espiritual de un demonio. Era como que se me hubiera permitido tener una experiencia tal como las que Cristo tuvo tantas veces en los Evangelios. Para El, una persona poseída por demonios era vista en la misma categoría que una persona quebrantada, enferma o adolorida. Todos necesitaban ser hechos libres y sanos. Lucas 4, declara la misión de Jesucristo. El quiere que Sus seguidores continúen con la misma misión.

### Lucas 4:18-19

"El Espíritu del Señor está sobre mí, por cuanto me ha ungido para dar buenas nuevas a los pobres; me ha enviado a sanar a los quebrantados de corazón, a pregonar libertad a los cautivos y vista a los ciegos, a poner en libertad a los oprimidos y a predicar el año agradable del Señor".

## Haciendo lo que Jesús Hizo

- Nuestra misión es cumplir con la Gran Comisión haciendo las mismas cosas que Jesús hizo. Debemos predicar, sanar, libertar a los oprimidos y darle toda la gloria a Jesucristo.
- Debemos liberar a todos los oprimidos por el diablo echando fuera a los demonios que los están subyugando.

### Examinemos los mismos relatos de los Evangelios

Los métodos que Jesús utilizó para liberar a la gente de ataduras espirituales se observan claramente en los Evangelios. En este capítulo, hemos compilado las mismas historias de los Evangelios en una narración compuesta de todos los eventos, en las que Mateo, Marcos, y Lucas las describen. Hemos fusionado todas las Escrituras entretejiendo los pasajes para hacer una sola. De allí pasaremos a los puntos de aplicación en la sección "Haciendo lo que Jesús Hizo" con sugerencias de cómo hacer lo que Jesús hizo.

### Jesús nos da el ejemplo

Los pasajes siguientes describen uno de los primeros eventos en el ministerio de Jesucristo. Revelan el comienzo de una serie de ejemplos de oración y ministerio que Jesús modeló liberando a los que estaban atados espiritualmente. Observaremos detenidamente cómo Jesús liberó a la gente y luego ofreceremos sugerencias en cuanto a la implementación de los mismos ejemplos para ministrar a la gente hoy en día.

**Mateo 8:16-17**
Al caer la noche le llevaron muchos endemoniados, y con la palabra echó fuera a los demonios y sanó a todos los enfermos, para que se cumpliera lo dicho por el profeta Isaías: "El mismo tomó nuestras enfermedades y llevó nuestras dolencias".

**Lucas 4:40-41**
. . .poniendo las manos sobre cada uno de ellos, los sanaba. También salían demonios de muchos, dando voces y diciendo: "¡Tú eres el Hijo de Dios!". Pero él los reprendía y no los dejaba hablar, porque sabían que él era el Cristo.

## Haciendo lo que Jesús Hizo

Al estudiar estas Escrituras, comenzamos a observar las formas y métodos más obvios que Jesús usara al tratar con los oprimidos por espíritus. Al estudiarlas, podremos aprender mucho en cuando a cómo liberar a la gente de la misma manera.

Debemos considerar las siguientes observaciones:

*   Los que estaban enfermos u oprimidos por el diablo, eran traídos a Jesús. Jesús no tuvo que ir en busca de ellos. La gente sabía que podía contar con El para ser sana o liberada porque conocía Su reputación. Hoy en día, muchos están en la búsqueda de alguien que sepa cómo liberar a quienes se hallan en situaciones similares.

Como Iglesia, debemos levantarnos y hacer lo que Jesús hizo, El liberó a estas personas.

- La gente traerá a los enfermos u oprimidos por el diablo, a alguien que esté operando en la autoridad que se le ha otorgado en Jesucristo.
- Cuando la fe está presente, debemos ministrar en la autoridad que nos ha sido dada, en el nombre de Jesucristo.
- En muchas ocasiones, los demonios reconocerán la presencia del Espíritu Santo sobre nosotros *antes* de que otros reconozcan que el poder de Dios está presente. Los espíritus pueden responder gritando y desafiando a alguien que esté ministrando con autoridad espiritual.
- Enunciar palabras de autoridad a los espíritus que habitan en hombres y mujeres los hará libres. Las palabras que Jesús habló con firmeza fueron sencillas y al punto. En otros versos El dijo palabras tales como: "Sal de él" o "Vete".
- Jesús no permitió que los demonios hablaran; de la misma manera, nosotros debemos reprender a los espíritus y ordenarles que no hablen.
- Lucas indica que la imposición de manos puede hacerse ya sea para sanar a los enfermos o liberarlos de ataduras espirituales.
- Estas Escrituras nos demuestran claramente que Jesús es el cumplimiento de la profecía de Isaías cuando liberó y sanó a los que venían a El.

## Un brujo es liberado

En el capítulo 3 relatamos la historia de una mujer anciana y ciega de la tribu Lahu del norte de Tailandia que fue sanada. Las noticias de este milagro notable corrieron a través de la jungla. Dos días después hubo una gran conmoción en la aldea cuando un doctor brujo vino buscándonos. La gente de la tribu se maravilló al saber la razón: él quería recibir la ayuda del Dios que había sanado a la mujer ciega.

Nuestros miembros del equipo, Steve Darrow de los Estados Unidos y un misionero australiano, entrevistaron al hombre a través de intérpretes. Su brazo estaba paralizado y torcido, su corazón estaba sufriendo de palpitaciones incontrolables. El les dijo que había oído acerca del Dios cristiano cuando era joven, pero que había dejado Sus caminos y, en Su lugar, buscó el poder de la brujería. Sin embargo, ahora reconocía que los demonios estaban en contra suya e iban a matarlo. ¡Que maravilloso es nuestro Dios! El permitió que estuviéramos en Tailandia al mismo tiempo que este hombre necesitara escuchar del poder milagroso de nuestro Dios. ¡La misericordia, gracia y compasión de nuestro Padre son infinitas!

En primer lugar, Steve y el misionero tomaron autoridad sobre los demonios y les ordenaron que salieran de él, lo cual hicieron. Fue maravilloso ver el brazo de este hombre estirándose al mismo instante en que la parálisis dejaba su cuerpo. Luego, instintivamente, levantó sus brazos en rendimiento y alabanza a Dios.

## Los aldeanos estaban totalmente maravillados

Luego, entre los dos lo guiaron hacia el arrepentimiento de sus pecados y renunciamiento a la brujería que había practicado por tantos años. Después él le pidió al Señor Jesucristo que viniera a su vida y fuera su Salvador y Señor; de allí, recibió el bautismo del Espíritu Santo y procedió a hablar en lenguas desconocidas. Los aldeanos quedaron maravillados al ver todo lo acontecido.

En esas sociedades tribales, la actividad sobrenatural es parte de su vida antes de convertirse al cristianismo. Sin embargo, está basada totalmente en el temor y el poder. Siempre están tratando de apaciguar a los espíritus inmundos para que no les hagan daño, ni a sus seres queridos o a otros de la aldea. Los doctores brujos ejercen un control demoníaco sobre la gente para mantenerlos bajo un temor miserable. No hay necesidad de decir que cuando estas personas ven que el único y verdadero Creador, el Dios Cristiano, toma autoridad sobre un doctor brujo y los espíritus malignos, se regocijan. Nuestro Dios no sólo los libra, El les da amor, gozo y paz. ¡Con razón Jesús le llama a Su mensaje, las Buenas Nuevas!

## Fe, Autoridad y el Discernimiento de Espíritus

La gracia del Espíritu Santo nos imparte la habilidad de discernir la actividad espiritual que puede estar manifestándose alrededor nuestro. Tal habilidad viene en forma de uno de los dones sobrenaturales del Espíritu Santo llamado discernimiento de espíritus en 1 Corintios 12:10.

### 1 Corintios 12:7-11
Pero a cada uno le es dada la manifestación del Espíritu para el bien de todos. A uno es dada por Espíritu palabra de sabiduría; a otro, palabra de conocimiento según el mismo Espíritu; a otro, fe por el mismo Espíritu; a otro, dones de sanidades por el mismo Espíritu. A otro el hacer milagros; a otro profecía; a otro, *discernimiento de espíritus;* y a otro, diversos géneros de lenguas, y a otro interpretación de lenguas. Pero todas estas cosas las hace uno y el mismo Espíritu, repartiendo a cada uno en particular como él quiere.

## Haciendo lo que Jesús Hizo
- Los dones de discernimiento de espíritus, la fe sobrenatural, y las palabras de conocimiento y

sabiduría, son las herramientas necesarias para tratar con los demonios. Sin ellas nuestro ministerio será extremadamente difícil.

• Para activar estos dones, sencillamente le pedimos al Espíritu Santo que los manifieste siempre que confrontemos una actividad espiritual sospechosa.

## Disparando en la oscuridad

Necesitamos el don de discernimiento de espíritus y/o los dones de palabra de sabiduría y conocimiento para tratar con los demonios. Nosotros definimos el don de discernimiento de espíritus como la percepción sobrenatural para distinguir la causa de una actividad espiritual. Este don revela claramente si la actividad es divina, humana o demoníaca en su origen. Los dones sobrenaturales de palabras de conocimiento y sabiduría también revelarán la misma información. Si tratara de identificar y echar fuera demonios sin estos dones, lo haría como quien tira al blanco en oscuridad completa. Usted sabe que hay un blanco, pero no lo puede ver y continúa tirando en espera de atinarle a algo. Estos dones son la luz reflectora que le permite ver cómo dar en el blanco.

## La fe sobrenatural viene con la revelación

El don sobrenatural de fe también entra en juego siempre que nos enfrentamos con demonios. Cuando discernimos la presencia de un espíritu inmundo, Dios nos otorga la fe sobrenatural que nos convierte en personas intrépidas ante la presencia de cualquier actividad demoníaca. Esta clase de fe nos es impartida para que podamos tomar un control firme de la situación y ordenar con agresividad que los espíritus se vayan. Si tratamos de proceder usando nuestra propia fe y entendimiento, es posible que el temor se haga presente. Los demonios saben cuando estamos atemorizados. Ellos tomarán ventaja de cualquier temor o intimidación que expresemos. Para tener victoria, necesitamos ministrar bajo la instrucción del Espíritu Santo y la fe sobrenatural que Dios nos da.

## Cada creyente ha recibido la autoridad de Jesús para echar fuera demonios

Iniciemos la jornada que nos equipará para tratar con los demonios. Primero examinaremos las enseñanzas de Jesús en cuanto a la autoridad que El le ha dado a cada creyente para echar fuera demonios. También examinaremos porqué se nos ha dado, en primer lugar. Nadie puede leer el Nuevo Testamento sin distinguir que Jesús dio a Sus discípulos una autoridad clara e indiscutible para sanar a los enfermos y echar fuera demonios.

Basados en nuestra primera observación de los pasajes a continuación, pareciera ser que la autoridad era sólo para los doce discípulos que le seguían en ese entonces. Tal vez, la enseñanza temprana que recibimos reforzó esta hipótesis. Pensábamos: "El no estaba hablando de mí. Además, los demonios son cosa del pasado. Seguramente esto no se aplica a nosotros en la actualidad. Jesús ha de haber descrito un problema espiritual único de la gente ingenua de esos tiempos".

No es así. Cuando relacionamos Juan 14:11-14 con las Escrituras a continuación, nos enfrentamos al hecho Bíblico de que a todos los creyentes en Cristo se nos ha dado el poder y la autoridad no sólo de sanar a los enfermos, sino de ordenar que los espíritus se vayan.

### Mateo 10:1

Entonces, llamando a sus doce discípulos, les dio autoridad sobre los espíritus impuros, para que los echaran fueran, y para sanar toda enfermedad y toda dolencia.

### Lucas 9:1

. . . les dio poder y autoridad sobre todos los demonios.

**Marcos 3:14-15**

. . .para enviarlos a predicar y que tuvieran autoridad para sanar enfermedades y para echar fuera demonios.

**Mateo 28:18-20**

Jesús se acercó y les habló diciendo: "Toda potestad me es dada en el cielo y en la tierra. Por tanto, id y haced discípulos a todas la naciones, bautizándolos en el nombre del Padre, del Hijo y del Espíritu Santo, y enseñándoles que guarden todas las cosas que os he mandado...".

## Haciendo lo que Jesús Hizo

- A todos Sus seguidores, Jesús les dio el poder y la autoridad sobre los espíritus demoníacos, para echarlos fuera, y sanar toda clase de enfermedad y dolencia. Esto le fue enseñado a la primera generación de discípulos.

- Luego se les ordena a los líderes cristianos que enseñen, a cada generación sucesiva de discípulos, a observar las cosas que Jesús les dijo que hicieran (incluyendo echar fuera demonios).

- Como Cristo concedió a los creyentes el poder y la autoridad para vencer a "todos" los demonios, no hay ninguna categoría demoníaca que quede excluida.

- Al momento de creer esta verdad y aceptar el desafío de ir, nos convertimos en "enviados".

- Jesús ya ha comisionado a Sus seguidores para que vayan a todo el mundo. Mientras vamos, tenemos que ir haciendo discípulos, enseñando, bautizando, sanando a los enfermos, y echando fuera los demonios.

> • Sólo hay una conclusión. Debemos obedecer e ir a hacer estas cosas.

## ¿Qué sucede si usted no sabe cómo?

Por tal razón escribimos este libro. Parece haber una falta de conocimiento universal respecto al trato con los demonios. Esto es muy cierto, especialmente en la manera de pensar de los cristianos en este país (Estados Unidos). Desde el comienzo de siglo ha habido una plétora de recomendaciones en cuanto a la búsqueda de una "conciencia espiritual más elevada".

Cientos de libros, películas y programas de televisión desvergonzadamente promueven la existencia de extraterrestres, manifestaciones horripilantes, apariciones de muertos y de guías espirituales que llegan para conducirnos a una conciencia más elevada y conectarnos con el mundo de las tinieblas. Todos guían hacia el mismo lugar: a los brazos abiertos de quien tiene como meta única matar, robar y destruir vidas. El cristiano lleno de poder es la única esperanza para un mundo total y completamente fascinado con la "buena vida" de hacer lo que le plazca y no rendir cuentas a nadie, especialmente al Señor Jesucristo. La Biblia nos advierte en cuanto a esta clase de desobediencia. Este estilo de vida eventualmente conduce hacia una trampa espiritual de esclavitud descrita en el pasaje siguiente.

### Gálatas 5:19-21

Manifiestas son las obras de la carne, que son: adulterio, fornicación, inmundicia, lujuria, idolatría, hechicerías, enemistades, pleitos, celos, iras, contiendas, divisiones, herejías, envidias, homicidios, borracheras, orgías, y cosas semejantes a estas. En cuanto a esto, os advierto, como ya os he dicho antes, que los que practican tales cosas no heredarán el reino de Dios.

## Haciendo lo que Jesús Hizo

• Cualquiera de estos actos de la naturaleza pecaminosa, practicada constantemente, puede atraer
espíritus demoníacos. Cuando aceptamos a Cristo
y verdaderamente nos arrepentimos de lo men-
cionado en el pasaje anterior, somos liberados y
heredaremos el Reino de Dios.

• Si regresamos a lo mismo que hacíamos, después de aceptar a Cristo, eventualmente podremos
atraer espíritus demoníacos y caer en esclavitud
espiritual.

• Siempre que una persona viene a conocer al Señor
personalmente, y después decide traicionarle, o decide descaradamente desafiarlo siendo desobediente,
le da al enemigo el derecho de entrar en ella.

• Judas fue un ejemplo perfecto. Mientras Judas
seguía a Jesús haciendo lo que se esperaba de
él, estuvo protegido del maligno. Al momento de
traicionar a Jesús abiertamente, Satanás "entró"
en él (Lucas 22:3) y eventualmente causó que
cometiera suicidio.

## ¡Hay Personas que Necesitan ser Liberadas!

Siempre que se le da una oportunidad a un espíritu demoníaco para establecerse en la vida de una persona, ha sido por
medio del engaño. Puede suceder debido a una desobediencia
deliberada a los mandamientos de Dios y/o por haber escogido
vivir una vida mencionada anteriormente en Gálatas, capítulo 5.
Cuando sucede, la persona queda susceptible al control espiritual
demoníaco en ciertas áreas de su vida. Si no se trata con este es-

píritu, eventualmente puede causar problemas físicos peculiares. Un tipo de complicación como éste, se identifica en la Biblia como un "espíritu de enfermedad". La persona necesita ser desatada de ese espíritu que está causando esa anomalía física. Ningún medicamento o consejería profesional ofrecido por la comunidad médica podrá sanar a la persona si su condición es causada por un espíritu. Sólo sanará mediante la oración eficaz en el nombre de Jesucristo. Jesús habló a este tipo de espíritu en Juan 5:5 y en la Escritura que sigue:

### Lucas 13:11-17

Y había una mujer que desde hacía dieciocho años tenía espíritu de enfermedad, y andaba encorvada y en ninguna manera se podía enderezar. Cuando Jesús la vio, la llamó y le dijo: *"Mujer, eres libre de tu enfermedad"*. Puso las manos sobre ella, y ella se enderezó al momento y glorificaba a Dios. Pero el alto dignatario de la sinagoga, enojado de que Jesús hubiera sanado en sábado, dijo a la gente: "Seis días hay en que se debe trabajar; en estos, pues, venid y sed sanados, y no en sábado". Entonces el Señor le respondió y dijo: "¡Hipócrita!, ¿no desatáis vosotros vuestro buey o vuestro asno del pesebre y lo lleváis a beber en sábado? Y a esta hija de Abraham, que Satanás había atado dieciocho años, ¿no se le debía desatar de esta ligadura en sábado?". Al decir él estas cosas, se avergonzaban todos sus adversarios; pero todo el pueblo se regocijaba por todas las cosas gloriosas hechas por él.

## Haciendo lo que Jesús Hizo
- Los espíritus pueden causar varios tipos de enfermedades, dolores, y deformidades debilitantes.

En este caso Satanás la había atado, manifestándose en una curvatura severa de la columna vertebral. La Biblia identifica que estos espíritus pueden "atar" a la gente en su cuerpo físico.

- Sin embargo, no todas las enfermedades y dolencias son causadas por espíritus. Esta es la razón por la cual debemos depender de los dones de revelación del Espíritu Santo para discernir entre un problema verdaderamente médico y uno causado por un espíritu.

- Jesús la vio en la multitud y la escogió de los demás que tal vez estaban enfermos. (Acuérdese que Jesús sólo hacía lo que el Padre le revelaba).

- Jesús la llamó que viniera y así pudo hacer contacto imponiéndole las manos.

- Jesús *habló* palabras de fe y liberación directamente a la mujer, diciendo: *"Mujer eres libre de tu enfermedad"*.

- Ella se *enderezó* inmediatamente y comenzó a *glorificar* a Dios.

- El cristiano ha recibido la autoridad de "liberar" a la gente de espíritus que están causando deformidades físicas.

- Cuando nos enfrentamos con alguien que tiene problemas físicos similares, debemos orar en el Espíritu y mantenernos sensibles a la dirección específica del Espíritu Santo.

- Cuando usted ha recibido *una palabra segura* de parte del Espíritu Santo, en cuanto a qué dirección tomar, actúe inmediatamente; *siempre* tenemos la autoridad de hacerlo, pero el *poder* se manifiesta cuando obedecemos a las instrucciones del Espíritu Santo.

- Debemos aprender a operar, igual que Jesús, de acuerdo con el tiempo, la dirección y la voluntad del Padre. Nosotros lograremos una victoria completa cuando respondamos inmediatamente a lo que el Espíritu Santo quiera que hagamos.
- Cuando el Espíritu Santo diga: "Libera a esa persona de su atadura. La causa es un espíritu de enfermedad", entonces HAGALO, tal como Jesús lo hizo.
- *Ponga sus manos* sobre ellos de la misma manera que Jesús lo hizo.
- *Hable* palabras de liberación sobre ellos igual que Jesús lo hizo. Usted puede usar las mismas palabras que Jesús usó: *"Sé libre de tu enfermedad"*.
- Si usted está actuando bajo las instrucciones del Espíritu Santo, será testigo de un milagro.

### Saqueando la casa del hombre fuerte

La Biblia hace referencia al "hombre fuerte" como a un espíritu demoníaco. Sólo parecen fuertes cuando ignoramos la autoridad y el poder que se nos otorgó a través de Jesucristo. Jesús ha hecho superiores, en gran manera, a Sus seguidores y más fuertes que cualquier espíritu demoníaco. Los líderes religiosos en los tiempos de Cristo ignoraban totalmente la autoridad y el poder que Cristo tenía sobre los demonios. Eran ajenos al hecho de que El estaba delegando la misma autoridad y poder a todos Sus discípulos. Esto continúa siendo una verdad hoy en día. No obstante, algunos líderes religiosos atribuyen las liberaciones triunfantes del Espíritu Santo, a una versión moderna de Beelzebú el cual aún es el príncipe de los demonios (lea las Escrituras siguientes). Debemos tener mucho cuidado de darle toda la gloria a Dios por desatar a la gente de las ataduras demoníacas.

## Lucas 11:14-23

Estaba echando fuera un demonio, que era mudo; y aconteció que, después de salir el demonio, *el mudo habló* y la gente quedó maravillada. Pero algunos decían: "Por *Beelzebú*, príncipe de los demonios, echa fuera los demonios." Otros, para tentarlo, le pedían señal del cielo. Pero él, *conociendo los pensamientos de ellos*, les dijo: "Todo reino dividido contra sí mismo es asolado, y una casa dividida contra sí misma, cae. De igual manera, si Satanás está dividido contra sí mismo, "¿cómo permanecerá su reino? Os digo esto ya que decís que por Beelzebú echo yo fuera los demonios. Si yo echo fuera los demonios por Beelzebú, ¿vuestros hijos por quién los echan? Por tanto, ellos serán vuestros jueces".

Pero si por el dedo de Dios echo yo fuera los demonios, ciertamente el reino de Dios ha llegado a vosotros. Mientras el hombre fuerte y armado guarda su palacio, en paz está lo que posee.

## Mateo 12:29

Nadie puede entrar en la casa de un hombre fuerte y saquear sus bienes, si antes no lo ata; solamente así podrá saquear su casa.

### Haciendo lo que Jesús Hizo

- Jesús era firme y seguro siempre que identificaba una actividad demoníaca en las personas. Nosotros debemos hacer lo mismo. Si persistimos en permitir que el Espíritu Santo nos revele qué clase de espíritu se está manifestando, siempre obtendremos la victoria.

- Un espíritu que mantiene muda a la persona debe ser identificado como un "espíritu mudo". Se le ordena al espíritu mudo que salga de la persona y que la lengua sea suelta en el nombre de Jesucristo. Cuando el poder del Espíritu Santo viene sobre la persona, la libera.
- Cuando se involucre en la liberación, prepárese para que los líderes "religiosos" le acusen de ser "del diablo". Siempre que atribuyan la obra del Espíritu Santo al diablo, estarán blasfemando al Espíritu Santo y tendrán que rendir cuentas por ello. No se ponga a discutir, sino que ore por ellos. Ignore su necedad y continúe liberando a la gente.
- El "hombre fuerte" al que Jesús se refería, es el demonio principal que controla el comportamiento de la persona. Cuando usted se viste de toda la armadura de Dios y el nombre de Jesús está en sus labios, el demonio no le puede vencer.
- Asegúrese de confirmar que la persona sea salva y guíele al bautismo del Espíritu Santo.
- Esto es indispensable para que la "casa" espiritual esté llena de Dios. Si no, quedará "barrida y adornada" sin la armadura y sin la protección del Espíritu Santo y la persona quedará expuesta a que el demonio regrese y la subyugue.
- Si la casa no está llena y no se deshace la primera atadura en la vida de la persona, los demonios eventualmente tomarán residencia en su mente y su estado será peor que antes (vea Mateo 12:43-45).
- Nota: Ser "atado" opera de dos formas. El demonio principal (el hombre fuerte) no puede saquear la casa (mente y cuerpo) a menos que primero ate a la persona con varias ataduras: rebelión, adicciones, des-

obediencia contra Dios, etc. A la vez, no podemos sacar al hombre fuerte de la casa a menos que le atemos primero en el nombre de Jesús. Entonces liberamos a la persona de lo que le esté atando, haciendo que se rinda y obedezca a Dios. Esto incluye someterse a la salvación, el bautismo en agua, el bautismo en el Espíritu Santo, y hacer la voluntad de Dios.

## La Realidad de los Espíritus

**Los espíritus pueden causar que una persona esté muda**

A través de los años hemos observado muchos casos en que los espíritus son la razón de que alguien no tuviera la habilidad de hablar. La persona quisiera hablar, pero el espíritu la tiene tan atada, creyendo que no puede hablar. Muchos vinieron a Jesús con este problema, abreviado a continuación.

### Mateo 9:32-33

Tan pronto ellos salieron, le trajeron un mudo endemoniado. Una vez expulsado el demonio, el mudo habló. La gente se maravillaba y decía: "Nunca se ha visto cosa semejante en Israel".

### Mateo 12:22-23

Entonces le llevaron un endemoniado, ciego y mudo; y lo sanó, de tal manera que el ciego y mudo veía y hablaba. Toda la gente estaba atónita...

## Haciendo lo que Jesús Hizo

- La gente venía sabiendo que Jesús los podía liberar. El mudo ha de haber tenido fe, deseando ser liberado.

- Un espíritu puede causar mudez. Otra vez, esto requiere el don de discernimiento de espíritus para estar seguros.
- Jesús enseña que para "expulsar" al espíritu mudo hay que hablarle con firmeza.
- La gente se quedará maravillada cuando la persona comience a hablar. Debemos ser rápidos en iniciar nuestro agradecimiento a Dios por la liberación de la persona.
- Ignore a cualquier "líder religioso" que hable negativamente acerca de usted o de su equipo de liberación. Responda siempre con amor. Nosotros podemos apaciguar la situación pidiéndole a la persona que ha sido verdaderamente liberada, que comparta lo que le ha pasado con los líderes religiosos.

### La niñita que se llamaba "No Habla"

Una de nuestras muchas misiones en la que llevamos equipos a las tribus de montañeses al norte de Tailandia constaba de dos evangelistas, una pastora, un presidente de una compañía y su hija, Sonja y yo. Nuestra misión era enseñar una semana en una aldea de la tribu Lahu y otra semana en una aldea de la tribu Karen. Nuestra meta era de equipar a los cristianos para que entendieran bien y ministraran bajo la autoridad dada por Jesucristo. Hicimos lo que Cristo hizo. Enseñamos la Palabra, predicamos el Evangelio, y sanamos a los enfermos. Durante una de las sesiones en la tarde, Dawn, la hija del presidente de la compañía, tuvo una impresión fuerte, que la niñita muda con quien había hecho amistad podría ser sanada si orábamos por ella.

A esta niñita, de seis años, se le había dado el nombre de "No Habla" por la tribu Lahu porque había sido muda desde su nacimiento. Sus padres nos dieron permiso para orar por ella. El Señor nos dirigió a que Steve Darrow, el presidente, y el pastor le impusieran las manos. Steve le ordenó al espíritu que se fuera de la niña. Steve oró: "Espíritu mudo, yo te mando que sueltes a esta niña en el nombre de Jesucristo. Suéltala de la maldición que la tribu ha puesto sobre ella. ¡Desaparece en el nombre de Jesús!" Nosotros la dejamos que regresara a jugar con los demás niños, pero les dije que nos avisaran tan luego como la escucharan decir algo. Más tarde, ese mismo día, los niños regresaron gritando, "¡Está hablando, está hablando!" Esa noche los niños le ayudaron a cantar cánticos de alabanza por primera vez en su pequeña vida. Dawn le puso un nombre nuevo, "Gozo" (Joy) en vez de "No Habla". ¡Servimos a un Dios maravilloso!

### Sanidad de malaria

Mientras ministrábamos a la tribu Lahu, una mujer de Burma vino a la aldea deseando ser sana de malaria. Había caminado muchas millas cruzando montañas, porque había oído acerca de los milagros que estaban ocurriendo esa semana en la aldea Lahu. Se veía muy mal; demacrada, con su piel amarillenta, y tan débil que casi no podía mantenerse de pie. Al momento de sentarse, el Espíritu Santo me (John) dijo: "Es un espíritu; un espíritu inmundo es el origen de los síntomas. ¡Échalo fuera!". Con la ayuda de dos intérpretes, inmediatamente ordené al espíritu inmundo que saliera de ella. En cuestión de minutos, su piel retornó a la normalidad, comenzó a sonreír y recuperó sus fuerzas. Ella nos dio las gracias y se fue vivificada. Uno de los intérpretes era un pastor de la Iglesia Cuadrangular en Tailandia. El estaba anonadado, llorando de gozo y asombro. Dijo: "Nosotros hemos escuchado historias de otros cristianos, contándonos cómo Jesús sana a la gente. Esta vez he visto la gloria de Dios por mí mismo. He atestiguado un milagro con mis propios ojos. Esa mujer tenía malaria. ¡Yo vi cómo Cristo la sanó! ¡Gloria a Dios!" Los siguientes pasajes describen la manera en que Jesús liberó a un niño de un espíritu mudo que estaba causándole síntomas similares a la epilepsia.

**Marcos 9:14-29**

Cuando llegó a donde estaban los discípulos, vio una gran multitud alrededor de ellos, y escribas que discutían con ellos. En seguida toda la gente, viéndolo, se asombró; y corriendo a él, lo saludaron. El les preguntó: "¿Qué discutís con ellos?". Respondiendo la multitud, dijo: "Maestro, traje a ti mi hijo, que *tiene un espíritu mudo,* el cual, dondequiera que lo toma, lo sacude; echa espumarajos, cruje los dientes y se va secando. Dije a tus discípulos que lo echaran fuera, pero no pudieron". Respondiendo él, les dijo: "¡Generación incrédula! ¿Hasta cuándo he de estar con vosotros? ¿Hasta cuándo os he de soportar? Traédmelo".

Se lo trajeron, y cuando el espíritu vio a Jesús, sacudió con violencia al muchacho, que cayó al suelo revolcándose y echando espumarajos. Jesús preguntó al padre: "¿Cuánto tiempo hace que le sucede esto?" El dijo: "Desde niño. Y muchas veces lo arroja al fuego o al agua, para matarlo; pero si puedes hacer algo, ten misericordia de nosotros y ayúdanos". Jesús le dijo: "Si puedes creer, al que cree todo le es posible". Inmediatamente el padre del muchacho clamó y dijo: "Creo; ayuda mi incredulidad".

Cuando Jesús vio que la multitud se agolpaba, reprendió al espíritu impuro, diciéndole: "Espíritu mudo y sordo, yo te mando que salgas de él y no entres más en él". Entonces el espíritu, clamando y sacudiéndolo con violencia, salió; y él quedó como muerto, de modo que muchos decían: "Está muerto". Pero Jesús tomándolo de la mano, lo enderezó.

Cuando él entró en casa, sus discípulos le preguntaron aparte: "¿Por qué nosotros no pudimos echarlo fuera?" Y les dijo: "Este género con nada puede salir, sino con oración y ayuno".

### Mateo 17:15-20

"...que es lunático y sufre muchísimo, porque muchas veces cae en el fuego y muchas en el agua...". Por vuestra poca fe. De cierto os digo que si tenéis fe como un grano de mostaza, diréis a este monte: 'Pásate de aquí allá', y se pasará; y nada os será imposible".

### Lucas 9:37-42

Un espíritu lo toma y, de repente, lo hace gritar, lo sacude con violencia, lo hace echar espuma y, estropeándolo, a duras penas se aparta de él".

### Haciendo lo que Jesús Hizo

- Jesús nos enseña muchas cosas acerca de la liberación de las personas en este relato detallado, desde el enfoque de Mateo, Marcos, y Lucas.
- Síntomas físicos: Estos son los mismos síntomas que la epilepsia. Debemos pedirle al Espíritu Santo que nos dé discernimiento de espíritus para saber con certeza si en verdad es un espíritu o si es simplemente epilepsia obrando en el cerebro. En este caso, el espíritu tomaba al niño y le causaba que gritara. Cuando las personas están bajo el control de espíritus inmundos, pueden gritar, llorar incontrolablemente dando alaridos. Pueden experimentar convulsiones violentas tal como si se les estuviera golpeando con ímpetu, y cayendo al piso como si alguien los lanzara con fuerza. Pueden echar espumarajo, y escupir saliva. Pueden rechinar los dientes y quedar en una posición rígida. Finalmente puede ser que se queden tan quietos que parecieran estar en coma.

- Recuerde que usted sólo puede echar fuera demonios cuando ellos son la causa del problema.
- *Incredulidad:* Jesús le dijo al padre y a Sus discípulos que lo único que necesitaban era una fe firme para sacar a los demonios.
- El dijo, "¡Al que cree todo le es posible!" Nosotros debemos orar y esperar "el don de fe" sobre nosotros cuando estamos tomado parte en una liberación.
- Muchas veces será necesario *orar y ayunar* para que podamos ministrar triunfantemente a través de los dones de revelación y de fe. Esto se debe hacer antes de entrar a una sesión de liberación. Algunos espíritus no salen fácilmente. La oración es necesaria para debilitar, identificar y echar fuera a ciertos espíritus.
- *Evite los argumentos* con líderes religiosos. Los creyentes nuevos tienden a entablar discusiones con líderes religiosos. Esto es improductivo. No lo haga.
- *Entreviste a los padres:* Compruebe si la medicina causa efecto en los síntomas. Los demonios no responden a la medicina. Determine exactamente lo que los padres creen que Dios puede hacer. Nunca vaya más allá de lo que ellos autoricen. Todos deben estar de acuerdo.
- *Preste atención para ver si hay fe:* En este caso el hombre dijo: "Maestro, traje a ti mi hijo". Preste atención para ver si la fe se está manifestando en la familia involucrada. No proceda hasta que ellos crean que la liberación será exitosa. "Creo, ayuda a mi fe".
- *Inicie la liberación.* Hágalo hablando al espíritu que está causando el impedimento físico. Si la

persona está sorda, hable al *"espíritu sordo"*.
Si está muda, hable al *"espíritu mudo"*. Ordene
que el espíritu *salga fuera*. Demande que *nunca*
más *vuelva* a entrar en esa persona.

- *Nombre al espíritu*. Rara vez les preguntamos sus
nombres a los espíritus. Siempre mienten. Nosotros
le pedimos al Espíritu de verdad, el Espíritu Santo,
que nos diga cuál es el espíritu principal que tiene
atada a la persona. Si nos lo revela, entonces nom-
bramos ese espíritu por nombre.

- Las *manifestaciones físicas* durante la ministración de liberación, son indicaciones de que los
espíritus están respondiendo a la autoridad de
Jesucristo. No fije su atención en las manifestaciones externas. ¡Escuche las indicaciones del
Espíritu Santo!

- Cuando el Espíritu Santo nos diga que es hecho,
es hecho. Y ha sido hecho no porque ya no haya
manifestaciones externas. Estamos listos cuando
cada miembro del equipo escuche que el Espíritu
Santo dice: "Ya terminaron".

- Comprometa a la persona para que se mantenga
en contacto continuo con alguien maduro y de
oración y ante quien pueda rendir cuentas también. Haga que prometa que nunca regresará a
ese tipo de comportamiento, las mismas amistades, o situaciones que causaron el problema en
primer lugar.

- *Haga un repaso posterior*. Utilice este evento
como punto de enseñanza para el equipo en
cuanto a cómo conducir este tipo de ministración
la próxima vez.

## El niño poseído de demonios

Mientras conducía una cruzada de sanidad de una semana en Panang, Malasia, (John) me encontré con muchas personas que eran controladas por demonios en ciertas áreas de su vida, o estaban poseídas. La diferencia está en el grado que los demonios tienen control de la persona. Una persona que es controlada por demonios en ciertas áreas de su vida, puede funcionar normalmente durante sus actividades diarias. Sin embargo, no puede controlar su comportamiento en un área en particular. Sus percepciones mentales son distorsionadas. La gente poseída de demonios tiene muy poco o nada de control sobre su comportamiento.

Uno de estos casos fue el de una mujer que trajo a su hijo poseído por demonios a la cruzada. El niño estaba fuera de control. Tenía como siete años de edad. Su madre lo mantuvo abrazado fuertemente, detrás del auditorio, hasta que se hizo el llamado al altar para orar por los enfermos. Entonces, ella lo trajo pateando y gritando hasta la primera fila. El niño daba alaridos y escupía como un animal rabioso mientras su madre, quien se había sentado, lo sujetaba firmemente sobre su regazo. Habíamos entrenado a treinta equipos de sanidad compuestos por dos personas para ministrar sanidad y liberación. Estaban henchidos de fe y listos para lo que fuera.

Un equipo de dos señoras se acercó al niño, se inclinaron mirándolo directamente a los ojos y le dijeron: "¡En el nombre de Jesús te atamos! ¡Sal fuera de él, ahora!". El cuerpo del niño quedó en una posición rígida, gritó con todas sus fuerzas, y luego se desmayó exhausto. En unos minutos la liberación concluyó; el niño se puso de pie, se apoyó en el hombro de su madre, y miró a todos perplejo. Parecía que estaba viendo todo por primera vez. Quedó totalmente liberado, comportándose normalmente; la madre estaba tan agradecida que gozosa oró con las señoras del equipo para recibir a Cristo en su corazón. Tomé fotografías de todo el incidente para acordarme del poder maravilloso que Dios ha dado a los creyentes para liberar a quienes están atados.

## El poder del nombre de Jesús

La noche siguiente, el lugar estaba lleno con más de seiscientas personas. Yo estaba detrás del auditorio documentando todo y supervisando a los equipos de oración que estaban ministrando a los enfermos y afligidos. Los milagros estaban sucediendo en minutos. Cuando alguien se levantaba de una silla de ruedas le hacíamos caminar sobre la plataforma y testificar de su sanidad. Cuando los que estaban torcidos y deformes de los brazos, piernas o espaldas se enderezaban, les traíamos a la plataforma para testificar. La emoción y la fe se hallaban en su apogeo total en todos los presentes.

Noté a un joven que tenía una mirada confusa mientras se acercaba a mí. El hablaba inglés, así que le pregunté: "¿Qué deseas que Dios haga por ti?" Con voz trémula, me dijo: "No he podido dormir. ¿Puede orar por mí?". Le respondí: ¿Conoces a Jesús?" Al momento de decir "Jesús" fue como si algo le hubiera golpeado en el pecho con toda su fuerza. Yo no lo toqué, pero la mención del nombre "Jesús" causó que se fuera hacia atrás, cayendo sobre el piso; se quedó en esa posición por cuarenta minutos. Finalmente se levantó, confesando que había estado adorando a la "Diosa del Mar" y que no sabía lo que le había ocurrido. Rápidamente le compartí que Jesús era su única esperanza. En una actitud de gozo él oró a Jesús pidiéndole que fuera su Señor. Este evento nos demostró cuán poderoso es el nombre de Jesús cuando enfrentamos a los demonios en la vida de la gente.

## Los endemoniados de Gadara

Como dijimos anteriormente, la diferencia entre que un demonio tenga control de un área en la vida de una persona y un individuo completamente endemoniado, depende del grado de control que los demonios tengan. Cuando alguien es poseído por demonios, el individuo casi no tiene ningún control sobre su comportamiento. Aquí, en el oeste, se le clasificaría como alguien loco, que debiera ser recluido en una institución mental. Quienes están bajo el control de demonios en ciertas áreas, pueden funcionar normalmente en la sociedad pero tienen una gran dificultad en un aspecto específico de su vida personal. Si se hace un sondeo o se irrita esa área, la persona puede manifestar un comportamiento extraño o aberrante. El siguiente es un caso de posesión demoníaca.

### Marcos 5:1-20

Vinieron al otro lado del mar, a la región de los gadarenos. Cuando salió él de la barca, en seguida vino a su encuentro, de los sepulcros, un hombre con un espíritu impuro, que habitaba en los sepulcros y nadie podía atarlo, ni aun con cadenas. Muchas veces había sido atado con grillos y cadenas, pero las cadenas habían sido hechas pedazos por él, y desmenuzados los grillos. Nadie lo podía dominar. Y siempre, de día y de noche, andaba gritando en los montes y en los sepulcros, e hiriéndose con piedras.

Cuando vio, pues, a Jesús de lejos, corrió y se arrodilló ante él, Y clamando a gran voz, dijo: "¿Qué tienes conmigo, Jesús, Hijo del Dios Altísimo? ¡Te conjuro por Dios que no me atormentes!", porque le decía: "Sal de este hombre, espíritu impuro". Jesús le preguntó: "¿Cómo te llamas?" Y respondió diciendo: "Legión me llamo, porque somos muchos". Y le rogaba mucho que no los enviara fuera de aquella región. Estaba allí cerca del monte un gran hato de cerdos paciendo. Y le rogaron todos los demonios, diciendo: "Envíanos a los cerdos para que entremos en ellos".

Jesús, de inmediato, les dio permiso. Y saliendo aquellos espíritus impuros, entraron en los cerdos, los cuales eran como dos mil. El hato se precipitó al mar por un despeñadero, y en el mar se ahogaron. Los que cuidaban los cerdos huyeron y dieron aviso en la ciudad y en los campos. Y la gente salió a ver qué era aquello que había sucedido. Llegaron a Jesús y vieron al que había estado atormentado por el demonio, el que había tenido la legión, sentado, vestido y en su juicio cabal; y tuvieron miedo. Y los que lo habían visto les contaron lo que le había acontecido al que había tenido el demonio, y lo de los cerdos. Entonces comenzaron a rogarle que se fuera de sus contornos.

Al entrar él en la barca, el que había estado endemoniado le rogaba que lo dejara quedarse con él. Pero Jesús no se lo permitió, sino que le dijo: "Vete a tu casa, a los tuyos y cuéntales cuán grandes cosas el Señor ha hecho contigo y cómo ha tenido misericordia de ti. El se fue y comenzó a publicar en Decápolis cuán grandes cosas había hecho Jesús con él; y todos se maravillaban.

## Haciendo lo que Jesús Hizo

- Jesús nos enseña a tratar a una persona endemoniada con amor y compasión. De ese modo, estaremos listos para proceder a liberarlos.

- Los espíritus saben que tenemos autoridad y poder para atormentarlos, y saben que ciertos cristianos son un peligro para sus dominios. Casi siempre nos desafiarán para ver si tenemos conocimiento de nuestra autoridad. Tratarán de hablar a través de la persona y demostrar sus fuerzas sobrehumanas para probarnos. Aunque el esfuerzo humano no puede sujetarlos, el nombre de Jesús los atará y evitará que suframos daño físico.

- Las personas involucradas en sectas del oriente y en las artes marciales tales como Kung Fu, Tai Kwan Do, etc., son enseñados a sustraer poder de su "maestro" concentrándose en la repetición de cantos de antaño que atraen a los demonios que les ayudan a pelear, tomar poder y finalmente matar a su oponente.

- Las personas poseídas por demonios son bulliciosas, odiosas y no pueden funcionar normalmente en la sociedad. Se desnudan, se hieren, y tienen que ser forzadas a vivir solas.
- Los demonios no quieren dejar a la persona en la cual habitan.
- Cuando los demonios tratan de negociar con nosotros, usualmente significa que reconocen que tenemos poder sobre ellos. Así que sea fuerte, igual a Jesús, y échelos fuera. Ser "atormentado" significa: echado fuera.
- Los vecinos que conocen a la persona endemoniada no entenderán lo significativo de su liberación de los demonios. Tendrán temor de lo que está sucediendo. Pedirán que nos vayamos, especialmente si la presencia de Dios amenaza su estilo de vida y sus ingresos financieros.
- Lucas 8:29: "Jesús le ordenaba al espíritu impuro que saliera del hombre". Esto infiere que los demonios no salieron de inmediato. Los demonios no quisieron salir hasta que entraron en los cerdos (Vea Lucas 8:33).
- Habrá ocasiones en que nos encontraremos con personas que tienen más de un demonio. Espere instrucciones específicas del Espíritu Santo para saber cuál es el espíritu principal que debe ser echado fuera. De otro modo, puede que tome mucho tiempo echar fuera a todos los demonios.
- Una vez que la persona es liberada, anímele a que vaya a su vecindario y testifique de lo que Dios ha hecho y predique el Evangelio.

## Los discípulos hicieron lo que Jesús hizo

Examinemos cómo fue que los primeros discípulos continuaron haciendo lo que Jesús les había enseñado. Ellos fueron testigos oculares de cómo Jesús echaba fuera demonios. Tal como nosotros, debían cumplir el ministerio tal como Jesús les había instruido. Así como nosotros, ellos simplemente eran discípulos investidos del poder del Espíritu Santo. Veamos qué tipo de resultados tuvieron al tratar de echar fuera demonios como Jesús se los demostró.

## Felipe echa fuera espíritus inmundos

Al inicio de la persecución en Jerusalén, los discípulos se dispersaron a las aldeas y ciudades vecinas. Ellos habían sido enseñados cómo hacer lo que Jesús hizo y ahora predicaban el Evangelio con el poder y la unción del Espíritu Santo. Felipe descubrió el poder y la autoridad que Jesucristo le había dado.

### Hechos 8:4-8

Pero los que fueron esparcidos iban por todas partes anunciando el evangelio. Entonces Felipe, descendiendo a la ciudad de Samaria, les predicaba a Cristo. La gente, unánime, escuchaba atentamente las cosas que decía Felipe, oyendo y viendo las señales que hacía, pues de muchos que tenían espíritus impuros, salían estos lanzando gritos; y muchos paralíticos y cojos eran sanados; así que había gran gozo en aquella ciudad.

### ✿ Haciendo lo que Jesús Hizo

- *La predicación* de la Palabra trastorna a los espíritus inmundos. Felipe estaba predicando lo que Jesús dijo que predicara en Marcos 16:15-20. Estas señales seguirán a los que creen: sanidad, echar fuera demonios, etc.

- *La predicación* causó que la gente prestara atención a lo que Felipe estaba diciendo. Esta había sido la primera vez que habían oído que Jesús podía liberarles de sus ataduras, de ser paralíticos o cojos. Hubo gran regocijo en esa ciudad–no hubo resistencia ni argumento doctrinal. Claro que no. ¡Ellos tenían gozo porque sus amigos y miembros de familia estaban siendo sanos en el nombre de Jesús!

- *Los Samaritanos vieron las señales que Felipe estaba haciendo.*

- Cuando los espíritus salían, hacían un gran alboroto, gritando a gran voz. Nosotros podemos esperar lo mismo, pero no permita que le desvíen de predicar el Evangelio. Debemos ordenarles, "¡Silencio!"

- Los demonios pueden causar parálisis. Cuando son echados fuera, la parálisis se va.

- A causa de la predicación de Felipe, ocurrieron grandes señales y prodigios, mayormente porque no tuvo oposición de parte de los líderes religiosos. Los líderes no estaban allí debido a que no se querían asociar con la gente (inmunda) pre–cristiana.

- Cuando nos apartamos de las dudas e incredulidades de muchos, es más seguro que se manifiesten los milagros y las sanidades.

## Pablo echa fuera demonios

Pablo había sido bautizado en el Espíritu Santo y ministraba en la autoridad y el poder que Jesucristo le había dado. El ejerció este poder, echando fuera un demonio de una joven esclava, en el pasaje siguiente.

**Hechos 16:16-19**

Aconteció que mientras íbamos a la oración, nos salió al encuentro una muchacha que tenía espíritu de adivinación, la cual daba gran ganancia a sus amos, adivinando. Esta, siguiendo a Pablo y a nosotros, gritaba: "¡Estos hombres son siervos del Dios Altísimo! Ellos os anuncian el camino de salvación". Esto lo hizo por muchos días, hasta que, desagradando a Pablo, se volvió él y dijo al espíritu: "Te mando en el nombre de Jesucristo que salgas de ella". Y salió en aquella misma hora. Pero al ver sus amos que había salido la esperanza de su ganancia, prendieron a Pablo y a Silas, y los trajeron al foro, ante las autoridades.

## Haciendo lo que Jesús Hizo

- Pablo nos da un ejemplo maravilloso de cómo echar fuera demonios. Esta es una de las mejores Escrituras en el libro de los Hechos sobre cómo hacerlo.
- Primeramente, Pablo esperó hasta estar seguro de que estaba tratando con un demonio. Evidentemente, el Espíritu Santo le confirmó que estaba tratando con un "espíritu de adivinación". Este se manifiesta con frecuencia en la forma de un espíritu religioso que siempre tergiversa y miente.
- Segundo, el demonio sabe quienes somos y lo anunciará a quien lo escuche. Este demonio también llevaba consigo a un espíritu familiar el cual podía decir cosas acerca de Pablo que sólo ellos sabían. Tenemos que tener mucho cuidado con las personas de este tipo que vienen a nuestras iglesias. Son ruidosas, arrogantes, e impedirán el mover de Dios.

- Tercero, espere el tiempo de Dios para echar fuera a este demonio; el Espíritu Santo le dirá cuando debe proseguir. Pablo esperó "muchos días". Finalmente, ella empezó a interrumpir sus reuniones, así que trató con el espíritu.
- Cuarto, este pasaje es muy claro en cuanto a cómo ministrar liberación. No podemos hacerlo mejor. "¡Te mando, en el nombre de Jesucristo, que salgas de ella!" Y salió en "esa misma hora". Haga lo que Pablo hizo, y estará haciendo lo que Jesús hizo.
- Finalmente, pida permiso a quienes tienen autoridad sobre la persona. De otro modo, podrían causarle dificultades.

## *No lo Haga Difícil*

EN LOS CRISTIANOS nuevos, hay una tendencia a emocionarse y a gritar fuerte cuando comienzan a involucrarse en el ministerio de liberación. Si usamos como modelo la situación anterior, donde Pablo trata con el demonio en la joven esclava, vemos un ejemplo maravilloso de cómo se debe hacer.

No debe tratar de hacerlo mejor o hacerlo más difícil; haga lo que Pablo hizo. Sea paciente y espere que el Espíritu Santo le diga cuándo es el momento oportuno para hacerlo. Cuando el Espíritu Santo le revele una actividad demoníaca y le diga que lo eche fuera, entonces ordénele que salga en el nombre de Jesucristo. Sea firme y continúe echándolo fuera hasta que el Espíritu Santo le diga que ya está hecho. No tiene que gritar ni forzar a la persona físicamente. De hacerlo, le estaría demostrando al demonio que usted está recurriendo al uso de tácticas humanas o carnales. Mejor dependa de la guía del Espíritu Santo y verá a la persona libre en poco tiempo.

## Casas para los espíritus

Mucha gente nos ha preguntado cómo es que parece haber mayor actividad demoníaca en muchos de los países subdesarrollados. Se debe a que por lo general son más supersticiosos. Sus religiones se basan en el poder sobrenatural del enemigo. Por ejemplo, en Tailandia una gran parte de la religión budista es el fenómeno de las "casas para los espíritus". Usted observará esto en gran parte de los restaurantes chinos o tailandeses en Estados Unidos. La mayoría de los hogares y negocios en Tailandia cuentan con estructuras decoradas hermosamente para honrar y apaciguar a los espíritus. Entre más éxito tienen, más grandes hacen estas casas para los espíritus. A veces hemos notado a cristianos admirando esas casas de los espíritus, y, debido a su ignorancia, no saben que tales construcciones son hechas para apaciguar a espíritus demoníacos.

## Uno puede sentir la energía negativa

Si los cristianos son sensibles al entorno espiritual, pueden sentir la energía negativa que emana de esas casas espirituales. En numerosas ocasiones, nosotros hemos sentido la presencia maligna aun antes de verlas; y al mirar a nuestro alrededor, allí están.

La idea detrás de estas casas para los espíritus es que las personas coloquen flores, comida y hasta Coca-cola apaciguando a los espíritus para que no les hagan daño. Al invitar a estos espíritus, (quienes creen que pueden ser parientes o amigos que han muerto), ellos en ignorancia les han dado el derecho de habitar en sus casas y negocios. Pablo amonesta a los cristianos a no ser "participantes con los demonios".

### 1 Corintios 10:19-21

¿Qué digo pues? ¿Que el ídolo es algo, o que es algo lo que se sacrifica a los ídolos? Antes digo que aquello que los gentiles sacrifican, a los demonios lo sacrifican y no a Dios; y no quiero que vosotros os hagáis

partícipes con los demonios; no podéis participar de
la mesa del Señor y de la mesa de los demonios.

## Haciendo lo que Jesús Hizo

- Los ídolos o las casas para los espíritus atraen a espíritus demoníacos. Hay gente, que a veces en su ignorancia, está haciendo sacrificios a espíritus de demonios.
- Los cristianos deben ser diligentes en no exponerse a este tipo de espíritus al visitar templos o admirar las casas de los espíritus o cualquier ídolo, sea grande o pequeño.
- Esta misma energía negativa puede ser discernida en el ocultismo o reuniones de la Nueva Era y también en sus librerías.

Los cristianos tailandeses tienen que contender con familiares pre–cristianos que traen sus ídolos y objetos de brujería con ellos cuando vienen de visita de otra ciudad. Hay una realidad en esta dimensión sobrenatural, y los cristianos tienen que orar y tomar autoridad sobre los espíritus que vienen de visita a sus hogares. De otra manera, habrá toda clase de manifestaciones demoníacas y la paz de Dios que normalmente llenaba el hogar es interrumpida.

### Hay una concentración de actividad demoníaca en los templos

Esto puede sonar increíble para algunos de los lectores, pero si usted habla con misioneros y cristianos que viven en estos países, podría fácilmente verificar esta realidad. Otra área de concentración de actividad demoníaca se halla en sus templos. Y como he dicho, uno puede sentir la energía negativa emanando de estos lugares de adoración. Los adoradores la sienten, la temen y son impulsados a tratar de apaciguar a los espíritus para que no les hagan daño. Los cristianos no deben visitar estos lugares infestados de demonios.

### Se sintió como una telaraña mojada

En mi primer viaje a Panang, Malasia, (John) viajé con el Dr. A.L. Gill quien era muy sensible a la actividad espiritual dentro y alrededor de los templos paganos. Camino del aeropuerto a nuestro hotel, yo iba sentado en el asiento posterior del automóvil maravillándome del panorama de esta hermosa "ciudad de mil templos". Sentado en el asiento de enfrente, el Dr. Gill estaba observando mis reacciones en el espejo retrovisor al pasar cerca de un templo Hindú muy labrado. Sin advertencia, una horrible sensación vino sobré mí cuando vi miles de estatuas de gárgolas demoníacas, sobresaliendo alrededor del techo elevado. Sentí como que una telaraña mojada había caído sobre mí. Mi reacción causó que mi amigo sonriera, y me dijo: "Parece que tu antena espiritual está en buenas condiciones. Mantenla apuntando en la dirección correcta y verás que no tendrás problemas". Se estaba refiriendo al don de discernimiento de espíritus. Yo me sentí muy agradecido cada vez que el Espíritu Santo activó este don durante las seis semanas que estuvimos en Malasia.

### Debemos permitir que Dios nos demuestre Su poder

Debido a que la gente en estos países vive en el ámbito sobrenatural y está esclavizada por el temor a los espíritus demoníacos, una de las formas más efectiva de ministerio es la demostración del amor y el poder de Dios. Si estamos realizando cruzadas evangelísticas entre la gente de las tribus del norte de Tailandia y alguien comienza a experimentar una manifestación demoníaca, cayendo al suelo y deslizándose como una víbora, más vale que sepamos cual es nuestra autoridad en Cristo. Toda la predicación y enseñanza elocuente que hemos aprendido en el seminario no podrá prevalecer en esta clase de situación. Debemos dar el paso de autoridad que Jesucristo nos ha dado y permitir que el Espíritu Santo demuestre Su poder a través de nosotros. Pablo sabía como conducirse en situaciones como ésta:

### 1 Corintios 2:4-5
Y ni mi palabra ni mi predicación fueron con palabras persuasivas de humana sabiduría, sino con demostración del Espíritu y de poder, para que vuestra fe no esté fundada en la sabiduría de los hombres, sino en el poder de Dios.

## Haciendo lo que Jesús Hizo

- Haga lo que Pablo hizo. Nosotros ejercemos nuestra autoridad simplemente ordenándoles que cesen y se callen en el nombre de Jesucristo.
- Cuando la persona cesa de inmediato y se tranquiliza, ¡eso llama la atención de los pre–cristianos!
- Entonces enseñamos el mensaje del Evangelio completo: Jesucristo, el Hijo de Dios como Salvador, Sanador, Bautizador en el Espíritu Santo, y el Rey Venidero.
- Después de predicar la Palabra, Dios es siempre fiel en sanar a los enfermos y liberar a la gente del cautiverio demoníaco.

Cuando la gente de las tribus *ve* y *experimenta* el poder de Dios y descubre que es mayor que el espíritu de los demonios, ¡ellos aceptan a Jesucristo el único y verdadero Dios, el Creador! ¡Aleluya!

### Ore por las habitaciones de hoteles
Durante la enfermedad que sufrió mi madre antes de fallecer, yo (Sonja) no fui con John en los viajes misioneros a Tailandia.

Estaba quedándome en un hotel en Vancouver, Washington, cerca de donde se hallaba internada mi madre. Casi por lo general, oramos sobre las habitaciones de los hoteles donde nos hospedamos y las "santificamos" en el nombre y por la sangre de nuestro Señor Jesucristo.

Esa noche en particular, estaba muy cansada y se me olvidó orar. A media noche desperté debido a que un espíritu demoníaco trataba de asfixiarme. Estaba aterrorizada y apenas podía pronunciar las palabras: "¡En el nombre de Jesucristo yo te ordeno que te vayas!". Repetí esto varias veces, pero no me lo podía quitar de encima. Finalmente le dije: "¡Estoy cubierta con la sangre de Cristo y te tienes que ir!". Y así fue. Lo raro de todo es que después de lo ocurrido me di vuelta y me quedé dormida. Sólo la paz de Dios podría explicar eso.

### Yo (John) pensé que moriría

Durante mi estadía en un hotel en Mae Sai, Tailandia, junto a la frontera con Myanmar, no tomé autoridad sobre cualquier "residuo" espiritual que generalmente se queda en las habitaciones. Como a las 3:00 a.m., desperté con un dolor agudo en mi estómago. Caminé tambaleante hacia el baño en un esfuerzo por deshacerme del dolor. Nada parecía dar resultado. Me arrojé sobre la cama, comencé a sentirme muy débil y a temblar incontrolablemente. El temor me sacudió. Pensé dentro de mí: "Esto es serio. Aquí no hay hospital. Puedo morir".

Luego el Espíritu Santo me interrumpió y me dijo: "¡Toma autoridad sobre ese espíritu!". Inmediatamente dije en voz alta, "¡Tú, demonio vil! ¡Te reprendo y te ordeno que me sueltes y salgas de aquí! Tomo autoridad sobre ti y te prohíbo que te quedes. En la autoridad de la sangre de Jesucristo, ¡vete!". No me importó si la gente en las otras habitaciones me podía escuchar. ¡Esa cosa estaba tratando de matarme! Después de unos minutos se fue el dolor y dejé de temblar. Me di vuelta, quedándome dormido como un bebé, toda la noche.

**¿Hay demonios en los Estados Unidos?**

Hemos estado explorando las ataduras demoníacas en los países subdesarrollados. Ahora hablaremos de América. Ha habido un aumento de actividad demoníaca en los Estados Unidos. Como cristianos, debemos hacerle frente a la realidad de que hay seres y poderes espirituales atando a ciertas personas. Comenzando en los años sesenta, hemos visto la fibra moral de nuestra nación desintegrándose ante nuestros propios ojos. Los puntos de entrada para las hordas de demonios han sido:

- La amistad con los sistemas de las religiones del este
- La exploración del ocultismo, la brujería, y las filosofías de la Nueva Era
- El aumento de violencia y sexo expuestos en la televisión y el cine
- La pornografía y las perversiones sexuales en el Internet
- El abuso de drogas y alcohol

Si verdaderamente vamos a hacer lo que Jesús hizo, entonces no podemos ignorar el tema de la actividad demoníaca sobre la humanidad. Al contrario, necesitamos examinar a fondo la labor que nosotros debemos desempeñar para liberar a los que viven bajo la cautividad satánica. Los demonios están en acción en todo el mundo. Jesús capacitó a los cristianos para que los echaran fuera dondequiera que la gente estuviera atada. Lo que resta de este capitulo lo dedicaremos a lo que está ocurriendo en casa, aquí en Estados Unidos.

## Liberando a los cautivos en América

### Demonología 101

La siguiente historia, fue mi ingreso al mundo de los espíritus (John). Comenzó en Everett, Washington durante los años setenta. Mi buen amigo Ken Miracle me presentó a un hombre de unos setenta y tantos años con una reputación ministerial de sanidad a los enfermos, profecía y la operación de dones de revelación del Espíritu Santo. Su nombre era Reverendo Jesse Raymond. Era un orador frecuente en las iglesias del Evangelio Completo, conferencias de sanidad y conferencias de los Hombres de Negocios. Nos conocimos en una reunión de Hombres de Negocios en Everett, Washington. El llevaba a cabo la consejería cristiana en una oficina detrás de su librería cristiana "Lighthouse" (El Faro) al norte de la ciudad. En uno de mis viajes de negocios, me invitó a visitar la librería cuando regresara al área. Llegué la tarde de un sábado y estaba fascinado escuchando las historias acerca de milagros que él había experimentado mientras predicaba el Evangelio. Nunca olvidaré lo que sucedió a continuación.

## ¡Sal fuera!

La persona que tenía una cita para recibir consejería esa tarde, entró al lugar. Jesse me pidió que atendiera la sala de ventas mientras aconsejaba al hombre; yo estaba encantado de ayudarle. El hombre entró con una Biblia bastante usada, dijo ser un creyente lleno del Espíritu, y que venía para recibir consejo acerca de unos "problemas personales". La oficina de Jesse estaba en la parte de atrás del local. Había una ventana entre su oficina y la sala de ventas. Yo podía ver todo lo que estaba ocurriendo, pero apenas podía oír lo que decían. Hasta que escuché la voz de Jesse diciendo, "¡Tienes que salir de él, ahora mismo!".

Rápido volteé a mirar hacia la oficina de Jesse. Se veía relajado, sentado y apoyado en el respaldo de su gran silla de oficina. Al otro lado de su escritorio se hallaba sentado el hombre, inclinado hacia adelante con sus codos sobre sus rodillas, sus ojos enrojecidos, haciéndole muecas a Jesse, gruñendo, ahogándose y tosiendo. ¡Yo tenia los pelos de punta! No podía entender lo que estaba viendo. El temor me embargó. ¡Quería salir de allí cuanto antes!

Luego sonó el teléfono. Corrí a contestarlo. Alguien quería hablar con Jesse y era urgente. Le hice señas por la ventana que la llamada era muy importante. Jesse se puso de pie, abrió la puerta, caminó hacia el teléfono y me dijo: "John, continúa con él allí adentro. Regresaré en un minuto". Creo haberme sentido como un niño de cuatro años que acaba de ver al verdadero Frankenstein por primera vez. Jesse sonrió y me dijo: "No te preocupes. ¡Nada más háblale al espíritu en el nombre de Jesús! Ya regreso". Me empujó hacia su oficina y yo, temeroso, me senté en la silla de Jesse.

## El sólo me miraba fijamente

El hecho de que hubiera un escritorio solamente entre Satanás y yo no era nada consolador. El hombre de ojos enrojecidos me miraba y respiraba pesadamente. Yo no podía decir nada; estaba inmóvil. Finalmente, en un tono débil logré decir, "¡en el nombre de Jesús, quédate donde estás! ¡Te ordeno que te sientes allí!". El sólo me miraba; yo estaba muy nervioso. Oré silenciosamente: "¡Señor, por favor, haz que Jesse regrese pronto!" El hombre dio un alarido y luego emitió un gruñido que me petrificó. Finalmente, Jesse entró con un pequeño cesto de basura, se lo dio al hombre, y dijo: "Sal espíritu perverso, sal completamente. ¡Ya! ¡En el nombre de Jesucristo!".

Yo le hice una señal a Jesse para que por favor tomara su asiento mientras yo me apoyaba en la pared. Miré detenidamente cómo el hombre se ahogaba, convulsionaba y tosía dentro de la cesta de basura. Esto pasó de tres a cuatro veces. Luego se sentó relajadamente en su silla, respiró profundamente, se limpió la barbilla, y finalmente dijo: "¡Se ha ido! ¡Se ha ido! ¡Totalmente!". Jesse dijo: "Sí, ya se ha ido". El miró a Jesse y le preguntó: "¿Cómo supiste lo que era?" Jesse le dijo: "El Señor me lo dijo cuando entraste aquí. El me dijo que por años has estado muy involucrado con la pornografía y que abriste la puerta a un espíritu mentiroso y perverso".

Yo estaba anonadado. El hombre era un cristiano carismático, hablaba en lenguas y asistía a la iglesia. Yo pensaba que los cristianos no podían tener demonios. Eso era lo que yo creía, estaba muy confundido. Después que se fuera el hombre, Jesse me recomendó unos libros referentes al tema y me invitó a compartir lo que yo hallara. Me fui maravillado. No sabía qué pensar. Tenía mucho que aprender acerca del mundo espiritual. Una cosa era segura, cristiano o no, yo había sido testigo presencial de una visible ligadura espiritual de una entidad dentro del hombre. También fui testigo del poder maravilloso del nombre de Jesús liberando al hombre de las garras de un espíritu demoníaco poderoso.

## ¿Puede un Cristiano Tener un Demonio?

Cuando surge el tema referente a los demonios, pareciera ser que los cristianos hacen la misma pregunta: "¿Puede un cristiano tener un demonio?" Después de más de treinta años estudiando este asunto, nuestra respuesta es esta: Un cristiano tiene la libertad de escoger. Si escoge asociarse con gente que desobedece a Dios y continúa viviendo un estilo de vida pecaminoso y de placer lascivo, está exponiéndose a los espíritus demoníacos. Tal vez tome tiempo, pero eventualmente puede llegar a ser controlado por alguno de ellos en ciertas áreas de su vida. En conclusión, los cristianos no pueden vivir una doble vida. O vivimos para Dios o vivimos para nosotros mismos. La decisión es nuestra.

### ¡Esto es sorprendente!

Para muchos, podría ser sorprendente descubrir que los cristianos pueden tener demonios. Están los que discuten que los cristianos que tienen el Espíritu Santo no pueden tener demonios al mismo tiempo. Lo que no entienden es que los demonios residen en la naturaleza del alma (mente, voluntad y emociones) y del cuerpo, no en el espíritu del hombre. Cuando recibimos a Cristo, nuestra naturaleza espiritual es hecha nueva cobrando vida por medio del Espíritu Santo. Sin embargo, nuestra mente no se renueva. Tiene que ser "renovada" día tras día. La gente que dice que cree en Dios pero no tiene conocimiento de la verdad bíblica, es susceptible a los engaños de Satanás. Si no sabe lo que la Biblia dice, permanecerá vulnerable a "otro espíritu". Pablo les advierte a los cristianos que tengan cuidado de no permitir que otro espíritu los corrompa.

### 2 Corintios 11:3-4

Pero temo que, así como la serpiente con su astucia engañó a Eva, vuestros sentidos sean también de alguna manera extraviados de la sincera fidelidad a Cristo, porque si viene alguno predicando a otro Jesús que el que os hemos predicado, o si recibís *otro espíritu* que el que habéis recibido, u otro evangelio que el que habéis aceptado, bien lo toleráis.

## Haciendo lo que Jesús Hizo

- Quienes buscan conocimiento espiritual en los lugares indebidos exponen su mente a la corrupción espiritual.

- Las sectas tienen éxito en reclutar a gente ignorante por la predicación de "otro jesús" y de un evangelio diferente. Los testigos de Jehová y los mormones son dos de una larga lista de sectas que emanan de "otro espíritu".

- Nosotros estamos a salvo cuando nos esforzamos por mantenemos en el cristianismo ortodoxo que está basado en siglos de teología bien fundada y aceptada por una mayoría de eruditos respetados.

- "Otro espíritu" es una enseñanza que suena bien o se siente bien en el alma, pero se esconde bajo un manto de engaño y eventualmente crea esclavitud a una ideología que desvía de la gracia del Evangelio a una opresión espiritual.

### 1 Timoteo 4:1-3

Pero el Espíritu dice claramente que, en los últimos tiempos, algunos apostatarán de la fe, escuchando a espíritus engañadores y a *doctrinas de demonios,* de hipócritas y mentirosos, cuya conciencia está cauterizada. Estos prohibirán casarse y mandarán abstenerse de alimentos que Dios creó para que con acción de gracias participaran de ellos los creyentes y los que han conocido la verdad.

## Haciendo lo que Jesús Hizo

- Los creyentes que conocen la verdad de la Palabra de Dios no serán desviados por el legalismo espiritual, engaño o doctrinas de demonios.
- Los que desconocen lo que la Biblia dice, están propensos a caer en los lazos de embaucadores enmascarados como predicadores, en cuyas agendas el interés principal es hacer dinero.
- Las sectas pueden empezar con buenas intenciones, pero si sus líderes no están bien fundados en el cristianismo ortodoxo, los espíritus engañadores y las doctrinas de demonios pronto serán sus maestros.
- Los dones de discernimiento de espíritus, palabras de sabiduría y conocimiento, y un conocimiento amplio de la Biblia es la mejor defensa que tiene el cristiano para evitar ser engañado por las sectas.

### Abuso mental

Nosotros aprendimos en Psicología 101 que la mente humana, dadas las circunstancias negativas perfectas, puede ser afectada al grado de convertirse en una mente inestable. Nosotros creemos que un trauma violento de un abuso severo, ya sea mental o físico, puede crear perspectivas engañosas. Eventos tales como haber atestiguado un homicidio o haber sufrido victimización —golpes severos durante la niñez, actos sexuales forzados, violación, o un ataque homosexual, todo esto puede impedir, dañar, o hasta tergiversar los pensamientos de una persona para aceptar un sistema de creencias perversas y mentiras que corrompen su mente. Si no recibe cuidados, estas tendencias permanecerán en la persona por el resto de su vida. Cuando acepta a Cristo y nace de nuevo, muchos de esos pensamientos erróneos son borrados. Sin embargo, en el caso de abuso mental durante la niñez o la adolescencia, puede ser que haya quedado un "gancho" en lo más profundo de la mente que si no se trata con ello a través de un esfuerzo decidido de una renovación mental deliberada, esa mentira o temor arraigado será como un imán para un espíritu demoníaco.

Los cristianos que entienden cómo trabaja el enemigo en estas áreas de abuso mental y heridas profundas en la naturaleza del alma, deben estar dispuestos a alcanzar con amor a los que están atados o en oposición a una teología sana. Nosotros nos esforzamos en hacer esto de acuerdo con la siguiente Escritura:

**2 Timoteo 2:24-26**
Porque el siervo del Señor no debe ser amigo de contiendas, sino amable para con todos, apto para enseñar, sufrido. Debe corregir con mansedumbre a los que se oponen, por si quizá Dios les conceda que se arrepientan para conocer la verdad y escapen del lazo del diablo, en que están cautivos a voluntad de él.

## Haciendo lo que Jesús Hizo

- Los cristianos carnales que continúan en oposición a la sana doctrina de la Palabra de Dios y desobedecen a Dios, eventualmente caerán en lazo

> del diablo y estarán bajo cautividad para hacer su voluntad.
> - Se requiere un arrepentimiento genuino para restaurar a la persona que ha reincidido y está atrapada en la trampa de Satanás.

## El arrepentimiento y el perdón exponen al enemigo

Cuando una persona abraza una mentira del enemigo y no perdona, eso atrae a un demonio mentiroso. Cuando perdona a quienes causaron el problema, experimenta una libertad inmediata en sus emociones y una liberación espiritual invade su alma.

Asimismo, cuando la persona se arrepiente verdaderamente de cualquier parte que haya tenido en un acto pecaminoso, ya sea antes o después de haber venido a Cristo, este hecho da lugar a una liberación emocional y la persona es libre de cualquier influencia de un espíritu demoníaco. Si se niega a arrepentirse, el diablo la mantendrá en su trampa. Esto muchas veces resulta en un deslizamiento hacia el control satánico.

### La nueva búsqueda de John

Además de aprender a sanar a los enfermos, había determinado aprender todo lo que fuera posible respecto al ambiente invisible de los espíritus. Tal como es descrito en el capítulo 3, aprender a sanar a los enfermos fue un proceso largo. El aprendizaje sobre los espíritus se convirtió en un proceso de estudio paralelo. Entre más aprendía acerca de la sanidad, el tema sobre los espíritus se hacía más evidente. La sanidad divina opera en y a través del Espíritu Santo. Discernir espíritus y echar fuera demonios también es hecho a través y con el Espíritu Santo. Ambos son el resultado mensurable de la operación divina de un Dios amoroso que desea que todos Sus hijos sean libres. Quiere que todo nuestro ser (alma, cuerpo y espíritu) sea libre para adorarle sin impedimento.

Si estamos en la búsqueda de un ministerio de sanidad, eventualmente vamos a enfrentar espíritus demoníacos; así es. Nuestro propósito aquí es destruir el temor acerca del tema de liberación y capacitar a los creyentes para que traten efectivamente con los espíritus demoníacos cuando estos se manifiesten.

## Es peligroso ignorar a los demonios

El engaño es el arma más efectiva que nuestro enemigo utiliza. Si Satanás puede convencer al cristiano de que evite el tema, ignorando lo que las Escrituras nos dicen acerca de la existencia de espíritus maléficos, Satanás gana. Nosotros hemos escuchado comentarios de varios líderes cristianos que quieren desacreditar a quienes se dedican al ministerio de la liberación. De igual manera, podemos testificar de unos cuantos que se han involucrados en excesos fanáticos dando una reputación nociva al ministerio de liberación. Los pastores y líderes necesitan informar con sabiduría a sus congregaciones sobre la existencia de los demonios y su posible influencia sobre los cristianos. Ignorar el tema, da lugar a que los espíritus demoníacos preparen sus trampas para los indoctos y causen estragos dentro de la iglesia.

Muchas veces, las congregaciones son los lugares donde la gente con problemas busca ayuda. Nosotros recibimos llamadas de gente desesperada que no puede encontrar un buen ministerio de liberación en toda su ciudad. Nos entristece no poder recomendar ningún ministerio en toda el área. ¡Esto no debería ser así! Es por eso que estamos comprometidos a establecer Centros de Entrenamiento Ministerial en las iglesias locales donde grupos de gente capacitada pueden ser equipados para hacer este tipo de ministerio. Los ministros laicos adiestrados pueden ayudar a dar alivio al equipo pastoral con exceso de trabajo.Muchas iglesias recurren a nuestros graduados para sus grupos de ministerios de oración y de visitas a los hospitales. Los pastores saben que pueden confiar en los miembros de su iglesia que han sido entrenados bíblicamente y han adquirido una experiencia personal a través de nuestros Centros de Entrenamiento.

### ¡Nosotros no sabemos cómo!

Nosotros creemos que muchos líderes cristianos dicen de corazón: "¡No sabemos cómo! Expóngannos un enfoque auténtico y con base bíblica, y podríamos considerar involucrarnos". La Biblia está llena de referencias en las que Jesús dio a Sus seguidores el poder y la autoridad de echar fuera los poderes demoníacos de la vida de la gente. Las promesas no han cambiado. Nosotros recomendamos firmemente que los líderes cristianos honestamente escudriñen este tema lo suficiente como para enseñar un mensaje balanceado acerca de la existencia de los espíritus y la influencia que podrían tener sobre los cristianos. Si por omisión, esto no es parte del currículo del curso del discipulado cristiano normal, las congregaciones no aprenderán la verdad acerca de los espíritus. El resultado frecuentemente guiará a temores infundados debido a la ignorancia del tema en su totalidad y a la perpetuación de los mitos acerca de por qué deberíamos evitar el trato con los demonios.

Al entrar en las complejidades espirituales del siglo veintiuno, debemos proveer a los santos con conocimiento y entendimiento de las estrategias miserables de un enemigo que está aprisionando a los cristianos incautos a una vida de mentiras, lujuria y lascivia.

## La Opresión Demoníaca

No podemos contar el número de cristianos, llenos del Espíritu Santo, que han venido a nosotros con opresión demoníaca. Muchas veces podemos trazar el origen a un incidente de abuso y victimización, en su niñez, por un miembro de la familia o amistad.

### Transferencia de espíritus

En el abuso sexual, generalmente hay una transferencia espiritual del que abusa, el cual comúnmente tiene un espíritu perverso/inmundo. Aunque la niña/niño, o jovencita/jovencito sea una víctima inocente, la transferencia toma lugar. En los casos en que la víctima preciosa viene a Cristo y recibe salvación, es perdonada de todos sus pecados confesados. Sin embargo, hasta que ese espíritu perverso/inmundo haya sido directamente tratado y reprendido para que salga por el poder y la autoridad de Jesucristo, continuará teniendo influencia en la vida de la persona. En el caso de una mujer, puede ser muy sutil; tal como vestir de una manera algo seductora. Los hombres son fuertemente atraídos a ella y no saben por qué.

Si es un hombre el que ha sido la víctima, tal vez se torne a la homosexualidad o será esclavizado a niveles progresivos de pornografía. O sea, el apetito insaciable de un espíritu inmundo que lo lleva de un nivel de perversión a otro hasta que probablemente se involucre en la pornografía infantil—una de las más viles y pervertidas formas de pecado. Nosotros hemos observado que si un hombre y una mujer han vivido las experiencias descritas, al tener contacto el uno con el otro, existe un magnetismo anormal entre ambos. No lo pueden explicar, porque es a nivel espiritual—los dos espíritus demoníacos se atraen entre sí.

### ¿Por qué yo?

Si la mujer ha aceptado a Cristo, pero no ha experimentado liberación de este tipo de actividad espiritual, con frecuencia hará comentarios tales como:

- "Cómo me molesta que los hombres se queden mirándome y me quieran enamorar—hasta los supuestamente felices hombres casados y cristianos".
- "¿Por qué yo? ¿Por qué los hombres en la oficina no se van tras de una muchacha más joven o más bonita?".

De igual manera si hombre que ha aceptado a Cristo, no ha sido liberado de una mentalidad corrupta en cuanto a su sexualidad, tendrá una actitud tergiversada respecto a la mujer y el sexo en general. Si este aspecto no es confrontado, quedará expuesto a entrar en una actividad sexual anormal que lo conducirá a actos bisexuales u homosexuales. Lograr tener un matrimonio donde las expresiones sexuales satisfactorias son saludables, se convertirá en un sueño distante. Estas almas preciosas necesitan ser liberadas por el poder de la sangre de Cristo y la autoridad que Él nos ha dado sobre estos espíritus demoníacos, perversos y atormentadores.

## Una teología errónea mantiene a algunas personas atadas

Hay muchos cristianos maravillosos que creen que los espíritus diabólicos no pueden atormentar a los creyentes que han experimentado el nuevo nacimiento. Pero la Palabra y nuestra experiencia prueban que tal posición es muy peligrosa. Si ésta es su creencia, y está siendo atormentado por un espíritu, no importa cuanto haya tratado de poner un alto a una conducta irresistible, pecaminosa y destructiva, permítame decirle algo: usted no lo logrará. ¿Qué puede hacer? Creemos que esto fue lo que le ocurrió a un evangelista prominente y muy reconocido pastor de una iglesia muy grande en el área de Seattle, Estados Unidos. Si nuestra teología anula la posibilidad de que los cristianos sean liberados de espíritus demoníacos, entonces quienes se encuentran en esclavitud no tienen ninguna esperanza. No es nuestra creencia que los cristianos que hemos descrito anteriormente estén "poseídos". Sin embargo, con certeza podemos decir que están siendo "oprimidos" por el diablo y necesitan ser hechos libres.

## Liberación de un sacerdote católico

En una ocasión, en que nos hallábamos conduciendo un seminario sobre el Espíritu Santo ante un grupo carismático católico, cada viernes, un sacerdote anciano se ubicaba al fondo del salón y escuchaba con atención. Nosotros asumimos que él simplemente estaba monitoreando nuestra enseñanza. Una tarde, vino al frente, después del servicio y se acercó a mí (Sonja). Habíamos estado hablando acerca del control de espíritus en ciertas áreas de la vida de los creyentes, y él inició una conversación sobre el tema. Compartió una experiencia que con frecuencia se repetía en las noches al ir a acostarse. Después de apagar las luces, tenía el presentimiento de que una presencia tenebrosa venía sobre él, oprimiéndole el pecho. Me preguntó cuál podría ser el origen. Le respondí inmediatamente que para mí, era la presencia de un espíritu diabólico y le pregunté si quería que orara por él. Este hombre humilde dijo, "sí". Entonces, junto a mi esposo, pasamos discretamente a otra sala, identificamos al espíritu, hicimos una oración de liberación y el sacerdote fue hecho libre. A la semana siguiente regresó a la reunión con una amplia sonrisa y un informe muy bueno. ¡El espíritu había dejado de manifestarse desde que oramos por él! ¡Qué admirable es nuestro Dios!

### Pornografía a través de Internet

Con el advenimiento de la pornografía a través del espacio virtual, muchos hombres, aún hombres cristianos (pastores, sacerdotes y líderes) se han convertido en adictos en la privacidad de sus oficinas. La progresión frecuentemente es así: Por curiosidad, entran a un sitio en la red de Internet y una corriente de inmundicia es expuesta ante sus ojos. Inmediatamente, el Espíritu Santo los reprende, y podrían salir de la red, pero las imágenes sensuales continúan repitiéndose en su mente. Poco después, regresan al sitio de donde son arrastrados lentamente hacia el fondo de la fosa putrefacta. Durante todo ese tiempo, el Espíritu Santo ha estado hablándoles, advirtiéndoles y afligiéndose debido a sus comportamientos. Probablemente, lo único que pudieran hacer para ser libres al llegar a ese punto, es clamar a Dios. Necesitarán arrepentirse (dar la espalda), decírselo a sus cónyuges y a otra persona espiritual y madura, para que los ayuden a mantenerse en línea, e inmediatamente instalar un filtro infalible en sus computadoras. En 1 Juan vemos que debemos confesar nuestros pecados para experimentar el perdón y ser purificados de este tipo de conducta pecaminosa.

### 1 Juan 1:8-10
Si decimos que no tenemos pecado, nos engañamos a nosotros mismos y la verdad no está en nosotros. Si confesamos nuestros pecados, él es fiel y justo para perdonar nuestros pecados y limpiarnos de toda maldad. Si decimos que no hemos pecado, lo hacemos a él mentiroso y su palabra no está en nosotros.

**Haciendo lo que Jesús Hizo**
El arrepentimiento es esencial
en la conversión cristiana.
El arrepentimiento es también necesario
para mantenerse en libertad. El error de no
continuar arrepintiéndose de pecado, da
permiso a los demonios para que invadan
nuestra mente.

### ¿Qué sucede cuando una persona ignora al Espíritu Santo?
Si alguien ignora la represión del Espíritu Santo y continúa en su conducta pecaminosa, al llegar a cierta situación, un espíritu inmundo/perverso *tiene el derecho* de adherirse a la persona en esa área de su vida. Su comportamiento se torna compulsivo y... ¡no puede detenerse! Ahora está bajo la influencia de ese espíritu inmundo con más frecuencia, y, el compañero de este espíritu perverso, cuyo nombre es, espíritu mentiroso, también viene para invadir la personalidad del individuo, quien ahora se halla esclavizado por el pecado y es necesario que el poder de esos espíritus sea derrotado en su vida. De no ser así, caerá en un abismo cuyo fin es destrucción.

### ¿Cuál es la misión del cristiano?

Los cristianos necesitan ser educados acerca de los espíritus y de cómo trabajan. Jesús esperaba que Sus seguidores aceptaran el desafío que El puso ante ellos. Lo primero que los cristianos necesitan saber es, cuál es la misión que Jesús nos dio. Cuando entendemos que hemos sido comisionados para ir y hacer todo lo que hemos sido llamados a hacer, entonces podemos comenzar a aprender cómo cumplir con los requisitos necesarios para llegar a ser ministros efectivos bien balanceados. Nosotros exploramos los mandatos más obvios de Jesucristo en el capítulo 1. En el primer capítulo de Hechos, Jesús ordena a Sus seguidores que no vayan ni prediquen a todo el mundo hasta que hayan sido bautizados con el Espíritu Santo. En el capítulo 3, concluimos que el seguidor de Cristo que ha sido bautizado con el Espíritu Santo está en una posición favorable para que Dios ministre de modo sobrenatural. Si vamos a sanar enfermos y echar fuera demonios, entonces debemos ser llenos del Espíritu Santo.

## Entrenamiento al Discipulado

Durante los tres años de entrenamiento aprendiendo estas cosas, los discípulos salieron confiando simplemente en las órdenes y la autoridad que Jesús les había dado y con buen resultado, aunque todavía faltaban varios meses para el día de Pentecostés. El Espíritu Santo todavía no había venido por completo sobre ellos. ¿Cuánto más nosotros, siendo bautizados con el Espíritu Santo, podremos hacer milagros en el nombre de Jesús hoy? Esto se enseña en el siguiente pasaje donde Jesús envía a Sus nuevos reclutas a su medio ambiente y les ordena que hagan cosas que nunca habían hecho antes.

### Mateo 10:5-8

A estos doce envió Jesús, ...y les *dio instrucciones* diciendo: "por camino de gentiles no vayáis, y en ciudad de samaritanos no entréis, sino id antes a las ovejas perdidas de la casa de Israel. Y yendo, predicad, diciendo: 'El reino de los cielos se ha acercado'. Sanad enfermos, limpiad leprosos, resucitad muertos, echad fuera demonios; de gracia recibisteis, dad de gracia".

**Marcos 6:7-13**

*. . .y les dio autoridad sobre los espíritus impuros...* Y, saliendo, predicaban que los hombres se arrepintieran. Y *echaban fuera muchos demonios,* ungían con aceite a muchos enfermos y los sanaban.

## Haciendo lo que Jesús Hizo

- Cuando el Espíritu Santo nos envía, podemos confiar en Su guía y Su poder para llevar a cabo lo que El quiere, ya sea sanando o echando fuera demonios.
- Cuando predicamos el Evangelio completo, surgirán oportunidades para sanar a los enfermos y echar fuera demonios.
- Cuando predicamos que la gente debe arrepentirse de sus pecados, puede haber un "choque de reinos" entre la luz y las tinieblas.
- Aquellos a quienes Satanás tiene atados, tal vez necesiten que los demonios sean echados fuera de ellos. Nosotros debemos estar preparados a hacer esto y liberarlos.
- Debemos tener una botella de aceite de unción con nosotros mientras ministramos. Es un símbolo Bíblico de la presencia del Espíritu Santo. Los demonios hasta pueden resistir deliberadamente el uso de aceite en la persona. Use aceite cuando el Espíritu Santo lo dirija hacerlo.

## John entra en el campo de entrenamiento

Durante los primeros años que asistí a los banquetes de los Hombres de Negocios, hubo numerosas oportunidades para orar por toda clase de enfermedades y dolencias. A veces había más gente pidiendo oración que hombres disponibles para orar. Teníamos que separarnos y trabajar solos. Yo no sabía lo sabio que fue Jesús en decir que fuéramos de "dos en dos". Una india americana, de baja estatura, trajo a su hijo de seis pies tres pulgadas y 295 libras de peso donde yo estaba orando. Su cabello estaba separado por dos trenzas largas y vestía el traje típico de su tribu. Ella parecía tener urgencia de que alguien orara seriamente por su hijo. Me dijo: "Mi hijo necesita oración. Está actuando muy raro. El cree que ve cosas que tratan de atraparlo". Yo le impuse las manos y comencé a orar en lenguas. Con los ojos aún cerrados, en mi mente, vi la figura como de una gran langosta que lo tenía asido a la mitad de su cuerpo con sus grandes tenazas. Abrí mis ojos y no vi nada, pero al cerrarlos todavía la podía ver. Entonces, escuché la voz del Espíritu Santo diciendo, "Está atado por un espíritu".

## El rugió y se inclinó

Hasta entonces, yo nunca había tratado de echar fuera un demonio. Pero ya estaba en medio de esa situación y sentí que el Espíritu Santo me estaba ayudando. Así que con toda la autoridad posible, le dije en voz alta: "¡En el nombre de Jesús, espíritu inmundo, yo te ato!". Este hombre indígena gigantesco dejó salir un rugido horripilante y se inclinó, casi tocando sus rodillas. Inmediatamente me di cuenta que estaba metido en un lío. Rápidamente busqué a quién pudiera ayudarme. Necesitaba a un compañero, alguien que supiera qué se debía hacer después. El indio siguió inclinado, medio rugiendo y medio quejándose.

Entonces, vi a Phil, llamé su atención y le hice señas con la mano para que viniera a donde yo estaba ministrando. Phil Israelson había sido viajado un par de veces a Centro América y recordé que nos había contado de sus experiencias con espíritus demoníacos. Yo estaba seguro que él sabría lo que se debía hacer. Yo estaba operando en el poder y la autoridad, pero no había tenido la experiencia para completar la ministración.

### El se levantó sonriendo

Phil vino y me dijo: "¿Cuál es el problema?" Le respondí: "Tiene un demonio y necesita tu ayuda". Phil me sonrió, se tornó hacia el joven y le puso las manos en su espalda y firmemente tomó autoridad sobre la situación. El oró: "¡En el nombre de Jesucristo, espíritu mentiroso, yo te ordeno que salgas de él!". Lo hizo tres veces. De repente este enorme joven emitió un rugido terrible, que concluyó en un suspiro leve, y cayó hacia atrás azotando su cuerpo sobre el piso con un ruido sordo. Quedó allí como unos cinco minutos y luego se levantó sonriendo. El y su madre le dieron gracias a Phil y él les dijo lo que debían hacer para que se mantuviera libre. Phil le guió en una oración para confirmar su salvación y luego lo dirigió en el bautismo del Espíritu Santo.

Después de que ellos se fueran, le di las gracias a Phil por ayudarme. Yo estaba lleno de interrogantes, y él me dio unos consejos muy valiosos por si acaso volviera a enfrentar una actividad demoníaca. Dos meses después, fui confrontado otra vez con una persona endemoniada. Esta vez supe qué hacer. La persona fue liberada. Resultó tal como Phil me había enseñado. Gracias a Dios por ministros que saben cómo entrenarnos en hacer bien las cosas.

### Cuando experimentamos la victoria, viene el gozo

Se experimenta una gran satisfacción cuando uno es parte del proceso de liberación de las personas con ataduras espirituales, especialmente cuando son cristianos. Sólo podemos mover nuestra cabeza con compasión cuando vemos a creyentes indoctos e inmaduros, atrapados en estilos de vida destructivos. Vemos la gran confusión, opresión y agonía que enfrentan. Están desesperados. Han tratado todo, y nada pareciera darles resultado; oran y oran sin experimentar alivio. Aunque las personas bajo influencia demoníaca puedan proceder bien en el trabajo y aún en el hogar, hay un área específica en su vida personal en la que esta ligadura no les permite actuar. Es un gran privilegio saber y entender que, en Cristo, los demonios se nos sujetan y tienen que obedecer nuestras órdenes de soltar a estas personas en el nombre de Jesucristo.

### Los setenta pasaron la prueba

Los setenta habían estado con Jesús por mucho tiempo. Ellos vieron cómo sanaba a los enfermos y echaba fuera a los demonios. Ellos estaban llegando al final de su entrenamiento como discípulos y ahora eran enviados a practicar su nueva autoridad y poder. ¡Sí dio resultados!

### Lucas 10:17-20

Regresaron los setenta con gozo, diciendo: "¡Señor, hasta los demonios se nos sujetan en tu nombre!" Les dijo: "Yo veía a Satanás caer del cielo como un rayo. Os doy *potestad* de pisotear serpientes y escorpiones, y sobre toda fuerza del enemigo, y nada os dañará. Pero no os regocijéis de que los *espíritus se os sujetan,* sino regocijaos de que vuestros nombres están escritos en los cielos".

## Haciendo lo que Jesús Hizo

- Los setenta aprendieron por medio de la práctica. Practicaron lo que Jesús les enseñó. Descubrieron la autoridad maravillosa que tenían en el nombre de Jesús.
- Nosotros también podemos hacer lo que Jesús dijo que podemos hacer. Tenemos que ser valientes y ejercitar nuestra autoridad en Cristo. Aunque

leamos sobre nuestra autoridad, nunca la experimentaremos hasta que la practiquemos.

- ¡Los demonios se sujetan a nosotros! Los demonios se postran ante el nombre de Jesús cuando es pronunciado por nuestros labios.
- No tenemos nada qué temer; Jesús dijo que tenemos autoridad sobre *todo* el poder del enemigo.
- Debemos aceptar nuestra comisión y echar fuera demonios sin regocijarnos por ello. Tenemos que hacer la tarea con fe y luego regocijarnos de que nuestros nombres están escritos en el cielo. Nos podemos regocijar aun más cuando la gente es liberada para vivir para Cristo y compartir el cielo con nosotros.

### Necesitamos una revelación personal de esto

Lucas 10:17-20 es uno de esos pasajes a los cuales nos referimos como "poderosísimos". Cuando comprendemos la revelación, en la que se nos anima a personalizar este pasaje diciendo: "Yo tengo autoridad", cambia la perspectiva de cómo enfrentar al mundo de los espíritus. En vez de tener temor al tema, aceptamos nuestra responsabilidad y nos apropiamos de la autoridad que Jesucristo nos ha dado y estamos dispuestos a liberar a otros. Algunos interpretan "serpientes y escorpiones" como una referencia a toda categoría de espíritus demoníacos. Es muy reconfortante saber que como creyentes, tenemos toda autoridad sobre todas las serpientes, todos los escorpiones y sobre todo poder de nuestro enemigo, Satanás; todos los demonios se nos sujetan. Esto quiere decir que deben obedecer nuestras órdenes dadas en el nombre de Jesús. Pero no debemos regocijarnos por todo esto. Debemos aceptarlo, hacerlo, y usar esta autoridad y poder siempre que los espíritus demoníacos sean evidentes en las personas.

## Debemos mantener balance en nuestro regocijo

Es muy fácil ser cautivados con el amplio tema sobre los demonios. Nuestro destino no debe apuntar hacia nuestra conquista temporal del enemigo y de echarlo fuera de la gente. Jesús dijo que nuestro enfoque debe estar puesto en nuestro destino de salvación eterna con Él. Debemos regocijarnos de que nuestros nombres están escritos en el cielo. Nuestro destino es estar en la gloria con el Señor de señores. Nuestra *razón* para liberar a la gente de ligaduras espirituales es allanar el camino para que ellos puedan tener un lugar en el cielo también. ¡Así podremos gozarnos juntos!

## Todo es en el Nombre de Jesús

Sin importar que usted pertenezca a una denominación o no, su autoridad y poder para echar fuera demonios se completan en el nombre de Jesucristocomo lo vemos en el pasaje siguiente:

### Marcos 9:38-41

Juan le respondió diciendo: "Maestro, hemos visto a uno que en tu nombre echaba fuera demonios, pero Él no nos sigue, y se lo prohibimos porque no nos seguía". Pero Jesús dijo: "No se lo prohibáis, porque ninguno hay que haga milagro en mi nombre, que luego pueda hablar mal de mí, pues el que no está contra nosotros, por nosotros está. Y cualquiera que os dé un vaso de agua en mi nombre, porque sois de Cristo, de cierto os digo que no perderá su recompensa".

## Haciendo lo que Jesús Hizo

- Jesús confirma que Su nombre es la autoridad final para hacer milagros. En este contexto, Jesús incluye echar fuera demonios junto con servir a otros en cualquier capacidad como parte de las "obras" que debemos hacer.

- Si usted ve a otros ministros de otra iglesia o denominación echando fuera demonios en el nombre de Jesús y con éxito, no los critique.
- No debemos ser orgullosos o promover un aire de exclusividad en la manera que nosotros echamos fuera demonios. Los estilos y métodos de ministerio son secundarios a la meta que es de liberar a la gente de ataduras espirituales.
- Siempre hay que examinar el fruto. ¿Están siendo redimidos de esclavitud a las adicciones o al pecado habitual? ¿Los equipos de liberación son verdaderamente efectivos? ¿Las personas continúan siendo libres? ¿Hay vidas que están siendo cambiadas drásticamente? ¿Está recibiendo Jesús toda la gloria?

## El entrenamiento comienza con la práctica

Durante uno de los retiros de fin de semana de los Hombres de Negocios a mediados de los años setenta, (John) vi a unos hombres de negocios tratando de liberar a un hombre de espíritus demoníacos. Iba pasando por la sala cuando fui testigo de lo que parecía ser una discusión en desarrollo entre tres hombres. Dos hombres estaban recitando Escrituras y el tercer hombre no les estaba "comprando" lo que le estaban "vendiendo". Era un debate referente al Espíritu Santo. Como yo era un cristiano nuevo, me senté para escuchar lo que podía aprender. De repente el tercer caballero (a quien llamaré Joe) se volvió hacia los otros dos, se encorvó, y con un rugido espantoso, gritó: "¡Ustedes nunca me convencerán! ¡Los odio a todos ustedes!". Con eso, los otros inmediatamente le contestaron: "Te atamos demonio inmundo. ¡Te ordenamos que sueltes a este hombre y salgas de él!"*. Rápidamente me ubiqué detrás de los dos hombres que estaban dando las órdenes y observé lo que ocurrió después.

Joe cayó al piso y en una posición encorvada desafió a los dos hombres para que pelearan con él. Joe les dijo: "Están mintiendo. ¡Yo tengo poder sobre ustedes! No se acerquen más". Para entonces, otros hombres se habían reunido alrededor de la conmoción. Los hombres al lado mío alzaron la voz diciendo, "Satanás, eres un mentiroso. ¡Te atamos y te ordenamos que salgas de este hombre, en el nombre de Jesús!" Los hombres lo sujetaron de los brazos tratando de calmarlo y ponerlo en una silla. Con una fuerza sobrehumana, Joe rápidamente arrojó a los dos hombres al piso. Eso fue increíble ya que Joe no pesaba más de unas 150 libras. Los otros dos eran hombres grandes.

**Joe nos retó**

Joe nos retó a todos a pelear; todos nos hicimos a un lado sin saber qué hacer. Los otros dos hombres se levantaron algo confundidos, queriendo seguir reprendiéndolo pero reacios a la vez. Joe rápidamente se dirigió hacia la puerta, salió del edificio, entró a su auto y se fue del retiro. Todos sacudimos la cabeza, comentando cual podría haber sido nuestro error, y por qué Joe no había sido liberado del demonio. Después supimos que había venido al retiro por obligación debido a la insistencia de un compañero de trabajo que era cristiano. El estaba muy involucrado en ritos satánicos y en artes marciales y disfrutaba el poder que le daba Satanás. El no quería ser "liberado". El gozaba que los poderes demoníacos le permitieran controlar a otros. Este episodio me convenció de que el poder del demonio era real y que yo necesitaba un mejor entrenamiento para tratar adecuadamente con los espíritus, por si acaso volviera a tener un encuentro con ellos.

## ¿A Quién Va a Llamar?

Cuando (John) era el director regional del Centro de Consejería de Crisis para el Club 700 en el área de Seattle, entrené a más de cien consejeros telefónicos para que fueran competentes en todo lo que trataran, desde la salvación hasta el suicidio. Fue un tiempo muy productivo de entrenamiento y ministerio. Muy pronto, noté que necesitaba una manera de entrenarlos para que discernieran y trataran con la actividad demoníaca. Muchos de los consejeros contaban con miembros de sus familias y amigos de los que sospechaban que estuvieran bajo control demoníaco en áreas de su vida y no había dónde llevarlos para ser liberados. Las iglesias en nuestra área estaban exiguamente entrenadas para tratar con gente que tenía un problema serio con los demonios. Después de buscar información sobre el tema, decidí usar el curso por video del difunto Dr. Lester Sumrall, titulado "Demonología y Liberación". Después de haber entrenado totalmente a una docena de personas, las organicé en tres equipos. Luego desarrollé un proceso de entrevista extenso para quienes estaban en la búsqueda de liberación. Funcionó muy bien.

Estas son algunas de las cosas que aprendimos:

- Casi la mitad de la gente que entrevistamos verdaderamente necesitaba liberación. La mayoría sólo debía arrepentirse de hábitos pecaminosos comunes que les habían mantenido esclavizados.
- La mitad de los que realmente necesitaban ministerio de liberación, casi sin excepción, fueron liberados. Una excepción fue la de un profesional que fue liberado de varios espíritus, pero que declinó completar su liberación al rehusarse a perdonar a su esposa y reconciliarse con ella. Hoy, su condición espiritual es deplorable o peor que antes.
- Muchas de las condiciones espirituales son el resultado de pecados no confesados, falta de perdón, e ignorancia evidente de los principios Bíblicos.

- Algunas condiciones fisiológicas pueden producir actitudes que son *exactamente* similares a las manifestaciones demoníacas. Es de suma importancia que los ministros de liberación usen los dones sobrenaturales de discernimiento de espíritus, y palabra de sabiduría y conocimiento. De otra manera, estarán en peligro tratando de echar fuera demonios que no existen. Muchos ministros bien intencionados, pero mal informados, han infligido bastante daño queriendo sacar demonios de donde no había ninguno.
- Primero tenemos que eliminar la posibilidad de que la persona sufra una enfermedad fisiológica. Nosotros recomendamos un examen completo médico antes de indagar si existe un problema espiritual.
- Asegúrese de hacer los arreglos apropiados para un encuentro, en una habitación cómoda lejos de donde otras personas puedan oír. Aunque recomendamos no permitir que los demonios chillen o griten, a veces, pueden sorprendernos.
- Siempre hay que llevar a cabo la liberación con un equipo de cristianos de mucha confianza y maduros, que operan en los dones de revelación.

**Padres desesperados necesitan ayuda**

Los jóvenes de hoy se exponen a espíritus demoníacos que se hallan en las drogas, el alcohol, la brujería, el sexo promiscuo y la rebelión a cualquier autoridad. La mujer cananea tenía una hija que estaba sujeta a estos tipos de espíritus demoníacos. Jesús nos enseña qué hacer en el siguiente pasaje:

**Mateo 15:21-28**
Saliendo Jesús de allí, se fue a la región de Tiro y de Sidón. Entonces una mujer cananea que había salido

de aquella región comenzó a gritar y a decirle: "¡Señor, Hijo de David, ten misericordia de mí! Mi hija es gravemente atormentada por un demonio".

Pero Jesús no le respondió palabra. Entonces, acercándose sus discípulos, le rogaron diciendo: "Despídela, pues viene gritando detrás de nosotros". El, respondiendo, dijo: "No soy enviado sino a las ovejas perdidas de la casa de Israel". Entonces ella vino y se postró ante él, diciendo: "¡Señor, socórreme". Respondiendo él, dijo: "No está bien tomar el pan de los hijos y echarlo a los perros". Ella dijo: "Sí, Señor; pero aun los perros comen de las migajas que caen de la mesa de sus amos". Entonces, respondiendo Jesús, dijo: "¡Mujer, grande es tu fe!" "Hágase contigo como quieres". Y su hija fue sanada desde aquella hora.

## Haciendo lo que Jesús Hizo

- Cuando la gente de otras iglesias descubre que hay un equipo de cristianos de buena reputación, que tienen éxito en la ministración de liberación, ellos hacen todo lo necesario para encontrarlos.
- Cuando la gente está dispuesta a someterse a Jesucristo, Su Palabra, y la guía del Espíritu Santo, son elegibles para ser liberados y recibir las bendiciones de Dios.
- Cuando todas las condiciones del Espíritu Santo se dan, y el ministerio es completo, debemos proclamar las mismas palabras que Jesús usara: "¡Vete, el demonio ha salido!" Los demonios se van debido a la autoridad y el poder que Jesucristo nos ha dado.

### Venían los jueves

Después de entrenar a tres equipos para llevar a cabo las liberaciones en el Club 700, hacíamos citas para los amigos y conocidos de los miembros del equipo. Los jueves se hicieron conocidos como "el día de demonios". Sólo se hacía una cita en la mañana y otra en la tarde. Nos reuníamos a puertas cerradas y dábamos inicio al proceso de entrevista. A los que habían terminado el curso por video del Rev. Sumrall, se les permitía venir a las citas como parte de su entrenamiento. Tomábamos casi dos horas para discutir en detalle todos los "puntos posibles de entrada" para un mal espíritu a la naturaleza carnal de la persona.

Las preguntas eran tan a fondo y específicas que si un demonio estaba oprimiendo a la persona, se manifestaba durante la entrevista. Cuando se determinaba con certeza que la persona tenía un mal espíritu oprimiéndole, entonces hacíamos más citas hasta que quedara completamente libre. Casi siempre era necesaria una segunda visita de dos horas para sacar a cualquier espíritu que el Espíritu Santo identificara. Las liberaciones casi siempre se llevaban a cabo de manera muy profesional y bajo supervisión atenta. Los miembros de tal equipo, ahora son ministros muy productivos por su cuenta.

### La joven en silla de ruedas

Fuimos sorprendidos por un demonio en una cita de liberación de un jueves. Estábamos ministrando a una joven cristiana que estaba confinada a una silla de ruedas debido a que había nacido con un defecto en su columna vertebral. Parecía normal en la mayoría de los aspectos aunque se expresaba con dificultad. Ella debía depender de la ayuda de otros para las rutinas cotidianas. Durante el proceso de la entrevista, descubrimos que un espíritu inmundo la había atormentado desde su pubertad. Ella comenzó a llorar incontrolablemente mientras trataba de explicar al equipo de liberación la experiencia horrible que había vivido con un joven que la había violado varias veces durante esos años. El Espíritu Santo reveló que estábamos frente a un espíritu inmundo de perversión y lascivia que tenía su fortaleza en la mente y el cuerpo de esta joven. Cuando le ordenamos al espíritu que saliera de ella, el demonio gritó tan fuerte que se oyó en todas las oficinas del piso superior e inferior. Fue el grito más escalofriante que jamás había escuchado. Al instante, tomamos autoridad sobre ese espíritu y le ordenamos que se callara mientras ministrábamos a la joven. Fue necesaria otra cita para dejarla completamente libre. La lección que aprendimos de este evento fue de hacer inmediatamente lo que Jesús hizo. El dijo, "¡*Cállate* y sal de ella!". Ahora sabemos porqué lo hizo.

### La victoria fue alcanzada

Durante ese año y medio, pude comprender varias cosas en cuanto a los espíritus que se adhieren a quienes son vulnerables a las mentiras de Satanás. Estas fueron evidentes durante las sesiones de liberación de los jueves. Las experiencias que Sonja y yo hemos obtenido han sido de mucho valor para el tema que estamos enseñando hoy. No tememos en absoluto a los demonios. El Espíritu Santo siempre nos ha dado Su gracia para obtener la victoria total en presencia de poderosas fuerzas demoníacas. Estas son algunas de las valiosas lecciones aprendidas:

- Concentre su atención sobre los cristianos que están teniendo problemas espirituales severos.
- Los pre–cristianos necesitan arrepentirse y aceptar a Jesucristo como su Señor antes de que se pueda hacer algo por ellos.
- La persona que necesita liberación debe ser la que pida ayuda. Si no quiere venir personalmente a la entrevista, no insista más.
- Nunca permita que los amigos del que necesita liberación le apuren a liberar la persona. Tome el tiempo suficiente para entrevistar y llegar al meollo del asunto y saber lo que podría haber causado la condición de la persona.

- Tome todos los datos de la historia de la persona, antes de comprometerse a una cita para liberación.
- Si es posible hable con los padres, hermanos, amigos cercanos, y cualquier cristiano que le conozca. La persona debe ser informada que usted está hablando con quienes le conocen bien. Una llamada telefónica es todo lo que se necesita.
- Use términos como "oración personal" en vez de "liberación" cuando hable con la familia o los amigos de la persona que va a ser ministrada.
- Hay que descartar la existencia de condiciones médicas o fisiológicas, tales como condición bipolar, insistiendo en un examen médico completo antes de seguir adelante.
- La liberación nunca debe ser vista como una "cura rápida" para la inestabilidad espiritual. La liberación debe ser considerada el primer paso para que la persona pueda comprender su dependencia en el Señor Jesucristo.
- Una liberación triunfante requiere de seguimiento. La persona tendrá que rendir cuentas ante alguien, por un largo período de tiempo, para poder mantenerse libre. Necesitará gran fuerza de voluntad para no volver a visitar a la gente o a las situaciones que le causaron el problema en primer lugar.
- Nosotros sugerimos que una persona de oración, madura y llena del Espíritu, le visite regularmente por un año o más.

### Experiencia en el templo de los monos

Aquí en Estados Unidos estamos viendo el incremento de adoración demoníaca, la cual produce resultados basados en el temor. Yo (Sonja) tuve una conversación reciente con una cristiana llena del Espíritu que asiste a nuestra iglesia en Bend, Oregón. Ella había sido una devota de la Nueva Era antes de venir a Cristo. Nos contó de sus visitas al Templo de los Monos en el suroeste de los Estados Unidos. La razón por la que iba era para buscar más iluminación sobre el ámbito sobrenatural. Su hijita comenzaba a llorar incontrolablemente siempre que entraban al templo. Finalmente, la madre comprendió el motivo por el que su hijita estaba tan aterrorizada. La niña le decía: "Mami, ¿no puedes ver esas cosas feas volando en el aire alrededor del mono? Nos odian y nos quieren matar". Aparentemente esta criatura tenía una percepción de las cosas espirituales y el Señor usó esto para poner un alto a sus visitas a ese templo infestado de demonios.

### ¡No entre a esos templos!

Los cristianos incautos son un blanco perfecto cuando su curiosidad los lleva a visitar templos satánicos, budistas, hindúes, o islámicos. Como mencionamos antes, es de suma importancia saber lo peligroso que es entrar a estos lugares donde se concentra la actividad demoníaca. Una vez, vino a mí (Sonja), una joven madre de gemelos y me explicó que ella estaba experimentando una actividad demoníaca extremadamente tormentosa en su vida. Le pregunté si recordaba cuándo había empezado. Inmediatamente me contestó que había comenzado la misma noche que había visitado un templo satánico mientras asistía a la Universidad en San Francisco. Ella y sus amigas habían decidido ir a explorar. No buscaban nada espiritual— simplemente estaban aburridas y fueron por curiosidad. ¡Qué error tan trágico! Aparentemente un espíritu demoníaco se había apegado a ella. Era atormentada con temor y pesadillas horribles constantemente.

### ¡Yo sé quién eres, y te odio!

Yo discerní la presencia de espíritus y le pregunté si realmente quería ser liberada. Ella respondió: "¡Sí, más que cualquier otra cosa! ¿Cuándo?". Yo hice una cita para la semana siguiente. El equipo de ministerio constaba de tres pastores, la esposa de uno de ellos, y yo. Fuimos a un cuarto de oración, nos sentamos en círculo, y empezamos a orar. La mujer perdió el conocimiento de inmediato, cayendo al piso lentamente. Quedó inconsciente. Comenzamos a tratar con los espíritus y la voz masculina más horrible, habló a través de ella, aunque no estaba consciente: "¡Yo sé quién eres, y te odio!" susurró el demonio. Nosotros le ordenamos que se callara, en seguida comenzó a arrojar a la mujer violentamente sobre el piso una y otra vez. Fue necesaria la fuerza de los tres pastores, que eran hombres grandes, para sujetarla.

Después de unos diez minutos, los espíritus se fueron. Luego la llamamos por su nombre y ella comenzó a volver en sí. No recordaba nada, pero sabía que algo maravilloso le había sucedido. Su cabello negro y rizado estaba completamente empapado con transpiración y se hallaba exhausta. Le explicamos claramente el significado del arrepentimiento y la salvación por medio del Señor Jesucristo y el poder de Su sangre que fue vertida en la cruz. Ese día, ella fue completamente liberada. ¡Gracias a Dios por el poder sobre Satanás y sus demonios!

## El exorcista

Cuando John era director del Centro de Consejería para Crisis en el Club 700 en Bellevue, Washington, contaba con la ayuda de un joven padre de familia que estaba en una situación económica solvente, permitiéndole donar hasta cuarenta horas de servicio voluntario a la semana en el Centro de Consejería. Era un hombre bien educado, piloto, y un cristiano lleno del Espíritu Santo, muy fiel. El y su familia asistían a la Iglesia Cuadrangular Eastside con nosotros. Cuando nos conocimos mejor, él nos compartió una historia muy extraña.

En su adolescencia, le encantaba ver películas de terror. Gozaba la descarga de adrenalina y entre más espantosa era, mejor. Sin embargo, le ocurrió algo que cambió su vida totalmente y para siempre después de ver "El Exorcista". Durante la película, experimentó un temor que lo puso al borde de la muerte. Sintió una presencia real que le presionaba el pecho. ¡Mientras trataba de sacársela de encima, pero sin éxito, un temor siniestro se apoderó de él dejándolo literalmente aterrorizado! El estaba seguro que tan luego saliera del cine cesaría, pero no fue así.

### El temor casi lo asfixiaba

En la noche cuando apagaba las luces para ir a dormir, esa presencia demoníaca lo presionaba. El temor casi lo asfixiaba y él gritaba encendiendo las luces. Pensaba que se estaba volviendo loco y comenzó a pedir sabiduría. Dios se reveló a través de una serie de situaciones y él aceptó a Cristo; eventualmente fue liberado del espíritu de temor. Compartimos esta historia como una advertencia para las personas inocentes que van a ver películas tales como "El Exorcista".

### "Psicosis" me tomó por sorpresa.

Yo (Sonja) me acuerdo de haber visto una película cuando estaba en la escuela secundaria llamada, "Psicosis", (Psycho) con Anthony Perkins. No tenía idea de lo que se trataba, me tomó totalmente por sorpresa y desprevenida emocionalmente para la escena donde Janet Leigh es apuñalada a muerte mientras se bañaba. Esto impactó mi mente de tal manera que por años no podía bañarme de noche si estaba sola en la casa. Ya sé que es estúpido, pero demuestra como este tipo de película puede afectar nuestras emociones de por vida. Me preocupan los efectos negativos a largo plazo en algunas de las películas y episodios de televisión que ven los niños. ¡Seamos sabios ante las tretas del enemigo!

## Los Espíritus Visitan Nuestras Iglesias

La gente que llega a nuestras iglesias pudiera traer consigo entidades de "sombras de su pasado" que todavía los acosan.

Han aprendido a suprimir esa carga porque piensan que no hay manera de deshacerse de ella. Han aprendido a "aguantarse" y sobrellevar los sentimientos que produce. Como líderes, debemos reconocer que estas almas preciosas necesitan ayuda, pero no saben dónde hallarla. Van a la iglesia esperando que Dios intervenga de alguna manera. Cuando la presencia maravillosa del Espíritu Santo se manifiesta en la alabanza o la predicación ungida, los espíritus que han hecho morada por mucho tiempo en su vida, afloran a la superficie. Debemos tener un plan para tratar con lo inevitable de tal situación.

## Se manifiestan en momentos muy inoportunos

Los espíritus demoníacos casi siempre se manifiestan en momentos muy inoportunos. Su misión es causar confusión e interrumpir la labor del Espíritu Santo. Se manifiestan en las aulas de las escuelas, en reuniones de hogar y en los servicios de la iglesia. Se encuentran en los Estados Unidos y en cada país donde ministramos. La gente acostumbraba pensar que "todos los demonios están en África" pero nosotros sabemos que donde haya seres humanos, ¡allí estarán también! La siguiente historia debiera darnos algo de discernimiento en la manera que debemos tratar con los demonios cuando se manifiestan en los servicios de la iglesia.

### Marcos 1:23-27

Pero había en la sinagoga de ellos un hombre con espíritu impuro, que gritó: "¡Ah!¿Qué tienes con nosotros, Jesús Nazareno? ¿Has venido a destruirnos? Sé quién eres: el Santo de Dios". Entonces Jesús lo reprendió, diciendo: "¡Cállate y sal de él!". Y el espíritu impuro, sacudiéndolo con violencia y dando un alarido, salió de él. (Lucas 4:35: . . . Entonces el demonio, derribándolo en medio de ellos, salió de él sin hacerle daño alguno). Todos se asombraron, de tal manera que discutían entre sí, diciendo:

"¿Qué es esto? ¿Qué nueva doctrina es esta, que con autoridad manda aun a los espíritus impuros, y lo obedecen?".

## Haciendo lo que Jesús Hizo

Es interesante que la persona con un espíritu impuro estuviera en la iglesia (sinagoga). Aunque es muy raro en Estados Unidos, es posible que tengamos que lidiar con invitados que se encuentran bajo el control de espíritus inmundos durante nuestros servicios. Jesús nos enseña cómo confrontar al espíritu que está intentando interrumpir el servicio. Tal como Jesús, la persona que está a cargo, necesita hacer lo siguiente:

- Rápidamente y con firmeza reprenda al espíritu que está hablando a través de la persona diciendo: "Señor/a, ile prohíbo hablar!" Esto normalmente "ata" el espíritu para que no siga causando conmoción.
- No inicie un diálogo con la persona ni en lo más mínimo.
- Instruya a los ujieres a usar tacto y que conduzcan a la persona fuera del santuario a un cuarto con las puertas cerradas.
- Inicie la liberación con un equipo experto. Esto es cuando hay que decir, "Sal de él/ella".
- No ignore que los espíritus demoníacos quieren distraer la alabanza y tornar la atención hacia ellos y no hacia Jesús. Se manifiestan con un desafío *fuerte* siempre que la presencia del Espíritu Santo se hace notoria.
- Manténgase en calma y obre en la confianza firme y autoridad de Jesucristo.

• Trate con la persona, dígale que se calle en vez de permitir más conmoción, causando que los ujieres tengan que obligarla a salir gritando del santuario. Usualmente, todo lo que se necesita hacer es decir con firmeza: "Cállese en el Nombre de Jesús".

## Sucedió en nuestra clase

Una vez John estaba enseñando una clase en uno de nuestros centros de entrenamiento en la Iglesia Cuadrangular Eastside, en Bothel, Washington. Esta lección en particular era de nuestra clase avanzada; el tema era cómo romper las ligaduras espirituales. El Espíritu Santo le dio una palabra de conocimiento acerca de alguien en la clase que estaba oprimido por un espíritu de temor. Tan luego como la palabra salió de su boca una mujer en la clase comenzó a llorar y gritar; el espíritu de temor irrumpió tomando dominio. Inmediatamente, John fue hacia ella, y manteniendo su postura como maestro, tomó autoridad sobre el espíritu y lo echó de la mujer. Fue hermoso ver como las mujeres sentadas a su alrededor le ministraron después de haber sido liberada. ¡Casualmente, estábamos filmando la clase y todo el incidente quedó registrado en un video!

## Ella era cristiana

El Señor ha sido bueno a través de los años ilustrando lo que estamos enseñando con ejemplos de la vida real. Reconocemos Su gracia con humildad, la cual se manifiesta fielmente demostrando Su poder con señales y milagros después de la instrucción de Su Palabra. El incidente que acabamos de compartir, nos enseña con claridad cómo los cristianos pueden ser oprimidos por el diablo y la necesidad de liberación. Esta mujer había asistido a nuestras clases por más de seis meses; era salva y había sido llena del Espíritu Santo. Nosotros sabíamos que sufría profundamente a causa de experiencias devastadoras, pero no habíamos discernido el espíritu de temor que regía una gran parte de su vida. Fue a través del don de conocimiento que el Señor dirigió su liberación de este espíritu martirizante que había estado en su vida por varios años. ¡Qué maravilloso es nuestro Dios!"

### Los espíritus quieren regresar

Una vez que una persona ha sido liberada, debemos ayudarla a mantenerse libre. Jesús nos dice que debemos llenar la casa totalmente (alma, cuerpo y espíritu) con el Espíritu de Dios. Debe renovar su mente cada día con la Palabra de Dios y orar en el lenguaje espiritual cada vez que tenga oportunidad. También necesita tener comunión con cristianos saludables y llenos del Espíritu Santo. Jesús nos ilustra esto en las siguientes Escrituras:

### Mateo 12:43-45

Cuando el espíritu impuro sale del hombre, anda por lugares secos buscando reposo, pero no lo halla. Entonces dice: "Volveré a mi casa, de donde salí". Cuando llega, la halla desocupada, barrida y adornada. Entonces va y toma consigo otros siete espíritus peores que él, y entran y habitan allí; y el estado final de aquel hombre viene a ser peor que el primero. Así también acontecerá a esta mala generación.

### Haciendo lo que Jesús Hizo

- Los "lugares secos" son difíciles de definir. Los eruditos dan muy poca explicación de lo que significa "lugares áridos o secos". Parece haber un consenso en que se refiere a un lugar completamente inhabitable, desolado y sin presencia animal o humana. En Apocalipsis 18:2, Babilonia, la ciudad caída, es descrita como un lugar de habitación para los demonios.

- Si confirmamos la salvación de la persona y la dirigimos al bautismo del Espíritu Santo, esto le asegurará la llenura del Espíritu Santo.

- Si no lo hacemos, la persona corre un alto riesgo de que las mismas entidades espirituales la vuelvan a atar. Los demonios tratan de regresar trayendo consigo más espíritus.

## El empezó a rugir

Un martes por la noche, durante el estudio bíblico en nuestro hogar, estábamos enseñando acerca del bautismo del Espíritu Santo. Varios de los asistentes, la semana anterior, nos habían indicado su interés y nos habían pedido ayudarles a recibir esta experiencia. Después de haber completado la clase, les pedimos que quienes quisieran recibir este don del Espíritu Santo y su lenguaje espiritual pasaran al comedor. Respondieron cuatro mujeres y un hombre. Al comenzar a imponer las manos sobre ellos para orar, el hombre empezó a rugir con una voz muy fea que salía de su garganta. Se encorvó y el espíritu se manifestó. Yo (Sonja) estaba de pie junto a él, así que fui la primera en ver lo que estaba pasando.

## Aquí hay un espíritu

John estaba al otro lado del cuarto, así que rápidamente fui a él y le dije al oído: "se está manifestando un espíritu". El se acercó al hombre y rápidamente dedujo que era un espíritu mentiroso. Le estaba diciendo que él no era digno de recibir este don, y cuando quiso responder a la lección, el espíritu malo se manifestó. John trató con ese espíritu en el nombre poderoso de Jesucristo, y se fue. Fue una gran enseñanza para nuestro grupo, muchos de los cuales nunca habían visto un espíritu actuando a través de una persona.

### Le tengo miedo a esas "cosas de demonios"

Lo divertido de esa noche fue que en el camino al estudio, una señora le había dicho a su esposo: "querido, espero no estar cerca cuando ocurran esas 'cosas de demonios'". Sin embargo, cuando todo terminó, ella nos indicó que estaba muy agradecida de haber podido observar el incidente en el que todos sus temores fueron disipados. Señaló que era la cosa más natural que jamás pudo imaginar. El espíritu malo se manifestó de una manera grotesca, pero el poder del nombre de Jesucristo tomó autoridad sobre él y se fue. ¡Qué fácil! Ella quedó maravillada.

### Líderes buscan liberación

Mientras ministrábamos a los líderes de una iglesia del centro del California, dimos lugar a una discusión acerca de cómo los espíritus inmundos pueden afianzarse en nuestra vida. Mencionamos cómo a veces juegan el juego de las "escondidas" hasta que pronto establecen una fortaleza firme, causando que la gente mienta o engañe. Para nuestra sorpresa, una pareja de líderes se acercó a John después del servicio. El le dijo a John que había vivido exactamente lo que se había descrito, y cómo había comenzado a mentirle a su esposa acerca de su comportamiento pecaminoso; su querida esposa estaba muy confundida. John le pidió a uno de los pastores que le ayudara a ministrarle y ellos liberaron a este hombre joven de espíritus perversos y mentirosos en el nombre de Jesucristo. Luego nombraron a alguien a quien este joven pudiera rendirle cuentas; la última vez que tuvimos contacto, él estaba muy bien.

Como suele suceder con frecuencia, John supo que un tío había acosado sexualmente a este joven cuando era niño, provocando una tendencia hacia la pornografía, la cual lo llevó a una esclavitud total al continuar satisfaciendo sus impulsos vía Internet. Muy pronto descubrió que no podía dejar de hacerlo, aunque entendía las ramificaciones horribles de permanecer viviendo en pecado voluntario, además de la posibilidad de perder a su preciosa esposa.

### El pecado voluntario es peligroso

Esta historia demuestra lo que ocurre cuando hay una ligadura demoníaca. Puede ser alcohol, drogas, robo, mentiras, chisme y comportamientos destructivos similares. Es muy peligroso que el cristiano continúe pecando voluntariamente. Se dice que el pecado siempre lleva a alguien más allá de donde quería ir, le mantiene más de lo que quería estar, le cuesta más de lo que quería pagar y le daña más de lo que se imaginaba. Las consecuencias pueden ser eternas.

Si al leer esto siente que lo descrito le ha sucedido a usted, por favor busque de inmediato la ayuda de un pastor que entienda esta dimensión espiritual y sepa cómo ejercitar la autoridad de Dios para que usted pueda ser liberado. El ministro necesita los dones de revelación del Espíritu Santo operando en su vida para ser efectivo en este tipo de ministerio.

## Llamadas Telefónicas
## Obscenas y Hospitales Mentales

Un día un amigo muy apreciado me llamó (Sonja) relatándome una historia que partía el alma. Su padre había sido despedido de un trabajo que le encantaba y como consecuencia había perdido una gran parte de los beneficios de jubilación. Mi amigo vivía en otro estado y me preguntó si podía visitar a sus padres devastados que vivían en mi ciudad. Fue algo muy difícil para mí. Yo había conocido a este matrimonio desde que estaba en la escuela secundaria y siempre había tenido un gran respeto hacia ellos.

Después de saludar a esta pareja de ancianos con abrazos y lágrimas, la historia más triste fue revelada. Resultó ser doloroso para ellos y para mí que contestaran mis preguntas respetuosas, pero penetrantes. El se había enviciado en la pornografía por muchos años, pero algo había ocurrido el año anterior que había cambiado su vida para siempre. Comenzó a hacer llamadas telefónicas indecentes a mujeres. En poco tiempo la policía pudo trazar las llamadas a su lugar de trabajo. Nadie quería demandarlo porque él era muy querido y respetado por sus compañeros. Simplemente le dieron una advertencia verbal. Después de unos días él volvió a hacer más llamadas. Como es de suponer, lo descubrieron de inmediato y se le entregó una advertencia escrita la cual expresaba que si esto volvía a ocurrir, sería despedido de su trabajo. Le explicaron todas las consecuencias financieras, las que involucraban su plan de jubilación, su seguro de salud, etc. Le ofrecieron la ayuda de un psiquíatra, la cual rehusó. Le dijeron que su teléfono estaba bajo vigilancia; pero para mi sorpresa total, él dijo que continuó haciendo llamadas obscenas. Para entonces, su esposa estaba hecha un mar de lágrimas y a mí se me estaba haciendo difícil creer esta historia increíble.

El continuó su historia. La policía vino a su lugar de trabajo y lo arrestaron allí mismo, frente a sus compañeros de trabajo. Fue despedido del empleo inmediatamente lo cual resultó en una gran pérdida financiera. Se escribió un artículo al respecto en el periódico local y la humillación y la vergüenza fueron casi más de lo que podían sobrellevar.

### El dijo que estaba bajo "un hechizo"

Cuando le pregunté la razón para volver a hacer más llamadas sabiendo que su teléfono estaba siendo vigilado, él me dijo algo muy revelador:

> "En mi mente, yo tenía claro que esto arruinaría mi vida, mi matrimonio y mi jubilación. También sabía que traería vergüenza a mis hijos, pero no podía resistir la compulsión de hacer las llamadas. Era como que algo viniera sobre mí en esos momentos y estaba bajo su hechizo, sintiéndome impotente para resistir".

Eso describe el estado de una persona bajo la influencia demoníaca. Este pobre hombre no estaba listo para escuchar las Buenas Nuevas de salvación y liberación a través de Jesucristo, pero su querida esposa sí, y esa noche, ella volvió a consagrarse al Señor. Es triste decirlo, pero él vivió muchos años más atormentado por ese espíritu malo y no se arrepintió verdaderamente, ni aceptó al Señor hasta que llegó a su lecho de muerte. ¡Qué desperdicio! Vivir tantos años bajo el poder de Satanás. ¡Sin embargo, el amor y la misericordia de Dios se extienden a todo pecador!

## Espíritus generacionales

Todos hemos oído la expresión: "Tiene un temperamento horrible, igual al de su padre". Todas las familias pasan sus hábitos, características y comportamientos, pero los espíritus familiares también pasan de una generación a otra si no se detectan.

En el caso que acabo de describir, este espíritu inmundo casi con seguridad pasaría a su hijo, nuestro amigo. Aunque era un cristiano lleno del Espíritu, él nunca había tratado con esta fascinación que su padre tenía con la pornografía, principalmente en revistas y videos, pero, debido a que continuó viviendo en desobediencia voluntaria a Dios, ¡le ocurrió lo mismo! Fue arrestado por hacer llamadas telefónicas obscenas, siendo también despedido de su trabajo. Aunque parezca increíble, a sabiendas de lo que había hecho su padre, él imitó su conducta. Este fue el resultado de su adicción a la pornografía por Internet.

## Les dije que vinieran a mi casa inmediatamente

Después de su arresto, su esposa me (Sonja) llamó y le dije que debían venir a mi casa inmediatamente (vivimos en otro estado). Ellos respondieron a nuestra invitación y llegaron unas horas después de nuestra llamada. El hombre era una persona muy respetada en su comunidad, y este fue un golpe devastador para él, su esposa, familia, socios de trabajo y amigos. Cuando llegaron, él parecía estar oprimido emocionalmente. Su esposa se hallaba en un estado de agobio y tratando de decidir si debía iniciar el proceso de divorcio.

Llamamos a nuestro ministro asociado y después de determinar que nuestro amigo estaba verdaderamente arrepentido, John y nuestro asociado le ayudaron en una liberación completa. Fue una transformación maravillosa ante nuestros propios ojos.

## Nosotros oramos fervientemente por sabiduría de lo alto

Mientras yo (Sonja) estaba con la esposa, ayudándole en este proceso de dolor increíble que sufría. Ella me contó como había perdido el respeto hacia su suegra cuando no dejó a su esposo al ser arrestado y despedido del trabajo por su comportamiento tan fuera de control. ¡Ahora ella se hallaba en las mismas circunstancias! Hablamos de la obra de una liberación y la posibilidad de una restauración. Ella quería creer, pero le era difícil imaginar cómo podría sanar de tan horrible abuso de confianza de parte de su esposo. Nosotros oramos fervientemente por sabiduría de lo alto.

## Totalmente libre

La liberación fue completa y total. Ellos hicieron todo lo que les recomendamos, incluyendo ir a una buena iglesia llena del Espíritu. Ahora, dos años después, están totalmente libres y sanos. Su relación matrimonial es mucho mejor de lo que jamás había sido. Ahora sirven a Dios con todo lo que tienen. ¡Qué victoria! ¡Qué gozo! ¡Sólo nuestro Dios podría hacer tal milagro!

## Nuestro amigo fue a dar a un hospital mental

Un amigo nuestro tiene una enfermedad bipolar, y si no toma su medicamento, comienza a delirar. Una de esas veces, terminó en un hospital mental. Su familia nos llamó pidiéndonos que fuéramos a verlo. Nos dijeron que sus delirios eran que el FBI lo seguía, observando todos sus movimientos, y estaban listos para arrestarlo. Se hallaba bajo tal paranoia al punto de tener miedo de ir a su trabajo.

El estaba contento de vernos, pero estaba sufriendo de paranoia. Le hablamos acerca de lo que estaba experimentando.

Mirándolo directamente a los ojos, le dijimos que esas cosas son absolutamente reales *para él*, que hasta podría pasar la prueba del detector de mentiras si se la hicieran, pero que de todas maneras *no serían verdad*. No discernimos ningún espíritu, pero sentimos que era verdaderamente un problema físico el que le había producido ese comportamiento anormal.

### No había agentes del FBI tras de él

Este hombre confiaba en nosotros y nos amaba, pero le era muy difícil creer que *su realidad* no era verdadera. Nosotros reforzamos lo que los doctores y su familia le estaban diciendo, que el medicamento lo pondría en contacto con la realidad que todos estábamos viviendo—que no había agentes del FBI tras él. Después de unas semanas de tomar lo prescrito, se recuperó. El es un hombre muy inteligente y no le gusta la medicina porque le parece que sus facultades mentales funcionan con lentitud cuando la toma. Nosotros pensamos que este es el motivo por el cual muchos en esta condición dejan de tomar sus medicamentos. Lo propio en situaciones como esta, es orar por sanidad, lo cual estamos haciendo por nuestro amigo. Parece ser que los espíritus no responden a medicamentos, pero los problemas físicos sí.

La película, "A Beautiful Mind" (Una Mente Maravillosa) estrenada en el año 2002, es una hermosa historia verdadera acerca de John Nash, un genio matemático. La película trata de cómo él pudo sobrellevar esta condición, siéndole otorgado el Premio Nobel. Nosotros esperamos que esta película informativa despierte la conciencia y entendimiento en nuestra nación hacia la gente preciosa que sufre de tales condiciones.

## Una Joven Bautista Aprende
## Acerca del Ámbito de los Demonios

Después que (Sonja) fui bautizada con el Espíritu Santo a la edad de veintisiete años, inmediatamente me convertí en una estudiante seria de la Biblia. Se había hecho viva y totalmente relevante. Demonología, era un tema que era raro para una joven bautista. Sin embargo, estaba fascinada con los relatos en el Nuevo Testamento que trataban esta actividad sobrenatural. Leí todo lo que podía encontrar acerca de esta otra dimensión. La mayoría fueron relatos de misioneros en los países subdesarrollados.

## Me dijeron que debería dejar en paz todas esas cosas raras

Una vez mis pastores me visitaron de paso, y notaron la gran cantidad de libros que estaba leyendo. Después de dar una mirada a los títulos me dijeron que debería dejar en paz todas esas cosas raras. Que nada bueno resultaría de ello. Me sorprendió su actitud inflexible y discrepante al tema de lo sobrenatural, así que pensé que era mejor hacerles caso. Guardé los libros por unas semanas y le pedí al Señor que me dirigiera en ese asunto.

## El Espíritu Santo como "El Maestro", me estaba dirigiendo

No sólo mi interés permaneció, sino que aumentó dramáticamente. Mirando hacia el pasado, el Espíritu Santo como "El Maestro" me estaba guiando. Qué bueno que escuché los consejos de mis pastores porque yo me volví extremadamente crítica de todo lo que leí. ¿Podía hallar citas bíblicas que respaldaran lo leído? Si no, yo sospechaba de los relatos. Para entonces había leído la Biblia varias veces utilizando varias ayudas, tales como el Nuevo Testamento en Griego–Inglés. Es más, yo prefería errar del lado conservativo de la teología, y allí me sentía cómoda.

## Estaba siendo preparada para una tarea muy especial

Yo no me daba cuenta que estaba siendo preparada para una tarea muy especial— ¡la que nunca me podría haber imaginado en un millón de años! Mi preciosa abuelita Hatcher estaba muy contenta con mi crecimiento espiritual desde que fui bautizada con el Espíritu Santo. Era mi mayor admiradora y estaba maravillada de la facilidad con la que yo guiaba a la gente en el bautismo del Espíritu Santo.

Un día, mi abuelita me llamó preguntándome si estaría dispuesta a conocer al hijo de una de sus amigas, quien acababa de regresar a Richland, Washington, después de haber vivido una vida en las drogas en el área de Seattle. No imaginaba lo que podría decirle a un joven adicto a las drogas–¡yo vivía una vida completamente aparte de ese mundo!

Le pregunté por qué pensaba que debía hacerlo, y ella me explicó que este joven iba caminando por el centro de Seattle, cuando sintió un golpe y cayó sobre la acera sin poder moverse. El dijo que sabía que era Dios diciéndole que pronto moriría si no se ponía a cuentas con El. Así que inmediatamente regresó a casa, a una madre que oraba, la cual había hecho una cita entre él y su pastor pentecostal. Aparentemente no había dado muy buenos resultados para ninguno de los dos, y su madre estaba desesperada buscando a alguien que ayudara a su hijo. Y por tal razón, mi abuelita me había llamado.

### ¡El arte en sus brazos realmente cautivó mi atención!

Algo insegura le dije que me reuniría con el joven el sábado siguiente por la tarde. Mi abuelita, la madre, y mi grupo de oración de los sábados por la mañana estaban intercediendo por este encuentro insólito. A la hora de la cita sonó el timbre y cuando abrí la puerta vi una figura muy rara. El joven, quien era mucho más alto que yo, tenía unos veinte años, seis pies de altura, cabello largo y rubio, y los ojos azules más bellos y vacíos que jamás he visto. El color rosa fosforescente del arte que tenía dibujado en los brazos me llamó la atención. Estoy segura que él también me estaba evaluando y pensando qué podría decirle esta joven pequeña de estatura y obviamente recta, que pudiera ser relevante para su vida.

### El Espíritu Santo vino sobre mí de una manera muy asombrosa

Le dije que tomara asiento y me contara lo que le estaba ocurriendo. El se notaba algo nervioso de compartir su experiencia con Dios en la acera. A medida que describía la situación, el Espíritu Santo vino sobre mí asombrosamente. Yo estaba totalmente sumergida en el amor de Dios, ágape, por este joven. Mi corazón gemía: "Señor, ¿cuántos de estos jóvenes perdidos habrá por todo el mundo? Van camino al infierno y sin esperanza en un mundo hostil. ¡Con razón están buscando una solución en las drogas, sexo y quien sabe qué otras cosas!"

De alguna manera, a través de la vasta gracia de Dios, hicimos conexión. Yo sentí su temor y confusión, y él sintió el amor de Dios emanando de mí. De repente dio un salto que me asustó y me dijo: "Señorita, ¡usted irradia las vibraciones más insólitas que jamás he sentido! ¿Puedo regresar y traer a otros amigos?"

"Este,... claro que sí", tartamudeé en consternación total.

### Después supe que eran grandes traficantes de drogas

Regresó con dos amigos más que, supe tiempo después, eran traficantes de drogas en nuestra área. Después de unas dos semanas el grupo había crecido a treinta, lo cual era un espectáculo increíble. Estaban experimentando encuentros genuinos con el Cristo vivo y arrepintiéndose de verdad, dando la espalda a las drogas, y buscando agradar a su nuevo Señor. Una noche, miré alrededor de mi sala y el comedor que estaban llenos de muchachos tipo hippies sentados sobre cada espacio libre de la alfombra. Todos tenían sus Biblias y estaban hablando de lo que Jesús quería decir en ciertos pasajes. Me reí al ver la casa llena de humo. Mucha de la gente de la iglesia hubiera levantado las manos en disgusto, de haber entrado en ese momento. Lo que no comprenderían era cuánto habían progresado estos muchachos en cuestión de semanas. A estas alturas, fumar cigarrillos era algo muy insignificante.

### ¡Mi casa fue rodeada!

Después de unas semanas, uno de los que había sido traficante de drogas, se acercó a mí durante una de las reuniones humeantes y me preguntó si sabía que la policía tenía mi casa rodeada. "¿Qué? ¿Por qué harían eso?" le pregunté. Me dijo:

"Piénselo por un momento. De repente los mayores traficantes y usuarios de drogas del área están portando Biblias grandes y congregándose varias veces por semana en cierta casa. ¿No sería de interés para usted si fuera policía?". Me pegué en la frente con la palma de mi mano, maravillándome de lo ingenua que era. Yo había sido empujada hacia una cultura completamente nueva.

### Ya he enviado detectives de narcotráfico a su grupo

Llamé a los padres de uno de los muchachos pidiéndoles que me acompañaran en caso de que pudiera lograr una cita con el jefe de policía. Ellos respondieron que lo harían, y llamé para hacerla. Sorpresivamente, se nos citó a la tarde del día siguiente. Yo no conocía personalmente al jefe de policía. Sólo sabía que tenía buena reputación en nuestra ciudad. Cuando la secretaria nos llevó a su oficina, quedamos sorprendidos. El se puso de pie, se levantó de detrás de su escritorio, y nos extendió su mano. "Antes de que diga algo", me dijo, "quiero que sepa que soy un cristiano que ha nacido de nuevo, y creo que lo que está pasando en su hogar, es la única esperanza para la juventud de nuestra comunidad. Lo sé porque he mandado detectives a su grupo y los informes son muy positivos. Ellos no entienden todo el aspecto religioso, pero me dicen que es saludable". Yo me quedé con la boca abierta estrechando la mano de este caballero. Cuando el grupo se hizo demasiado grande para reunirnos en los hogares, el departamento de policía nos proporcionó cuatrocientos dólares para pagar el primer mes de arriendo de un local para continuar reuniéndonos. ¡Qué cosa tan sorprendente!

### Mi tarea especial

Había recibido una tarea especial para la cual había sido entrenada sin saberlo. La mayoría de estos muchachos provenían de hogares de clase media y alta; habían asistido a la iglesia en algún punto en su vida, pero no les había interesado. Estaban desilusionados con la vida en general; eran un blanco fácil para experimentar drogas y corrupción moral asociada con ello. La norma era de robar para satisfacer sus hábitos crecientes de la droga. Los que habían usado drogas alucinógenas se hallaban en un estado deplorable.

Cuando llegaron a confiar plenamente en mí, comenzaron a relatar las experiencias horribles que habían vivido mientras "viajaban" bajo la influencia de alucinógenos. Muchos de ellos continuaban teniendo escenas retrospectivas, que llegaban sin aviso. Para mi maravilla, ellos estaban describiendo encuentros demoníacos iguales a los descritos por los misioneros. Yo les compartí lo que yo había aprendido en los estudios de los meses pasados. Cuando leyeron los relatos en el Nuevo Testamento, donde Jesús tomó autoridad sobre los espíritus inmundos, ellos también creyeron que podrían experimentar tal liberación en su vida, y así fue. Fue maravilloso. Los primeros que recibieron liberación, se pusieron a liberar a otros en cosa de semanas. Simplemente usaban los libros para dar ejemplos de cómo los demonios trabajan y luego les mostraban en la Biblia cómo Jesús liberó a la gente. ¡Algo increíble!

## ¡Vaya, qué encuentros poderosos!

Yo sé que las liberaciones sobrenaturales hechas en el Nuevo Testamento eran relevantes para ellos. Habían experimentado una religión muerta y no querían ser parte de ella. ¡Vaya, qué encuentro poderoso! ¡Ellos lo necesitaban y lo recibieron! Sí, el Espíritu Santo sabía exactamente lo que estaba haciendo cuando El me dirigió a "estudiar para presentarme a Dios aprobada" (lea 2 Timoteo 2:15).

Durante este tiempo una pareja de evangelistas de Canadá vino a nuestra área. Muchos de los jóvenes fueron a escucharlos y regresaron muy emocionados porque estaban echando fuera los demonios y la gente estaba siendo sanada. Mis queridos padres se hallaban en medio de todo esto conmigo, así que los traje a la reunión en la carpa. Ciertamente, estaban predicando el mensaje del Evangelio completo con señales y prodigios que le seguían.

## Algunos estaban descalzos

Nosotros nos reunimos con la pareja después del servicio y compartimos con ellos lo que estaba sucediendo en nuestro medio. Les pregunté si estarían dispuestos a darnos unos estudios. Para entonces yo me estaba sintiendo algo abrumada. Ninguna de las iglesias locales quería que estos hippies apasionados influenciaran a su juventud. Creo que puedo entender sus sentimientos. Como la vez que llevé a un grupo a visitar mi iglesia evangélica. Algunos fueron descalzos. Uno vestía overoles, sin camisa ni zapatos y con un sombrero que no se quitó al entrar al servicio. El asunto era que yo estaba tan emocionada con lo que estaba ocurriendo en su vida, que no me importaba cómo se vieran por fuera. Pero, desafortunadamente, los miembros conservadores de la iglesia no tenían ese tipo de gracia. Sí, estaban contentos de que fueran salvos, pero querían que se fueran a otra parte.

## Los de Jesús

La pareja canadiense tenía unos cuantos compromisos en el Noroeste, pero acordaron regresar. ¡Fueron de gran bendición! Nosotros llegamos a formar una iglesia de unas cuatrocientas personas (mi abuelita y mis padres eran parte de todo esto). Nuestra alabanza era fantástica y los nuevos líderes nos trajeron amigos pastores/maestros para ministrar a esta "Gente de Jesús" – como llegaron a ser conocidos. La historia nos enseñó que éramos parte de un movimiento soberano de Dios que se inició en la costa Oeste de Estados Unidos entre los hippies drogadictos. Es alentador escuchar, después de treinta años, de varios que eran parte del grupo original de estos jóvenes. Ahora son pastores, evangelistas, y misioneros. ¡Sí, dio resultado y han estado haciendo lo que Jesús hizo todos estos años!

## Jesús es nuestro héroe y ejemplo supremo

No es fácil liberar a los cautivos de la esclavitud espiritual. Puede ser un ministerio algo confuso y desordenado. Nosotros no estamos a la búsqueda de ello. Sin embargo, lo hacemos cuando es parte necesaria de nuestro cumplimiento con la tarea que el Señor nos ha asignado. En el ministerio de Jesús, con frecuencia, al dirigirse a algún lugar fue interrumpido por una necesidad, El la suplió y continuó Su jornada. ¡El es nuestro héroe y ejemplo supremo!

## Sólo los cristianos lo pueden hacer

Es muy interesante que sólo el sistema de creencia del cristianismo tenga el poder y la autoridad para causar que los espíritus obedezcan sus órdenes. Todas las otras creencias los adoran, los apaciguan o niegan su existencia. Cuando son confrontados con los demonios, su trato con la situación resulta en confusión, temor, y frustración. Un ejemplo de esto se encuentra en el pasaje siguiente:

### Hechos 19:13-16

Pero algunos de los judíos, exorcistas ambulantes, intentaron invocar el nombre de Jesús sobre los que tenían espíritus malos, diciendo: "¡Os conjuro por Jesús, el que predica Pablo!". Había siete hijos de un tal Esceva, judío, jefe de los sacerdotes, que hacían esto. Pero respondiendo el espíritu malo, dijo: "A Jesús conozco y sé quién es Pablo, pero vosotros, ¿quiénes sois?" El hombre en quien estaba el espíritu malo, saltando sobre ellos y dominándolos, pudo más que ellos, de tal manera que huyeron de aquella casa, desnudos y heridos.

### Haciendo lo que Jesús Hizo

- Sólo los cristianos llenos del Espíritu poseen la autoridad y el poder delegados por Jesucristo para echar fuera demonios exitosamente. Los demo-

nios saben quienes tienen autoridad y quienes
no. Ellos nos desafiarán para ver si sabemos lo
que estamos haciendo.

- Los demonios delegan poder sobrehumano a los
  que poseen. Nosotros no debemos temer cuando
  los confrontamos en el nombre de Jesucristo y bajo
  la guía del Espíritu Santo.

- El poder sobrehumano se reduce a nada cuando
  el cristiano valerosamente resiste en el poder de
  la sangre de Cristo y le ordena al espíritu que
  obedezca en el nombre de Jesucristo.

### Los intercesores son muy necesarios

Si usted está haciendo este tipo de ministerio o desea hacerlo,
le urgimos a que le pida a Dios que le rodee de creyentes que le
cubran en oración. Nosotros tenemos a más de cien intercesores
fieles que reciben nuestra "Alerta de Oración" mensual para
interceder a nuestro favor. Sus oraciones son tan poderosas que
podemos sentir sus efectos—especialmente cuando estamos en
países extranjeros donde las batallas espirituales son intensas.
Jesucristo quiere que funcionemos como un cuerpo, cada uno
contribuyendo de acuerdo con su don. ¡Gracias Señor, por los
intercesores!

## Es Nuestra Responsabilidad

MUCHOS CRISTIANOS CITAN al episodio vivido por los "siete hijos
de Esceva" como un desafío personal a nunca involucrarse con
los demonios o la liberación. Con una risa entre dientes dicen
que eso es lo que les ocurriría si lo hicieran. ¡No es así! Esta
Escritura es para advertir a los pre-cristianos. ¡Para los cristianos que conocen su autoridad y poder, ésta es una invitación a
ejercer autoridad y liberar a la gente!

Las personas que no tienen una relación con Jesucristo viven en un dilema progresivo. Sin desearlo, son dominados y seducidos por influencias demoníacas. Literalmente, los demonios saltan sobre ellos, dominándolos y haciendo que salgan corriendo desnudos. Su mente está siendo envenenada y alterada por drogas, mentiras y desesperanzas las cuales los demonios utilizan para llevarlos al suicidio. Las noticias de la tarde están atestadas con crónicas de niños que han sido raptados, agredidos sexualmente y asesinados. Nuestros sentidos están siendo inundados con reportes de homicidios, estupro y violencia diabólica. Cada comunidad y nivel social está siendo bombardeado con imágenes horribles de la juventud que es tragada por los poderes demoníacos más allá de su control.

¡Su esperanza es Cristo en nosotros, la esperanza de gloria!

Cristiano, nosotros somos la única esperanza para este mundo perdido y agonizante. Si nosotros no respondemos al llamado de Dios de ir a todo el mundo y liberar a la gente, haciendo lo que El dijo que podíamos hacer, ¿quién lo hará? ¡Nosotros tenemos la respuesta! Es Cristo en nosotros, la esperanza de gloria. Jesús nos ha dado Su nombre, Su autoridad, y Su poder para continuar la labor donde El la dejó. Nuestra única respuesta es la de Isaías: "¡Heme aquí, envíame a mí!".

---

### Hay que Practicar

- En Santiago 1:22 se nos dice que PONGAMOS POR OBRA lo que hemos escuchado (leído).
- Considere hacer lo que se recomienda en este capítulo, refiriéndose al Apéndice B, "Hay que practicar", en la página _____.
- Haga la tarea para la Técnica Ministerial titulada, "Tratando con los Demonios".

# 7 ¿*Y Ahora, Qué?*

UNA VEZ QUE HEMOS descubierto todo lo que Jesucristo ha hecho por nosotros, se nos ordena ir y proclamar el mensaje de las Buenas Nuevas de salvación y enseñarles a observar todas las cosas que El nos ha mandado.

**Mateo 28:18-20**
". . .Toda potestad me es dada en el cielo y en la tierra. Por tanto, id y haced discípulos a todas las naciones, bautizándolos en el nombre del Padre, del Hijo y del Espíritu Santo, y enseñándoles que guarden todas las cosas que os he mandado. Y yo estoy con vosotros todos los días, hasta el fin del mundo". Amén.

**Lucas 9:2**
Y los *envió* a predicar el reino de Dios y a sanar a los enfermos.

**Mateo 10:7-8**
". . .*yendo*, predicad, diciendo: 'El reino de los cielos se ha acercado'. Sanad enfermos, limpiad leprosos, resucitad muertos, echad fuera demonios; de gracia recibisteis, dad de gracia".

## Haciendo lo que Jesús Hizo
¡ild!

## Podemos hacerlo

Con una mente cambiada y algo de entrenamiento podemos hacer lo que Jesús hizo. Jesús nos ha dado el poder, la autoridad y la orden de ir y hacer lo que El hizo. Es más que sólo ir a la iglesia. Es más que sólo ir a un estudio Bíblico o una reunión de oración. Significa que debemos ir a nuestro medio ambiente en el mundo y que toquemos a las personas con el Evangelio de salvación, el poder del Espíritu Santo, sanidad física y liberación de las ataduras del demonio.

## Se necesitan verdaderos milagros

Nosotros entendemos por qué muchos cristianos han titubeado en responder al llamado de nuestro Señor de "ir". Pocos saben que deberían estar haciéndolo, y aún menos saben cómo hacerlo. Es necesario un cambio radical en nuestra manera de pensar y un entrenamiento en vivo, de alto impacto, para cambiar la vida de la gente. Nuestro punto es el siguiente:

Hay muchos alrededor del mundo que nunca serán atraídos a Jesucristo a menos que vean una manifestación verdadera de la gloria de Dios.

### Juan 14:11
Creedme que yo soy en el Padre, y el Padre en mí; de otra manera, creedme por las mismas obras.

### Haciendo lo que Jesús Hizo
- Los milagros pueden ser necesarios para probar la autenticidad de nuestro mensaje como un mensaje de Dios.
- El mensajero que predica el Evangelio de nuestro Señor Jesucristo, permitiendo y esperando que

> ocurran señales y prodigios, demuestra que el
> mensaje de Dios es vivo y real.

## ¿Dónde Comenzamos?

En los capítulos previos, hemos documentado cuidadosamente cómo fue que vinimos, no solamente a creer en los milagros sino a esperar que Dios los hiciera a través de nosotros. Hemos recorrido treinta años para llegar a donde estamos hoy, pero no debe tomar tanto tiempo para otros. Nosotros creemos que es necesario un año más o menos, dos a lo más. Depende de qué tan serios estemos en nuestra búsqueda de Dios.

Creemos que el camino para llegar a hacer lo que Jesús hizo es muy sencillo y recto. Para algunos será fácil. Para otros requerirá un cambio de mentalidad. Pareciera ser que entre más sofisticados o educados somos, se nos hace más difícil la jornada; pero no debe ser así. Jesús nos manda a que confiemos como niños en la manera de creer y aplicar el Evangelio a nuestra vida personal.

Para comenzar a hacer lo que Jesús hizo será necesario dejar de lado las formas de pensar rígidas que nos han impedido ver lo que Jesús ha hecho de nosotros. No importa qué tanto tiempo hemos sido cristianos. El desafío es de ver cuánto tiempo es necesario para capacitarnos y para que podamos liberar a otros en el nombre de Jesús. Puede que parezca difícil, pero se puede lograr.

### El entrenamiento debe hacerse en la iglesia local

¿Cuál es el lugar lógico donde los creyentes pudieran recibir entrenamiento para hacer lo que Jesús hizo? Nosotros creemos que debe ser en la iglesia local y no corriendo a cada conferencia o "avivamiento" que se mencione. Es el deseo profundo de ver la realidad de lo sobrenatural que hará que la gente constantemente busque ese "algo" que sabe que le hace falta.

Una enseñanza sistemática y práctica en una clase es la mejor manera de suplir esta necesidad. Nosotros sabemos por experiencia propia que este modelo funciona muy bien. El siguiente Apéndice A delinea exactamente cómo los pastores están usando la *Serie del Embajador* y el currículo de *La Serie de Adiestramiento Ministerial* en los Centros de Adiestramiento Ministerial en sus iglesias locales.

### Todos los entrenamientos deben tener un elemento de práctica en vivo

En nuestra opinión, cualquier entrenamiento que usted escoja utilizar, debe incluir la práctica de lo aprendido, permitiendo que los estudiantes sean expuestos a lo sobrenatural en un ambiente seguro.

Con un fundamento Bíblico firme que vaya de acuerdo con las sesiones de práctica, evitamos que haya experiencias no-Bíblicas de exceso. Hacemos esto basando nuestras experiencias en la Palabra.

Cuando los cristianos ansiosos llegan a las conferencias o avivamientos en otros lugares, fácilmente pueden ser atrapados en un fervor emocional, y caer en una conducta imitadora basada en el círculo emocional en vez de las manifestaciones auténticas del Espíritu Santo.

### El poder de Dios

Nosotros contendemos por las expresiones poderosas del Espíritu Santo demostradas por nuestro Señor Jesucristo. Como ya lo hemos dicho, hay muchas referencias bíblicas que podemos seguir para todas estas cosas. A veces vemos el poder de Dios que viene sobre la gente de una manera tan poderosa que casi no podemos quedarnos de pie bajo Su potencia. Eso es genuino. Pero si caemos en una conducta imitadora, donde todos hacen una fila para caer al piso, se convierte en manipulación y falsedad. Nosotros no creemos que el Espíritu Santo necesite nuestra ayuda. Es triste ver a cristianos que desarrollan una actitud que dice que nada de valor sucede si no caen al piso. Indique en qué lugar de las Escrituras dice esto.

## Así es Como Podría Funcionar

Nosotros no queremos decir que este tipo de entrenamiento ministerial debe reemplazar o alterar sus servicios del domingo. Más bien, involucraría algo como lo siguiente:

- El pastor principal determina que entrenar a su congregación para hacer lo que Jesús hizo es algo que el Señor lo ha guiado a hacer.
- Las clases de entrenamiento con práctica se ofrecen una vez por semana.
- Quienes completen el curso pueden ser parte del ministerio de oración en la iglesia (para orar después de los servicios de altar, en visitas al hospital, en consejería de crisis, etc.)
- Los estudiantes que tienen dones de discernimiento de espíritus, palabra de sabiduría y conocimiento, o de fe pueden ser entrenados y colocados en equipos para liberar a los que tiene ligaduras demoníacas. Esto por supuesto se hace con la supervisión del pastor. A través de un proceso de entrevista bien estructurado, este puede ser un ministerio maravilloso para los miembros de la iglesia. Y repetimos, todo debe hacerse en el contexto de la iglesia local donde se pueda rendir cuentas y donde haya un proceso de seguimiento apropiado.
- Los estudiantes que completen el entrenamiento pueden llegar a ser ministros públicos efectivos. ¡Ellos harán lo que Jesús hizo y estarán muy entusiasmados!

## Los servicios del domingo pueden ser "sensibles a los visitantes"

La instrucción toma lugar en la iglesia, y los creyentes entrenados pueden aliviar al pastor de mucha oración y ministerio personal, pero los servicios del domingo casi no tienen que ser alterados. Nosotros creemos que los servicios deben ser "sensibles a los visitantes" en cuanto a que todos los miembros y los que asisten puedan sentirse a salvo de invitar a sus amigos, vecinos, familiares o compañeros de trabajo. Pero lo que queremos decir con "sentirse a salvo" es que no haya preocupación de que suceda algo que no puedan explicar. La gente no se arriesgará a hacer el ridículo. Sin embargo, un equipo de oración, bien entrenado, puede estar disponible siempre para orar después del servicio, incluyendo oración por los enfermos, etc.

## Servicios de entre semana para los creyentes

Los servicios de entre semana pueden ser estructurados de manera que los creyentes puedan poner en práctica los dones del Espíritu Santo. El liderazgo debe informar a los asistentes que el enfoque será más bien para los creyentes. Estas reuniones pueden ser poderosas y causar cambios en la vida. La adoración y alabanza prolongada permitirá que la gente verdaderamente entre a la presencia del Señor. Cantar juntos en lenguas es una experiencia muy edificante y espiritual. La clave para el éxito de las reuniones de creyentes es contar con un liderazgo fuerte en la plataforma, que sea sensible a la guía del Espíritu Santo y que no dé lugar a lo que no tenga sentido. Cuando el Espíritu Santo está dirigiendo, todo se hace decentemente y con orden para edificar, exhortar, y confortar a los adoradores. El resultado final es que el Señor Jesucristo sea exaltado.

## Grupos de crecimiento

Los líderes de grupos de crecimiento que hayan recibido entrenamiento ministerial pueden animar el fluir ministerial de los dones sobrenaturales en las personas que asisten a sus grupos.

Debido a nuestros años de experiencia personal, sabemos que esto añade las dinámicas que causan crecimiento y gozo en la vida de los participantes.

## Estrategia para la cosecha final

Nuestro deseo ardiente es ver a los creyentes entrenados para ser ministros públicos efectivos como Cristo lo fue. El quiere que guiemos a la gente hacia la salvación, el bautismo en el Espíritu Santo, sanidad. El también quiere liberarlos de ataduras espirituales. Luego quiere que los traigamos a la iglesia y les enseñemos a hacer lo mismo; así es como el mundo será ganado. Esa es una gran estrategia para la cosecha final. ¡Si usted todavía no es parte de esta actividad eterna y maravillosa, por favor, únase a nosotros!

¡Bien, ya lo tiene! En realidad es muy simple — entrene a los creyentes apropiadamente y enséñeles a hacer lo que Jesús hizo, ¡y lo harán!

# Cómo Establecer un Centro de Entrenamiento Ministerial

## Cada Iglesia es un Centro de Entrenamiento

LA IGLESIA LOCAL es el lugar lógico para iniciar el entrenamiento del cristiano que lo transformará en un "cristiano en el ámbito diario" efectivo. Eso quiere decir, un discípulo efectivo que sabe compartir su testimonio, dirigir a otros a Cristo, orar por ellos para que sean bautizados en el Espíritu Santo, y orar por los enfermos. El entrenamiento avanzado incluiría cómo escuchar a Dios, cómo discernir espíritus y liberar a la gente de ligaduras espirituales. En los últimos veinte años, nosotros hemos probado que esto se puede hacer sin que los discípulos se conviertan en personas raras. Los centros de entrenamiento ministeriales producen ministros laicos que alivian la carga de los pastores, tomando la mayor parte del ministerio de oración, de visitación a los hospitales y de otras áreas de ministerio que toman tiempo.

### Aprendemos mientras lo hacemos

Comenzar a entrenar a los miembros de la iglesia para que accionen en lo sobrenatural, es una decisión mayor para los pastores. Muchos pastores lo evitan debido a los "excesos" recordados de las reuniones de los campos metodistas en Cane Ridge, Kentucky en 1801. Vinson Synan, el autor del libro "Tradición de Santidad Pentecostal" dijo: "Su 'histeria divina' incluía fenómenos tales como caer al piso, movimientos bruscos del cuerpo, ladrar como perros, caer en trances, la 'risa santa' y 'danzas desenfrenadas como la que David bailó ante el Arca del Señor'". Los excesos se pueden evitar con un entrenamiento Bíblico bien fundamentado, de alta calidad, práctico y totalmente reproducible. Para ser efectivo, el entrenamiento debe incluir una teología bien balanceada, que a la vez provea múltiples oportunidades para que cada estudiante pueda ministrar personalmente. Todo debe hacerse bajo la supervisión de instructores maduros que disciernan la diferencia entre las manifestaciones verdaderas del Espíritu Santo y lo absurdo. Usando el libro *Haciendo lo que Jesús Hizo* y *La Serie del Embajador* como el temario, reproducirá discípulos de Jesucristo.

## La Serie del Embajador

USANDO LOS SEIS VOLÚMENES de La Serie del Embajador y este libro, las iglesias locales pueden establecer Centros de Entrenamiento en cualquier parte del mundo. Es notable ver la forma en que este temario es adecuado tanto para las reuniones en países del tercer mundo, así como en las iglesias grandes de Estados Unidos y en todas partes. Nosotros atribuimos esto a la influencia y la unción del Espíritu Santo que acompañan a la enseñanza y la experiencia práctica de las sesiones de entrenamiento.

### Primero, seleccione un instructor

Nosotros recomendamos que el pastor principal no sea quien tenga que encargarse del Centro de Entrenamiento Ministerial, especialmente en iglesias grandes. El o ella ya están muy ocupados. Pero sí recomendamos que el pastor principal sea parte de la enseñanza del equipo del CEM. La persona a cargo debe ser alguien que tenga la visión de entrenar a la gente para hacer lo que Jesús hizo. Obviamente, los instructores deben tener experiencia ministerial en el ámbito sobrenatural si es que van a tener éxito en enseñar cómo hacerlo a otros. No se puede enseñar cómo trabajar con el Espíritu Santo a menos que se haya experimentado personalmente.

Los maestros con experiencia y hambre por tomar parte en el ministerio sobrenatural obviamente serán los mejores instructores. Aunque son difíciles de hallar, están dentro del Cuerpo de Cristo. Los misioneros retirados o de regreso a sus países, son un gran recurso. Ser instruidos por los líderes de la iglesia local, activos en el ámbito sobrenatural divino, es la mejor y más rápida forma de transferir la misma unción a los que serán entrenados. Así es como nosotros capacitamos a los instructores de los CEM. Los estudiantes comienzan a hacer lo que sus instructores han estado haciendo.

Así fue como Jesús entrenó a Sus primeros discípulos. Así es como puede hacerse hoy. Primero, ellos vieron a Jesús haciéndolo; luego le ayudaron a hacerlo. Después, Jesús los vio hacerlo. Finalmente, lo hicieron cuando Jesús no estaba con ellos. Hoy, a este tipo de personas nosotros los llamamos: mentores.

### Segundo, entrene a los instructores

Los líderes con un llamado a discipular cristianos, deben ser animados a asistir a un seminario de *Haciendo lo que Jesús Hizo* de dos días. El seminario para entrenar a los instructores es diseñado para pastores, maestros y líderes. Durante un viernes en la noche y un sábado, se explica a los líderes como enseñar *La Serie del Embajador,* y a conducir las seis técnicas ministeriales de *Haciendo lo que Jesús Hizo.* Luego, los líderes son autorizados para solicitar el curso y enseñarlo. Los DVD y Discos Compactos de la *Serie del Embajador* de seis volúmenes para ayudar a los líderes en su enseñanza ya están a la disposición de quienes estén interesados. Los DVD deben ser repasados antes de enseñar las lecciones; estos contienen innumerables consejos e ideas para que el plan de estudios sea interesante.

Las guías administrativas y de prácticas están a la disposición para que los líderes puedan iniciar un instituto ministerial exitoso. Cualquier líder, pastor o maestro que ha asistido a un Seminario de *Haciendo lo que Jesús Hizo* estará completamente capacitado para supervisar o conducir un Centro de Entrenamiento Ministerial.

### Tercero, establecer un instituto de nueve meses

Nosotros recomendamos establecer un programa de nueve meses para un instituto CEM. En los Estados Unidos, debe ser ofrecido durante el año escolar (septiembre–junio) seguido de una graduación. La clase de tres horas, una vez por semana, se ofrece en las noches. Los líderes se preguntan si la gente estará dispuesta a hacer un compromiso tan largo. Nosotros hemos tratado este asunto, haciendo un compromiso de doce semanas a la vez. ¡Cuando hayan terminado las primeras doce semanas ya no los podrá detener para que no vengan! Son pocos los que se dan por vencidos debido a las emocionantes sesiones de práctica. La graduación es un tiempo muy especial en el que reciben un diploma formal en el ministerio práctico junto con la imposición de manos en la que son comisionados a ser embajadores de Cristo.

### Los Centros de Entrenamiento
### Ministerial son un concepto comprobado

Los institutos de CEM están haciendo mundialmente lo que Jesús hizo. Las clases han sido estructuradas para obtener resultados máximos. CEM entrena a instructores para entrenar a otros. Un discipulado efectivo debe ir más allá de enseñar clases donde los estudiantes sólo toman notas. En un discipulado verdadero se trabaja personalmente con cada discípulo hasta que sepa todo lo que el mentor sabe y pueda hacer todo lo que él puede hacer. Así es como lo hizo Jesús. El CEM trabaja de la misma manera.

## Una Sesión Típica

### Adoración y enseñanza

Primero, la adoración sincera al Señor hará que todos se unan en un estado de ánimo apropiado. Segundo, los entrenadores enseñan dos lecciones acerca de las múltiples facetas de vivir la vida abundante en Cristo, obedeciendo la Palabra de Dios y siendo ministros públicos efectivos. Cada estudiante recibe un manual completo de entrenamiento en el que ellos escriben sus propias ilustraciones personales para cuando vuelvan a enseñar la lección en el futuro.

## Divida los grupos para el período de práctica

Después de las sesiones de enseñanzas, la clase se divide en grupos de diez o menos donde cada estudiante tiene oportunidad de practicar la técnica ministerial del libro *Haciendo lo que Jesús Hizo*. Cada alumno es convocado para demostrar la técnica ministerial en conjunto con la enseñanza de *La Serie del Embajador*. Eso se hace hasta que cada discípulo se sienta con la confianza suficiente para implementar esa técnica en su entorno diario. Durante los nueve meses, las seis técnicas ministeriales se practican hasta llegar a ser diestros en las mismas: guiar a otros a Cristo, al bautismo del Espíritu Santo, a sanar a los enfermos, a escuchar a Dios, a sanar a los enfermos por revelación y tratar con los demonios. Se ofrece una práctica opcional en la predicación para quienes se están preparando para el ministerio público.

## Todos reciben ministración

Lo más destacado de las sesiones semanales es que cada estudiante sabe que puede ministrar o recibir ministración de oración según la necesidad. Al momento que un estudiante demuestre la técnica ministerial asignada, la misma toma lugar dentro de un grupo de diez o menos personas con un líder entrenado. Luego, pueden solicitar ministración personal para sus necesidades actuales. Los demás son animados a responder orando por la persona. El Espíritu Santo se manifestará frecuentemente de maneras profundas, usando a un compañero estudiante, a través de quien se efectuará una sanidad o se dará una palabra de revelación. Todos ministran y todos reciben ministración. Todos regresan a sus hogares alabando a Dios por lo que han experimentado personalmente cada semana. El grado de amor y la unión que surgen en estas clases son sorprendentes, lo cual produce una verdadera *koinonia* Bíblica.

## La graduación viene después de una práctica real

Para llegar a graduarse y recibir un diploma de Práctica Ministerial, cada estudiante debe demostrar que puede realizar todas las seis técnicas ministeriales. El "examen" final requiere que cada estudiante ministro, lleve a su medio ambiente lo que él o ella ha aprendido y "lo ponga por obra". Debe haber hecho el esfuerzo para guiar a alguien a Cristo, a dos personas para que reciban el bautismo del Espíritu Santo y a dos personas para que sean sanas. Todos estos esfuerzos, deben llevarse a cabo fuera del salón de clase, en el medio ambiente de cada estudiante.

## Ganando confianza

Durante el último mes de entrenamiento, los testimonios de "Haciendo lo que Jesús Hizo" comienzan a llegar. Estudiante tras estudiante da informes de sanidades espontáneas, liberaciones y varios milagros al "tratar" de cumplir su tarea en su medio ambiente. Cuando los instructores, escuchan estos testimonios emocionantes de cómo fue que el Espíritu Santo "tomó el control" de un intento, tornándolo en una historia exitosa genuina "haciendo lo que Jesús hizo" se produce una sonrisa en sus rostros.

Meses antes, estos obreros "laicos" eran ineficaces e incluso temerosos de pedir algo en el nombre de Cristo. Pero ahora, irán a "su mundo" haciendo cosas aún mayores por Dios que jamás soñaron que fueran posibles.

## Cómo Comenzar

LOS INSTRUCTORES DEBEN experimentar la dinámica de un Centro de Entrenamiento Ministerial.El corazón del entrenamiento es la práctica de cada técnica, la que no puede ser aprendida leyendo un libro. Hemos desarrollado el seminario "Haciendo lo que Jesús Hizo" para que los pastores y líderes puedan experimentar cómo conducir las sesiones de técnicas ministeriales. También hay ayudas para que los maestros inicien un CEM emocionante en su iglesia.

## Entrenamiento para los Maestros

No podemos mejorar la estrategia que Jesús usó para formar a Sus discípulos. El dedicó Su vida en el adiestramiento de un grupo pequeño de "entrenadores" que trastornaron al mundo. Así es como se hace:

- El CEM "entrena a entrenadores" en seminarios intensivos regionales de "Haciendo lo que Jesús Hizo". Estos están abiertos para cualquier líder involucrado en el área pastoral, enseñanza, evangelismo o trabajo misionero.
- El pastor de una iglesia establecida debe iniciar la petición para ser el anfitrión de un seminario.
- Las fechas tentativas, la localidad del seminario, y los costos para hospedar a un maestro regional son negociados y confirmados con la iglesia anfitriona.
- Otros pastores de la región, con visión para el entrenamiento ministerial, son contactados e invitados a participar.
- Una vez que se confirma la participación de las iglesias y los que asistirán, se establecen la fecha y el lugar del seminario.
- Una información actual o más detalles se hallan disponibles en el sitio: www.ministrytraining.org

## Contenido del Seminario para maestros

Los seminarios se llevan a cabo los viernes en la noche y todo el día del sábado.

Los líderes aprenden cómo:

- Enseñar *La Serie del Embajador* y cómo ministrar y enseñar las seis técnicas ministeriales a
  través *"Haciendo lo que Jesús Hizo"*.
- Prepararse y dirigir un instituto del CEM de
  nueve meses, establecido en la iglesia.
- Implementar tareas administrativas, incluyendo
  la orden de materiales y conducción de una graduación del CEM.

## Se está corriendo la voz

Después de dar inicio a nuestro primer Centro de
Entrenamiento Ministerial en nuestro hogar en el otoño de
1996, hoy, después de 12 años, hay más de cien localidades de
entrenamiento funcionando en diecisiete países. ¡La necesidad
es enorme! Los líderes cristianos de todo el mundo están ávidos
de encontrar una manera para demostrar el ámbito sobrenatural de Dios en sus iglesias de un modo normal y Bíblico. Los
pastores que antes no tenían confianza para ejercer este tipo
de ministerio, ahora se regocijan. Ellos, con toda confianza,
están dirigiendo a sus miembros al bautismo en el Espíritu
Santo, aplicando la palabra de conocimiento para sanidad, y
enseñando a otros cómo hacer lo mismo. El entusiasmo genuino ha regresado a la iglesia porque ellos están haciendo lo
que Jesús hizo.

# El Currículo
## *Haciendo lo que Jesús Hizo*

USTED TIENE LA LLAVE de un Centro de Entrenamiento Ministerial
exitoso. La lectura de este libro debe ser un requisito para todos
los que están inscritos en el Instituto. Cada capítulo está dedicado a demostrar cómo podemos ministrar en la revelación y
el poder del Espíritu Santo. Se convertirá en un libro de texto
para hacer las cosas que Jesús dijo que podíamos hacer.

# La Serie del Embajador

*La Serie del Embajador* consta de tres niveles de un curso de entrenamiento de setenta y dos lecciones escritas por John y Sonja Decker y está siendo usado en iglesias de todo el mundo. Estas lecciones son el segmento académico del currículo usado en los CEM.

*La Serie del Embajador* se compone del Discipulado Uno, Dos y Tres, cada uno de los cuales usa dos volúmenes de la serie. Cada nivel consta de veinticuatro lecciones en dos volúmenes, enseñado en doce semanas. Se dedican seis semanas para aprender cada una de las técnicas espirituales. El contenido de cada lección puede ser repasado visitando nuestro sitio: www. ministrytraining.org

## Discipulado Uno:

*Fundamentos para Descubrimiento y Disciplinas del Discípulo.*
Las técnicas ministeriales: Dirigiendo a otros hacia Cristo y Dirigiendo al Cristiano al Bautismo en el Espíritu Santo.

## Discipulado Dos:

*Las Bases de la Biblia y La Vida Cristiana.*
Las técnicas ministeriales: Aprendiendo Cómo Sanar a los Enfermos y Escuchando a Dios.

## Discipulado Tres:

*Vida del Reino y Equipado para Dirigir*
Las técnicas ministeriales: Sanando a los Enfermos por Revelación, Tratando con los Demonios y Predicando el Evangelio Completo (opcional).

# El Instituto CEM

Los Discipulados Uno, Dos y Tres, se pueden completar en un programa de nueve meses, designando tres horas por semana al entrenamiento ministerial. Dos lecciones de cuarenta y cinco minutos y una sesión de práctica de cuarenta y cinco minutos cada semana.

### Graduación

*La Serie del Embajador* y las seis técnicas ministeriales son diseñadas para equipar a los creyentes para que eventualmente regresen a su medio ambiente y formen discípulos haciendo lo que Jesús hizo. El curso combina la enseñanza de teología ortodoxa y práctica con más o menos una tercera parte del tiempo dedicado al aprendizaje de las seis técnicas ministeriales. El curso abastece a los discípulos de las herramientas necesarias para el evangelismo efectivo. Jesús predicó, enseñó y sanó a los enfermos. Los graduados del CEM pueden hacer lo que El hizo.

## Una Invitación Personal

SI USTED HA LEÍDO hasta aquí, sin duda se ha dado cuenta que nuestra (Sonja y John) pasión es ver al Cuerpo de Cristo capacitado para hacer lo que Jesús hizo. Nosotros estamos ayudando a pastores, para que establezcan Centros de Entrenamiento Ministeriales en las iglesias locales alrededor del mundo. Por favor haga contacto con las oficinas de CEM si usted está interesado en aprender cómo dar inicio a un Centro de Entrenamiento Ministerial, asistiendo a un Curso Intensivo para Maestros y al seminario de "Haciendo lo que Jesús Hizo".

Nosotros programamos el entrenamiento ministerial por invitación directa de los pastores. Si usted es pastor y ha leído este libro y está interesado en más entrenamiento ministerial, le invitamos a llamar a las oficinas de CEM. De allí podremos comenzar con los planes de entrenamiento en su región. ¡Nosotros consideraríamos un privilegio y honor poder servir a los pastores en las iglesias locales en cualquier parte del mundo!

**Para hacer contacto con John y Sonja Decker:**
- E-mail: mtc@ministrytraining.org
- Correo: P.O. Box 3631, Bend, OR 97707

**Para mayor información respecto a:**
- Programar un seminario de entrenamiento ministerial.
  www.ministrytraining.org
- La Serie del Embajador
  www.ministrytraining.org

**Para pedir más copias de Haciendo lo que Jesús Hizo:**
- Número telefónico gratuito: 1-877-866-9406
- Por internet: www.ministrytraining.org

# B APÉNDICE B

## *Hay que Practicar Haciendo lo que Jesús Hizo*

ANIMAMOS A LOS seguidores de Cristo a que comiencen a poner en práctica lo que El dijo que pueden hacer. El propósito de este libro es el de ayudar a equipar a los creyentes en Jesucristo para hacer lo que El hizo. Cada capítulo presenta diferentes técnicas ministeriales cuyo dominio toma tiempo. Cuando se adquiere destreza en todas las seis técnicas, el cristiano se convierte en un ministro muy poderoso y efectivo en su medio ambiente. Nosotros recomendamos completar las tareas al final de la sección Haciendo lo que Jesús hizo.

Santiago 1:22 dice, *"Sed hacedores de la Palabra y no tan solamente oidores, engañándoos a vosotros mismos"*.

Primer Paso: DECIDA
- Aprender las técnicas *personalmente*, trabajando con otro cristiano o
- Aprender las técnicas en *un grupo* de estudio.

Segundo Paso: ¡HAGALO!

**"Haciendo lo que Jesús hizo" de modo individual:**
- Busque a otra persona con quien leer y compartir este libro. Hagan un acuerdo de reunirse regularmente con la meta de practicar lo que se ha presentado en cada capítulo.
- Trate de hacer las tareas de cada técnica ministerial en cada capítulo.

- Cuando la tarea hable del "grupo", aplíquelo a ustedes dos.
- Si una porción del capítulo se le hace difícil, sea honesto y admita sus sentimientos. Estudie las Escrituras que apoyan el capítulo para ver si realmente cree lo que se le está diciendo que haga.
- Siga leyendo, pidiendo ayuda al Señor, tratando de practicar lo que se le ha recomendado.
- Finalmente, trate de ejercitar la técnica ministerial en su ámbito de influencia.

**Haciendo lo que Jesús hizo con un grupo de estudio:**

- Ore por un líder de grupo que asuma la responsabilidad de un grupo de estudio *semanalmente*.
- Planifique pasar dos meses o más estudiando este libro, permitiendo un mínimo de una o más semanas por cada capítulo.
- Cada persona debe obtener una copia de este libro y prepararse para hacer la tarea semanal de cada capítulo en el Apéndice B.
- Una o dos personas deben prepararse para cumplir la tarea de la técnica ministerial cada semana.
- Los demás deben calificar lo bien que compartieron o demostraron su técnica ministerial ofreciendo comentarios constructivos y positivos.
- Deje tiempo para la oración personal al final de cada reunión por quienes necesiten oración. Esto es especialmente importante durante el estudio de los capítulos 4, 5 y 6.
- Siempre concluya el estudio dando gracias y alabando a Dios por lo que ha sucedido.
- Finalmente, cada persona debe tratar de ejercer las técnicas ministeriales en su medio ambiente y reportar al grupo lo que ha ocurrido.

# Introducción

## Comparta lo que Cree Acerca de los Milagros

El propósito de esta tarea es preparar a los creyentes para compartir lo que la Biblia dice acerca de los milagros. Este ejercicio dará una oportunidad a los cristianos que nunca han compartido con otros de que lo hagan. Experimentará gran gozo al compartir sus convicciones acerca de Cristo y lo que El ha hecho por usted. Aunque hablar de los milagros parezca ser algo difícil al principio, se hará más fácil una vez que lo haya hecho con otros cristianos. El Espíritu Santo siempre está allí para ayudarle a compartir su fe. La tarea preliminar le preparará para tener más confianza en hacer las tareas asignadas que le restan.

**Cómo compartir lo que cree acerca de los milagros:**

- Lea la introducción de este libro.
- Tome tiempo para escribir lo que cree y las conclusiones de las páginas de introducción de este libro. Especialmente, tome notas de las referencias Bíblicas y lo que quieren decirle a usted personalmente.
- Prepárese y comparta una charla de tres a cinco minutos respecto a su creencia en milagros y lo que la Biblia dice acerca de los que suceden hoy.
- Comparta sobre los milagros que usted ha atestiguado o experimentado. Explique cómo afectaron su vida.

- Solicite observaciones y comentarios constructivos que podrían ayudarle en lo que compartió y cómo podría expresarse mejor en el futuro.

## Preparación:

- Haga un bosquejo de lo que quiere compartir.
- Organícelo de acuerdo con los puntos en la introducción de este libro.
- Practique su charla y fíjese cuánto tiempo le toma.
- Evite divagar o dar demasiados detalles. Cinco minutos se van muy rápido, así que mantenga su reloj a la mano.
- Recuerde, hay otros que también tienen que presentar su tarea.
- Use su sentido de humor si es necesario.
- Diviértase
- ¡Relájese!

# 1 *Dirigiendo a Otros Hacia Cristo*

## *Compartiendo su historia de cómo usted vino a Cristo*

LEA EL CAPÍTULO 1 y prepare una historia de cinco minutos de cómo usted vino personalmente a conocer a Jesucristo. Use las recomendaciones en este capítulo para ayudarle a prepararlo, usando los cinco puntos de discusión mencionados a continuación. Practique su historia en casa antes de compartirla con el grupo. Acuérdese de mantenerla simple como se recomienda a continuación:

- Diga quién era y las circunstancias en su vida antes de venir a Cristo.
- ¿Qué le hizo poner sus ojos en Dios?
- ¿Qué sucedió cuando se rindió?
- ¿Qué está sucediendo ahora?
- Concluya su historia con una simple (práctica) invitación a los oyentes para que reciban a Jesucristo en su vida. Diga algo como: "El hizo todo esto por mí, y El lo hará por ustedes también. ¿Les gustaría invitar a Jesucristo a su vida hoy? Yo le ayudaré a hacerlo".

Cuando alguien responda, simplemente pídale que él o ella hagan la siguiente oración con usted:

*"Señor Jesús, ven a mi vida. Me arrepiento de todos mis pecados. Perdóname por lo malo que he dicho*

*y hecho. Yo te recibo como mi Salvador y Señor.*
*Gracias por perdonarme. Amén".*

Después de ganar confianza en la práctica de compartir su historia con sus compañeros en la fe, ore por oportunidades de hacerlo con pre–cristianos. El Señor le dará muchas oportunidades.

# 2 Dirigiendo al Cristiano al Bautismo en el Espíritu Santo

## Compartiendo lo que esta experiencia significa para usted

EL PROPÓSITO DE esta tarea es preparar al creyente para compartir cómo Dios le está usando desde que fue bautizado con el Espíritu Santo. También le dará oportunidades para dirigir a otros creyentes en el *bautismo en el Espíritu Santo*. Al final, haga una (práctica) invitación a sus oyentes para que le permitan orar por ellos para que reciban el bautismo del Espíritu Santo.

Lea el capítulo 2 y prepárese para compartir sus experiencias con el Espíritu Santo.

- **Prepare** un bosquejo breve para que pueda compartir cinco minutos de cómo Dios le ha usado desde que fue bautizado con el Espíritu Santo.
- **Comience** compartiendo los eventos que le guiaron al bautismo con el Espíritu Santo y qué diferencia ha hecho en su servicio al Señor y en la ministración a otros. ¿Le ayudó en su vida de oración? ¿en su testimonio a otros?
- **Continúe** dando unos ejemplos personales de cómo Dios le ha usado para demostrar Su poder y cómo usted ha ayudado a otros desde que fue bautizado con el Espíritu Santo.
- **Concluya** su charla animando a los creyentes que le escuchan, para que reciban el don del Espíritu Santo. Diga:

*"El Espíritu Santo desea investirnos de poder a todos para ser mejores testigos. Yo quisiera orar por quien desee ser bautizado con el Espíritu Santo. Si usted anhela recibir este don ahora, me encantaría orar por usted".*

- **Ore** con los que respondan:

*"Señor Jesús, bautízame con el Espíritu Santo. Lléname con Tu poder para que pueda ser un testigo mejor para ti. Gracias Señor. Yo lo recibo. Ayúdame a dejar fluir mi lenguaje espiritual. Amén".*

- **Continúe** ministrando hasta que todos den libertad a su lenguaje espiritual (práctica).

**Ayudas:**

- Comparta lo que ocurrió al momento que usted supo con certeza que el Señor le había bautizado con el Espíritu Santo. Hable de la ocasión en que recibió su lenguaje espiritual. Comparta lo que ha sucedido desde que fue investido con el poder del Espíritu Santo.
- Practique su charla y fíjese cuánto tiempo tomó. El tiempo se va muy rápido, así que mantenga su reloj a la vista.
- ¡Diviértase! Acuérdese, otros en su grupo tienen que hacer esta tarea también. ¡Así que relájese!

# Aprendiendo como Sanar a los Enfermos

## Compartiendo lo que usted cree acerca de la sanidad divina y ofreciéndose a orar por los que estén enfermos

LEA EL CAPÍTULO 3 y prepárese para dar un mensaje de cinco minutos respondiendo a los siguientes puntos:

- ¿Qué dice la Biblia dice acerca de la sanidad divina?
- ¿Qué es lo que creo yo acerca de la sanidad divina?
- ¿Puedo orar hoy por cualquiera que necesite sanidad?

Prepárese para compartir sus respuestas a estas preguntas con las personas de su grupo usando las siguientes sugerencias:

- Refiérase a una concordancia y seleccione unas cinco Escrituras que prometen sanidad e incluya un bosquejo breve.
- Incluya en su bosquejo frases claves sobre lo que usted cree acerca del tema, con cualquier *testimonio* de sanidad que haya experimentado en su propia vida.
- Concluya su historia con una invitación a sus oyentes que necesiten sanidad, orando por ellos al final. Venga preparado para orar por los que necesiten sanidad.

**Orando por los enfermos:** Se recomienda encarecidamente que la oración por los enfermos se ofrezca a quien no se sienta bien al *final* de cada reunión, después del tiempo de participación. Las personas que compartieron deben ser quienes oren por los enfermos.

**Razón para esta tarea:** Cristo dijo que los creyentes podrían hacer las cosas que El hizo, incluyendo sanar a los enfermos. Esta tarea concede a los nuevos ministros las oportunidades no sólo de expresar lo que creen, sino de orar por los que necesiten sanidad. Marcos 16:20 dice: "Ellos, saliendo, predicaron en todas partes, ayudándolos el Señor y confirmando la palabra con las señales que la acompañaban. Amén". Démosle a Dios la oportunidad de hacerlo.

# 4

# *Escuchando la Voz de Dios*

## *Haciendo lo que El dice*

LEA EL CAPÍTULO 4 y en oración prepare su mente y corazón antes de la reunión. El día previo a la reunión semanal, cada persona debe leer y meditar de tres a cinco capítulos del Nuevo Testamento con lapicero y papel a la mano. Pida al Espíritu Santo: *"Por favor haz que yo vea, entienda, y registre los conocimientos nuevos que quieres que hoy aprenda de Tu Palabra".* Cada persona orará en su lenguaje personal conforme medite en la Biblia. Cada persona escribirá cualquier cosa y todo lo que le inspire durante este tiempo con el Señor. Se recomienda que pase por lo menos treinta minutos a una hora cada día en este ejercicio devocional. Cada persona debe traer sus notas a la siguiente reunión.

**Reúnanse:** Comiencen con oración, dando el control completo de la reunión al Espíritu Santo.

**Primera parte de la reunión:** Dediquen tiempo para compartir lo que el Espíritu Santo le reveló a cada persona en su tiempo a solas con el Señor durante la semana. Cada una debe exponer su experiencia. ¿Oyeron la voz del Espíritu Santo?

**Segunda parte de la reunión:** Pasen este tiempo orando por las personas con las *necesidades más críticas* en su vida:

- Coloquen a cada persona por la que se van a orar en una silla en medio del grupo.

- Hagan que la persona en la silla comparta su necesidad crítica, *muy brevemente*. Eviten que entre en detalles.
- Comiencen a orar por la persona imponiendo las manos sobre sus hombros y oren en el lenguaje espiritual por unos minutos.
- Animen a que cada uno participe, permitiendo que el Espíritu Santo dé respuestas instantáneas a las necesidades críticas mientras oran.
- Limiten el número de personas con una necesidad crítica a no más de dos por semana; este ejercicio normalmente toma mucho tiempo.
- Concluyan dando gracias y adoración al Señor por lo que hizo.
- Terminen a tiempo.

# Sanando a los Enfermos por Revelación

**Lea el capítulo 5 y prepárese para su reunión.**

*Continúe* su tiempo a solas semanalmente como en el capítulo 4, pidiendo que cada persona lea y medite en varios capítulos del Nuevo Testamento durante su tiempo a solas con Dios, con papel y lapicero a la mano. Pida al Espíritu Santo: *"Por favor hazme ver, entender, y tomar nota de los conocimientos frescos que quieres darme este día de Tu Palabra".*

Cada persona ore en su lenguaje espiritual mientras lea la Biblia, y apunte cualquier cosa que le inspire durante este tiempo. Cada persona debe tratar de aumentar este tiempo a una hora para este ejercicio. Cada persona traerá sus notas a la siguiente reunión. Cada persona debe pedirle al Espíritu Santo que le dirija *a alguien que esté en dolor o no esté sintiéndose bien, y la inviten a venir a la reunión siguiente.*

**Reúnanse:** Comiencen con oración, dando el control completo al Espíritu Santo.

**Primera parte de la reunión:** Pasen este tiempo compartiendo lo que el Espíritu Santo les ha revelado durante el tiempo a solas con el Señor en esta última semana. Cada persona debe comentar sus experiencias con el Espíritu Santo.

**Segunda parte de la reunión:** Pasen este tiempo orando por los que no se sienten bien o están experimentando dolor, permitiendo que el Espíritu Santo les revele cómo quiere sanarlos.

- Permitan que la persona se siente en una silla en medio del grupo. Los demás deben ponerle la mano en el hombro. Todos deben comenzar orando en su lenguaje espiritual silenciosamente, *pidiéndole al Espíritu Santo que revele la mejor manera de orar.*

- Pidan que cada persona trate de escuchar al Espíritu Santo y ore como se le indique.

- Al concluir la oración, animen a la persona a compartir lo que ha ocurrido. Permitan que dé una respuesta honesta y testifique lo que acaba de suceder.

- Inviten a la persona necesitada de oración siguiente, a que tome asiento en la silla y hagan lo mismo.

- Animen a los que oigan al Espíritu Santo que den un pequeño testimonio de cómo cambió su forma de orar.

- Concluyan la reunión en oración, dando gracias y alabanza a Dios por lo ocurrido.

# 6 Tratando con los Demonios

**Lea el capítulo 6 y prepárese para su reunión semanal.**

El líder de grupo debe *notificar a la oficina del pastor principal* de la iglesia a la que asiste, el propósito de las reuniones semanales. Continúe la mismas tareas semanales de tiempo a solas con Dios, como en los capítulos 4 y 5.

Cada persona lee y medita en una serie de capítulos del Nuevo Testamento durante su tiempo a solas con Dios con papel y lapicero a la mano mientras ora en lenguas. Cada persona ora y pide al Señor que le revele conocimientos de Su Palabra y luego toma nota de sus pensamientos. Cada persona trae sus notas a la reunión siguiente. Cada persona debe pedir al Señor que le guíe a un amigo cristiano que esté experimentando una ligadura severa, confusión espiritual, o ataques del enemigo.

Entreviste a su amigo a fondo para asegurarse de que se ha arrepentido de todo pecado que haya causado el problema. (Asumiendo que quiera ser liberado). Llame al líder del grupo y cite a la persona para una reunión. No cite a más de dos personas por reunión.

El líder de grupo debe notificar a la oficina del pastor principal de la iglesia a la que asiste su amigo, explicando cómo el grupo intenta ministrarle y ofreciéndole un reporte de los resultados de tal ministración. El líder de grupo también debe *mantener a su pastor informado de lo que está sucediendo en las reuniones semanales.*

**Reúnanse:** Comiencen con oración, rindiendo control total al Espíritu Santo.

**Primera parte de la reunión:** Pasen tiempo compartiendo lo que el Espíritu Santo reveló durante el tiempo a solas con el Señor en la semana pasada.

**Segunda parte de la reunión:** Pasen tiempo ministrando a uno o dos invitados que estén experimentando dificultades espirituales, permitiendo que el Espíritu Santo revele si es que *hay espíritus involucrados.*

- Hagan que la persona se siente en una silla en medio del grupo, mientras los demás le imponen las manos. Todos deben comenzar orando silenciosamente en su idioma espiritual, pidiendo que el Espíritu Santo revele la razón del problema de tal persona.
- Expliquen que *la meta es discernir si hay espíritus involucrados. Si no hay una evidencia* que lo confirme, el líder de grupo no debe permitir la actividad de algo que no fue revelado por el Espíritu Santo.
- Ministren de acuerdo con las recomendaciones dadas en el capítulo 6, *si los espíritus* son el origen del problema.
- Pregúntenle a la persona después que terminen de orar: "¿Qué hizo el Señor por usted esta noche?". Permitan que la persona sea honesta y dé testimonio de lo que ha acontecido.
- Inviten a la siguiente persona que necesite ministración para que se siente en la silla y sea ministrada.
- Animen a los que oraron y que verdaderamente discernieron la razón del problema a que den un testimonio breve de cómo se manifestó el discernimiento y cómo les ayudó a ministrar.

- Concluyan la reunión en oración, dando gracias y adorando a Dios por lo que hizo.
- Notifiquen a la oficina del pastor de cada visitante de lo que ha sucedido.

# Notas